·)) 传播·营销丛书

移动互联网营销传播的创新网络研究

金韶 著

中国传媒大学 出版社
·北京·

序 一

我们所处的这个时代,一个最重要的标志,就是互联网以连接一切的力量,引发社会、政治、经济、文化各个层面的深刻变革。互联网的发展,经历了搜索引擎、门户网站、电商平台、社交媒体等阶段,主要以提供信息传播和消费服务为主,实质上即"消费互联网"。移动互联网是互联网的进化和发展。进入移动互联网时代,网络连接、信息传播和数据交互技术,从消费端往生产端延伸,将包括传统产业和新兴产业在内的各产业链条的各个环节打通,实时响应市场,提高生产效率,降低交易成本,推动了"产业互联网"的发展。从"消费互联网"到"产业互联网"的演进,将信息传播和数据交互的价值从消费系统、营销系统延伸到生产系统,推动产营消系统的全面创新,也必然对商业逻辑和营销传播带来重要影响。对移动互联网营销传播的研究具有鲜明的时代特征和研究意义。

金韶即把研究视角投注到这一层面上:以移动互联网的发展和影响为背景,系统研究移动互联网营销传播的创新。作为一本专著,该著作的研究遵循媒介技术和传播创新、市场创新和管理创新的研究逻辑,深入研究移动互联网营销传播的创新机制,其核心的研究观点有:移动互联网塑造了以网络泛化、媒体泛化、终端泛化为特征的泛传播网络,使得技术元素和创意元素深度融合,从传播前端到管理后台,形成了营销传播的创新驱动力;移动互联网和社交媒体的结合,通过用户社群推动营销传播的创新扩散,促进了"社群经济"的发展,形成了自组织循环的社群商业模式;企业作为营销活动的发起者,通过价值网络的构建进行营销管理,促进了营销模式、服务模式和商业模式的互动创新。这些研究发现具有理论意义和创新价值。本书还结合大量营销案例的分析,提出移动互联网营销传播的创新模式:创意传播模式、场景服务模式、品牌社群模式,具有较强的实践参考价值。

广告和营销传播的实践性和应用性很强,正因如此,更需要加强理论研究。营销实践的快速发展和急剧变化,更需要严密深透的学术考察和理论指导。因此,该研究的一个可贵之处,在于运用传播学和管理学的跨学科理论工具,对移动互联网营销传播的创新规律进行深入剖析,构建起营销传播创新网络的中观理论框架,力图丰富和完善营销传播的理论体系。跨学科的研究具有创新价值,也具有一定的难度,需要艰辛的研究探索,更需要较强的学术悟性,在庞杂的研究中剥丝抽茧和寻求突破。

金韶曾从2012年到2015年间在中国人民大学新闻学院跟随我在职攻读博士学位。她在传媒和广告行业有多年实战经验,擅长将理论和实践结合,在对研究问题的把握上,具有一定的前沿性和敏锐性。她的研究更多关注新技术影响下的传媒变革和创新,曾发表过大数据广告、新媒体运营、互联网社群经济等主题的学术论文,积累了比较扎实的研究基础。该著作是金韶在其博士学位论文的基础上修改完善而成的,金韶敢于拼搏和挑战的研究精神,我很赞赏。理论创新不是一蹴而就的,需要反复的研究论证和长期的实践验证,这也是我对金韶未来的学术研究提出的希望。

金韶博士毕业后,进入北京联合大学任教,成为一名高校教师,全心投入到教学和科研工作中。该著作的出版,既是对她前期努力的认可,也是对她以后学术研究的鞭策。作为她的导师,我为她的学术成果感到欣慰,也衷心祝愿她在学术研究的道路上走得更远,取得更多更大的成绩。

乐为序。

倪　宁

中国人民大学新闻学院教授、博导

2018年6月

序 二

很高兴看到金韶博士的专著出版。这本著作,是她这些年学术积累和不断进步的体现。

金韶2009年考入中国人民大学新闻学院的传媒经济学专业,成为我的硕士研究生。当时她已在传媒业界工作多年,所以展现出了理论和实践结合的研究能力。在她日常研究、写作论文的过程中,我又发现她具有较强的钻研精神和学术潜质,来找我谈的一些话题她都有比较深入的思考。硕士毕业后她回到业界工作了一段时间,旋即又选择回学院攻读传播学专业的博士,边工作边读博,还要照顾家人和孩子,其不易可想而知,也由此可见她对学术研究的热爱。博士毕业后,她进入北京联合大学任教。这些年,我看着她一步步从一个媒体从业人员,到在职攻读硕士和博士学位,然后又转型成为一名高校教师,完成了自身的学术成长和人生蜕变,我真是由衷地为她感到高兴。

新技术对传媒业的影响一直是学界关注的热点。移动互联网是互联网、移动终端和应用服务的融合平台,它和大数据、云计算、人工智能等技术结合,带来营销方式几乎是根本性的变化,也带来了营销理念的转型。我们一方面要重视技术的影响,另一方面要保持反思的态度,从纷繁复杂的现象中挖掘营销传播的基本规律。移动互联网作为一种新型媒介平台,通过加强企业和用户、生产和消费、产品服务和体验之间的连接,促进品牌和产品信息的创意传播,加强针对消费者时空情境的精准营销,带动对于粉丝社群的经营和服务,让营销变得更有趣、有益和有效,这可谓移动互联网营销传播的核心价值所在。

本书以移动互联网为研究背景,首先分析移动互联网对于营销传播的创新性影响,然后从不同营销活动主体的角度,即移动媒体的传播形态和特征、消费者的互动和消费形式、企业的营销思维和策略这三个层面，逐层深入地论证和建构营销传播的创新机制，并提出几种典型的移动互联网营销传播模式。这些研究，综合运用了跨学科的理论工具，结合了大量的营销案例和行业数据展开分析，研究视野开阔，研究逻辑严谨，研究结论具有一定的前瞻性和创新性。

本书抓住营销传播的关系建构和价值创造这一本质，指出基于移动互联网平台的营销传播，突破了原有的广告和媒体研究框架，将信息传播和数据交互的价值从企业外部的传播管理系统延伸到企业内部的营销管理系统，促进了企业、媒体、用户对于品牌和产品的价值共创。这是本书的重要创新之处。

另外，本书还重点研究了移动互联网如何以大数据为支撑，建构成由泛传播网络、用户关系网络、企业价值网络组成的营销传播创新网络体系，通过创新驱动、创新扩散、创新管理的循环机制，促进了营销传播的机制和模式创新，并带动了营销服务模式乃至商业模式的创新。以网络化的理论视角研究营销传播的创新系统，这是本书的又一创新点。创新网络是管理学领域的一个新概念，传媒经济学专业非常需要跨学科的交叉研究，也希望金韶博士在这一方向上能继续深入。

金韶博士进入高校任教后，一如既往地保持着对学术的执着，她以新媒体传播和影视文化产业为主要研究方向，申报并获批了教育部人文社科青年项目等研究课题，发表了多篇很有见地的学术论文。在她身上，我看到了拼搏、努力和扎实推进的影子，祝愿她在学术研究的道路上走得更稳更远。

张辉锋

中国人民大学新闻学院副院长、教授

2018 年 6 月

前　言

移动互联网在社会、经济、文化的各个方面，在各个产业领域，促进了全面的"网络化"和更有效率的"创新"，重构了（生）产营（销）消（费）和营销传播系统。

移动互联网不是单一的媒介技术，而是互联网、移动互联网、社交网络、物联网等多重网络技术的融合，塑造了泛化的传播环境，加上大数据和云计算技术的支撑，实现了人和信息、人和人、人和物、物和物的全面连接，将互联互通和信息传播延伸到生产、营销和消费等各个环节，推动营销活动的各参与主体呈现网络化发展形态，引发了营销传播的变革和创新。网络化创新成为移动互联网营销传播的重要特征。

从广告传播、整合营销传播，发展到网络营销传播，再到移动互联网营销传播，营销传播的理论和实践不断发生变化，但万变不离其宗的是营销传播的本质，营销传播就是营销活动中的信息传播、关系建构和价值创造行为和过程。移动互联网作为新型的媒介技术、移动媒体和应用服务的融合平台，重塑企业、用户、媒体之间的互动关系和协作机制，成为营销传播的创新平台。

本书着眼于移动互联网重构的产营消体系和营销传播系统，以网络化为理论视角，运用社会学的社会网络理论、传播学的媒介技术理论、管理学的创新网络理论等跨学科理论工具，建构起营销传播创新网络的理论研究框架，进而通过多重网络的结构和功能分析，研究移动互联网营销传播的创新机制和模式，并探讨移动互联网营销传播的发展趋势和策略。

本书重点研究和论述了移动互联网如何以大数据为支撑，建构成由泛传播网络、用户关系网络、企业价值网络组成的营销传播创新网络体系，并通过创新驱动、创新扩散、创新管理的循环机制，促进了营销传播的系统创新，力图丰富和完善营销传播的理论研究。第一,移动互联网塑造了以网络泛化、媒体泛化、终端泛化为特征的泛传播网络,成为营销传播的创新动力;第二,用户关系网络即粉丝社群的自组织创新机制,推动了营销传播的创新扩散,形成了"社群经济";第三,企业作为营销活动的发起者,通过价值网络的搭建,创新营销管理方式,带动营销模式、服务模式和商业模式的互动创新。移动互联网营销传播是多重网络之间实现关系协同、资源协同和价值协同的过程。

　　基于移动互联网营销传播创新网络和运行机制分析,本书进一步提炼了移动互联网营销传播的 3C 创新模式:创意化传播模式(Creative)、场景化服务模式(Context)、社群化品牌经营模式(Community),并结合大量商业案例进行了剖析和解读,以期为移动互联网营销传播的实践发展提供应用参考。

　　移动互联网的发展使营销传播的内涵和价值得以深化和拓展。移动互联网营销传播,突破了原有的广告和媒体研究框架,将信息传播和数据交互的价值从企业外部的传播管理系统延伸到企业内部的营销管理系统,促进了企业、媒体和用户对于品牌和产品的价值共创,对移动互联网营销传播的研究具有重要的理论和应用价值。

目 录

导 论 / 1
第一节 研究背景和目的 / 1
　　一、移动互联网重构营销传播系统 / 1
　　二、移动互联网建构了营销传播创新网络 / 3
第二节 核心概念和理论基础 / 4
　　一、营销传播的概念和理论发展 / 4
　　二、创新网络的概念和相关理论 / 8
　　三、媒介技术理论和创新理论的融合 / 10
第三节 研究思路与方法 / 12
　　一、研究思路 / 12
　　二、研究方法 / 14

第一章　移动互联网：营销传播的创新平台 / 16
第一节 移动互联网的创新特征和价值 / 16
　　一、移动互联网的技术创新特征 / 16
　　二、移动互联网的媒介创新特征 / 20
　　三、移动互联网的营销传播价值 / 23
第二节 移动互联网建构的营销传播创新网络 / 26
　　一、营销传播网络化发展的动因 / 26
　　二、移动互联网建构的融合创新平台 / 29
　　三、移动互联网营销传播的创新网络结构 / 31
第三节 移动互联网营销传播的研究现状 / 32
　　一、手机媒体的研究 / 32

二、移动化营销传播的特征和策略研究 / 33

三、移动互联网营销服务和商业模式的研究 / 35

第二章 移动互联网营销传播的创新驱动:泛传播网络 / 38

第一节 泛传播网络的形成 / 38

一、网络泛化和实时连接 / 38

二、媒体泛化和内容生产 / 41

三、终端泛化和媒介融合 / 43

第二节 大数据对泛传播网络的支撑 / 45

一、数据化和全景记录 / 46

二、网络连接和数据流动 / 47

三、关联分析和趋势研究 / 48

第三节 移动互联网营销传播的创新驱动机制 / 50

一、多重精准营销 / 50

二、多元创意生发 / 56

三、多维场景服务 / 59

四、创意和技术的融合驱动 / 64

第三章 移动互联网营销传播的创新扩散:用户关系网络 / 66

第一节 用户关系网络的形成和社群变迁 / 66

一、传统社群:地域和文化社群 / 66

二、网络社群:兴趣社群和粉丝社群 / 67

三、移动互联网社群:社群形态和功能延伸 / 69

第二节 用户社群的传播特征 / 71

一、社群的聚合和裂变 / 71

二、情感价值的传播 / 72

三、社群传播的自组织性和建构性 / 73

第三节 移动互联网营销传播的创新扩散机制 / 74

一、移动社群的自组织连接交互 / 74

二、移动社群的自组织传播扩散 / 75

三、移动社群的自组织协作创造 / 77

第四章　移动互联网营销传播的创新管理：价值网络　/ 80

第一节　营销价值网络的形成　/ 80
一、营销传播的价值构成　/ 80
二、营销价值网络的形成　/ 81
三、营销价值网络的结构形态　/ 82

第二节　价值共创与传播管理创新　/ 87
一、广告传播和媒体价值管理　/ 87
二、社群经营和用户价值管理　/ 88
三、价值共创和品牌价值管理　/ 90

第三节　商业模式重构和营销管理创新　/ 91
一、商业模式和营销的关系　/ 91
二、商业模式重构和营销管理创新　/ 94
三、未来营销传播管理的创新格局　/ 96

第五章　移动互联网营销传播的创新模式　/ 101

第一节　创意营销传播模式（Creative）　/ 101
一、娱乐化、人文化的创意精神　/ 101
二、多向度、多维度的议程设置　/ 107
三、互动化、社交化的创意触达　/ 109
四、交互化、极致化的广告体验　/ 111

第二节　场景营销服务模式（Context）　/ 114
一、场景感知和精准适配　/ 114
二、场景模拟和用户体验　/ 115
三、场景串联和需求引导　/ 117
四、场景转化和自动服务　/ 119

第三节　品牌社群营销模式（Community）　/ 122
一、品牌和用户的关系重构　/ 122
二、社群协作和产品创新　/ 123
三、品牌社群经营和品牌创新　/ 125

第六章 移动互联网营销传播的创新趋势和对策 / 130
第一节 移动互联网营销传播的创新效应 / 130
  一、关系协同 / 130
  二、资源协同 / 132
  三、价值协同 / 133
第二节 移动互联网营销传播的创新趋势 / 135
  一、移动互联网营销传播的前向创新 / 135
  二、移动互联网营销传播的后向创新 / 137
第三节 移动互联网营销传播的创新对策 / 138
  一、以服务创新为核心的传播协同策略 / 138
  二、以价值创新为核心的营销管理策略 / 140

结　语 / 145

附　录　访谈和案例实录 / 150

参考文献 / 167

后　记 / 174

导 论

第一节 研究背景和目的

一、移动互联网重构营销传播系统

移动互联网是互联网发展的高级阶段。互联网以连接一切的力量,引发社会、政治、经济、文化各个层面的深刻变革,而移动互联网在互联网的平台上,不断推出新型的应用、产品和服务,在社会、经济和产业领域,尤其在商业营销和消费服务方面,促进了全面的创新。移动互联网既继承了互联网的开放性、连接性的特征,又叠加了移动性、实时性的特征,彻底突破了时间和空间的限制,真正满足了人们"随时随地获取任何信息"的需求。而且,移动互联网的融合性和创新性更强,将互联网、移动通信、智能终端、应用服务结合起来,再结合地理位置和移动支付,注重实时化、本地化、一体化的用户服务体验,为人们提供了信息沟通、社交生活、工作学习和休闲娱乐的全方位服务平台。

移动互联网不是单一的媒介技术,而是互联网、移动通信、社交网络、物联网等多重网络技术的融合和创新,这是移动互联网的典型特征。移动互联网一方面为人们提供了随时随地的信息传播平台,从横向广度和纵向深度上拓展了人的社会关系网络,并且将人的线上和线下交往充分融合;另一方面,在提高信息传播的范围和效率的基础上,将移动互联、信息传播、数据交互进一步延伸到生产、营销和消费等各个环节,提升了经济和商业体系的效率和效能。移动互联网作为多重网络技术的融合创新,加上大数据和云计算的支撑,实现了人和信息、信息和信息、人和物、物和物的无限连接,形成了泛在的网络(Mega—Web)和泛化的传播(Pan—Communication)。这样的时代背景和传播环境,为企业或机构、品牌或产品的营销传播提供了全新的、充满机遇和挑战的环境。

Web1.0和Web2.0时期的互联网,经历了搜索引擎、门户网站、电商、社交媒体等发展阶段,其实质是以提供信息传播和消费服务为主的互联网平台,即"消费互联网"。而到了Web3.0时期,也就是移动互联网时代,在消费互联网日益成熟的基础上,逐步向产业互联网推进。网络连接、信息传播和数据交互技术,从消费端往生产端延伸,将包括传统产业和新兴产业在内的各产业链条的各个环节打通,实时响应市场,提高生产效率,降低交易成本,推动了产业互联网的发展。在移动互联网时代,信息传播无所不在,从消费互联网到产业互联网的演进,将信息传播和数据交互的价值从消费系统、营销系统延伸到生产系统,推动产营消系统的全面创新,而这也必然对商业逻辑和营销传播带来重要的影响。

从技术创新到产业创新再到社会创新,移动互联网是一个全面创新的时代。从国家层面讲,互联网思维和创新战略已经纳入国家顶层设计;从产业层面讲,多重网络和数据交互技术的运用,形成新的产业发展模式;从企业层面讲,通过组织内外部信息传播和数据交互,将生产和需求连接,将产品和服务连接,创新营销传播和商业模式,提升核心竞争力;从用户层面讲,激发用户的需求和创意,激发用户参与和创造能力,促进大众创新和社会化创新。因此,当社会结构、产业形态、企业组织、消费方式都发生改变时,营销传播作为关乎产业发展、商业和市场繁荣、企业生存、消费者生活的系统活动,也必然发生变革和创新。移动互联网激发了产营消系统和营销传播各参与主体的网络化发展和创新需求,重塑了营销传播的思维方式和操作模式。

从横向来看,营销传播活动的各参与主体,包括媒体机构、用户/消费者、企业组织都在呈现网络化发展态势:互联网、移动互联网、物联网、社交网络等多重网络技术的融合,塑造了泛化的传播网络,促进不同主体(人、组织、物)之间不断进行信息和数据传播;消费者网络化是指消费者之间基于社交平台的连接,促进了消费者的个性表达、互动分享和协作创造;而企业网络是指企业在组织内外部搭建互联互通、资源共享、多元协作的网络化关系,即搭建价值网络,不断创新营销的理念和方式。不同的主体网络相互作用、相互影响,建构着营销传播的创新逻辑和机制。

从纵向来看,互联网的技术、理念和运行方式,从消费端往生产端延伸,渗透到产营消的每个环节,整个产营消体系发生了系统的改变。通过互联互通的网络技术和信息数据的交互传播,打通了产业链条的各个环节,有利于敏锐捕捉不断变化的消费需求,加强产品设计研发,提升生产运营效率,优化营销传播创意,提升营销服务水平,形成(生)产营(销)消(费)一体化的创新格局。

在移动互联网重构的全新的产营消体系和营销传播系统中,营销传播的理论研究出现了明显的局限性,营销传播实践出现了很多新的现象和问题。营销传播实践的变化速度和层出不穷的新现象让人眼花缭乱,而营销传播理论落后于实践是一直存在的现实问题。现有营销传播的研究成果大多是对于不断更新的营销传播实践和现象的总结描述,以及对于营销传播特征和对策层面的分析,对于实践变化背后的深层逻辑和运行机制,缺乏洞察和把握,更缺乏理论层面的建树和创新。本书正是着眼于移动互联网重构的产营消体系和营销传播系统这样的大背景,运用新的理论视角和理论框架来研究营销传播创新。

二、移动互联网建构了营销传播创新网络

从营销传播理论的发展来看,传统的营销传播是以企业为中心的,企业是品牌和产品的生产方,是营销活动的发起者,以大众媒介为主要传播渠道,进行信息和价值主张的单向传递,所以广告和促销成为营销传播的主要形式。发展到整合营销传播,先是强调营销渠道和传播手段的整合,又强调组织内外关系和资源的整合,重视企业和消费者及利益相关者的互动关系,以带动品牌价值的提升。但整合营销传播的实质仍然是"以企业为中心"的整合,"以消费者为中心"是理想化的营销传播目标,很难在现实的营销实践中真正实现。[①] 究其原因,是没有运用"网络化"的关系思维去思考营销传播。"网络化"是指基于开放、连接的网络平台,个体和组织之间建立起多元化交互和协作关系。移动互联网时代,无论是用户、媒体和企业组织,网络化态势及其影响已经显现,这些网络相互作用、相互影响,重塑着营销传播的格局。媒介传播网络的融合、用户关系网络的聚合、企业价值网络的整合都深刻影响着营销传播的创新逻辑。

首先,消费者的网络化使消费者的地位和角色发生了改变,移动互联网激发了消费者的主动性和参与性,赋予了个体参与创新的资源和能力,消费者积极表达、参与传播、贡献创意。如何激发消费者的创新能力,成为营销传播创新的难点和重点。

其次,互联网、移动互联网、物联网等多重网络的相互融合,都发挥着信息传播媒介的作用,使传播变得无所不在和无所不能。在碎片化、分散化、多元化的传播环境中,各种移动化的营销传播方式和广告创意形式不断推陈出新,互动营销、社会化营销、精准营销、内容营销、粉丝营销、实时营销等新兴营销方式层出不穷,让人眼花缭乱

---

① 沈虹.协同与互动:网络营销创意传播服务模式研究[M].北京:中央民族大学出版社,2013:6-8.

的同时也不得不冷静思考营销传播创新的内在规律和机制。

最后,作为营销传播的发起方和营销传播的管理主体,企业需要将营销传播从战术应用层面上升到战略管理层面,企业营销的不能是单一功能的产品,而是产品功能、服务体验、品牌价值的整合。这一方面使传播在营销体系中的重要性越来越突出,通过营销传播的创新来获得消费者的价值认同;另一方面也推动了企业的网络化,企业无法依靠自己完成全部的创新,企业间的相互协作和资源整合,以及由此带来的全新的营销方式、服务模式、商业模式和组织管理方式,都深刻影响着营销传播的创新发展。

本书的研究问题,是以移动互联网的技术和平台为研究基础,深入研究移动互联网的营销传播价值及其带来的营销传播的创新逻辑和规律。本书的研究目标,是通过对产营消体系和营销传播系统的深度考察,从用户、媒体、企业等营销活动参与主体的"网络化"关系结构入手,研究移动互联网环境下营销传播的创新机制,总结提炼其创新模式,并为移动互联网营销传播的创新应用和趋势研判提供参考。

互联网建构了开放连接的网络化社会,而移动互联网让网络化连接变得更加广泛和紧密。网络化已成为社会、经济、产业和市场发展的基本形态,也成为社会学、传播学、管理学等多学科的主流研究范式。移动互联网时代,传播网络、用户关系网络、企业价值网络,多重网络叠加融合,建构了营销传播的创新网络,对媒体的信息传播方式、用户的社会行为方式、企业的营销模式、商业模式和组织管理方式都产生了变革性影响,也必然引起营销传播的系统创新。基于网络化创新的研究视角,研究移动互联网营销传播的创新机制,具有鲜明的时代特征和重要的研究价值。

第二节　核心概念和理论基础

一、营销传播的概念和理论发展

(一)营销传播的概念

要系统研究移动互联网营销传播,需要先界定"营销传播"的概念,把握"营销传播"的本质。唐·舒尔茨提出"营销即传播,传播即营销"的著名观点,强调了营销和传播密不可分的关系。在大众传播时代,广告和公关成为营销传播的代名词。随着互联网和新媒体的发展,广告的含义发生了巨大变化,狭义的广告被广义的营销传播取代,

"营销传播"指采用创新的传播理念和手段为品牌营销解决市场问题的各种传播活动①。移动互联网是多重网络技术的融合和发展,信息传播已经贯穿到营销活动的各个环节,营销传播的内涵和外延都发生了重要变化。因此,应拓展研究视角,从营销传播活动的参与主体和参与过程,去界定营销传播的概念。

先看"营销"的概念。营销观念经历了从产品推销,到市场营销,再到社会营销的转变,从"以产品为中心"转向"以消费者为中心"。科特勒将市场营销定义为"个人和群体通过创造产品和价值,同他人进行交换以获得所需所欲的一种社会及管理过程",明确了营销是通过满足顾客需求、建立顾客关系来创造价值的过程;美国市场营销协会(AMA)将营销定义为"有组织地创造、传播和交付顾客价值和管理客户关系的一系列过程",进一步明确了营销是对于顾客关系和顾客价值的管理活动。② 顾客价值包括物质层面的产品和功能价值,也包括精神层面的服务和体验价值,以及品牌中包含的人文精神和文化价值。③ 因此,关系和价值是营销活动的核心,关系建立是营销的基础,价值的创造和实现是营销的目的。

再来看"传播"的概念,传播是指社会信息的传递或社会信息系统的运行。④ 随着社会形态、媒介技术和传播方式的演进,信息传播过程由单向传递转向双向和多向互动,"受众"演变成"用户",用户成为传播活动的中心。传播的实质就是研究用户之间的互动关系。传播是基于社会关系互动的信息共享活动,传受双方有共通的意义空间⑤;传播是共享互动,是彼此平等的交流和对话,在其中传受双方获得相互理解和共识⑥。也就是说,传播的本质就是基于互动关系达成的价值共享,这里的价值是依托于信息内容之上的意义解释、情感交流和价值认同,是信息价值、情感价值、体验价值等的整合。关系和价值也是传播活动的核心。

因此,"营销传播"的本质就是营销活动中的信息传播、关系构建和价值创造过程,信息传播是关系建构和价值创造的基础,关系构建和价值创造是营销传播的目标。围绕关系和价值两个核心概念,企业、媒体、用户等主体被关联起来,共同参与营销传播活动。美国营销学者特伦斯·辛普指出:营销传播是品牌营销组合中,通过企业和用

---

① 沈虹.协同与互动:网络营销创意传播服务模式研究[M].北京:中央民族大学出版社,2013:14-15.
② 科特勒,凯勒.营销管理:第14版:全球版[M].王永贵,译.北京:中国人民大学出版社,2012:6.
③ 科特勒,等.营销革命3.0:从产品到顾客,再到人文精神[M].毕崇毅,译.北京:机械工业出版社,2014:78-80.
④ 郭庆光.传播学教程[M].北京:中国人民大学出版社,2009:5.
⑤ 郭庆光.传播学教程[M].北京:中国人民大学出版社,2009:6.
⑥ 刘海龙.大众传播理论:范式与流派[M].北京:中国人民大学出版社,2008:30.

户之间在沟通交流中达成共识、进而实现价值交换的所有要素的总和①;理查德·瓦雷指出:营销传播是以营销为特殊目的、由各利益相关者共同参与的传播活动和价值创造过程②。营销活动的各主体、环节都需要依靠传播来建立关系,包括沟通关系、信任关系、交换和交易关系、服务关系、伙伴关系等,再通过生产、营销、消费各环节的信息传播和数据共享,从而实现用户价值、体验价值、企业价值、品牌价值等多元整合的价值。

(二)营销传播的理论发展

营销传播的理论研究经历了传统营销传播理论、整合营销传播理论、网络营销传播理论三个主要的发展阶段。

20世纪50年代到90年代,传统营销传播理论(Marketing Communication)与广告业的实践发展和理论研究融合在一起,主要包括:50、60年代的独特销售主张(Unique Selling Proposition)理论,强调针对产品的独特卖点进行强有力的广告促销;60、70年代的品牌形象(Brand Image)理论,强调消费者注重品牌价值,广告的目的是塑造品牌形象;70、80年代的定位(Position)理论,强调品牌营销应当攻占消费者心智。③ 营销传播理论逐步从突出企业、产品和品牌,发展为突出消费者体验,从"以企业为中心"发展为"以消费者为中心"。

20世纪90年代末,随着市场竞争的加剧和传播媒介的多元化,在广告、公关、促销等传播手段整合带来的"传播协同效应"的研究基础上,整合营销传播(Integrated Marketing Communication)应运而生。美国西北大学唐·舒尔茨教授出版《整合营销传播》一书,标志着整合营销理论的形成。整合营销传播是指通过规划、发展、执行和评估具有配合的、可测量的、有说服力的营销传播计划,实现企业的短期利润和长期的品牌价值的战略过程。④ 汤姆·邓肯进一步提出:整合营销传播是围绕品牌价值,管理包括企业、顾客、媒体、股东、商业伙伴等多种关系利益人(Stakeholders)的客户关系的过程。⑤

整合营销传播理论因其系统性和包容性,迅速成为营销传播的主流理论,21世纪初被引入中国。张金海指出整合营销传播使传播由单一走向系统,使传播和营销并重,推动营销传播从原先的重视战术运作发展到重视营销管理。⑥ 卫军英将整合营销

---

① 辛普.整合营销沟通:第5版[M].熊英翔,译.北京:中信出版社,2003:4.
② 瓦雷.营销传播:理论与实践[M].范红,译.北京:清华大学出版社,2011:9-10.
③ 张金海.20世纪广告传播理论研究[M].武汉:武汉大学出版社,2002:87-96.
④ SCHULTZ D, SCHULTZ H. IMC: The next generation five steps for delivering value and measuring returns using marketing communication[M]. New York: McGraw-Hill Education, 2003:21-24.
⑤ DUCAN T. IMC: Using advertising and promotion to build brands[M]. New York: McGraw—Hill. 2001:8-10.
⑥ 张金海.20世纪广告传播理论研究[M].武汉:武汉大学出版社,2002:140-141.

传播总结为由关系创造价值的过程,即通过传播的整合实现组织内外的关系整合、战术整合和战略协同,从而实现品牌价值管理。① 陈刚指出整合营销传播的贡献在于让传播成为思考营销问题的出发点,将传播渗透到营销的整个过程,并上升到营销战略层面,成为营销传播理论创新的前提和基础。②

进入 21 世纪,随着互联网和新媒体的发展,网络营销传播(Internet Marketing Communication)的研究迅速发展。国外研究指出,互联网为营销传播提供了数字化解决方案和人性化的沟通方式,使激发用户的互动参与成为营销传播的关键;数字网络营销需要创造优质内容融入消费者的生活,并吸引消费者参与其中③;互联网为口碑传播提供了自由活跃的线上平台,企业利用网络口碑传播能影响潜在用户的购买决策,提升用户的主动性和参与度④。国内学者的研究也集中在网络互动性和用户参与性这一点上:互联网的交互性充分调动和聚合了网民的智慧,激发了网民的个性化和分享需求⑤;网络营销传播的典型特征是"推拉互动","推(push)"是指企业的营销策划和推广,"拉(pull)"是指由用户主动表达和参与⑥;互联网和社交媒体形成了互动的创意空间,促进了企业和用户之间的创意协同和价值共创⑦;网络社区营销传播形成以企业为起点、意见领袖为节点、口碑传播为扩散点的扇形传播结构⑧;互联网平台和大数据技术,使以个性化和定制化为特征的精准营销成为可能⑨。强调传播的互动性和用户的参与性,是网络营销传播理论的重要发展。

网络营销传播的研究,虽然观点比较丰富,但比较分散化,没有形成清晰的理论体系,也没有突破整合营销传播的理论框架。随着移动互联网的快速发展,营销传播的实践变化让人目不暇接,使理论研究的滞后性更加突出。移动互联网营销传播,不是整合营销传播或网络营销传播在移动端的延伸,而是对营销传播系统和过程的重构。移动互联网营销传播需要更具有广度和深度的理论视角来进行创新研究。网络化研究视角正是基于这样的背景兴起的。

---

① 卫军英.整合营销传播观念及其理论构架[D/OL].杭州:浙江大学,2005:67-71.
② 陈刚,沈虹,马澈,孙美玲.创意传播管理 CCM:数字时代的营销革命[M].北京:机械工业出版社,2012:186-187.
③ 沃泰姆,芬威克.奥美的数字营销观点:新媒体和数字营销指南[M].台湾奥美互动营销公司,译.北京:中信出版社,2009:31-33.
④ 李斗熙.网络营销[M].北京:中国人民大学出版社,2011:62-66.
⑤ 喻国明.关注 Web2.0:新传播时代的实践途径[J].新闻与写作,2007(1):55-60.
⑥ 姜旭平.网络整合营销传播[M].北京:清华大学出版社,2009:33-36.
⑦ 黄河,等.中国网络广告十七年(1997—2014)[M].北京:中国传媒大学出版社,2014:82-85.
⑧ 寇紫遐.网络社区营销传播的路径与模式[M].北京:中国传媒大学出版社,2014:52-55.
⑨ 佐拉蒂.精准营销:社会化媒体时代企业传播实战宝典[M].北京:企业管理出版社,2013:60-65.

二、创新网络的概念和相关理论

(一)创新的概念

在传媒研究领域,"创新"和"创意"常常被等同来看,实际上二者含义并不相同。"创意"是指关于内容和产品的创造性想法和思维,比如影视节目创意、广告创意等;而"创新"是指打破常规、具有独创性的行为和活动。我们研究营销传播的创新,就是研究营销活动的各参与主体如何发挥创意能力,运用新技术工具,参与和促进营销传播活动的过程。在管理学领域,创新又常常与"变革"相提并论,"创新"包含改变和变革,是关于技术、产品、市场、企业和产业的经营管理活动。1912年经济学家熊彼特最早提出创新理论,指出创新就是建立一种新的生产函数或建立一种生产要素与生产条件的重新组合,包括采用新技术、推出新产品、开辟新市场、采用新的管理方式等[①]。技术创新是推动社会、经济发展的核心动力。发展到20世纪70—80年代,管理和制度的创新作用开始受到重视,管理学家德鲁克指出:创新是赋予资源一种新的能力,以创造新的财富和价值,包括技术创新和管理创新两方面[②];创新并非企业某个部门的独立功能,而是企业所有部门的整体活动[③]。科特勒也论证了创新的重要性,指出创新就是向市场推出新的产品和服务,改变企业的运营管理和组织安排,并且管理市场化、产业化的过程[④]。也就是说,创新是组织以技术创新为动力,进行应用创新和管理创新的系列过程。

(二)从社会网络到创新网络

创新网络的概念,来源于20世纪60—70年代兴起的社会网络理论。社会网络理论主要包括格兰诺维特的"嵌入"和"强弱关系"理论、伯特的结构洞理论和布尔迪厄的社会资本理论,其中以"嵌入"和"强弱关系"理论为代表。格兰诺维特指出:社会成员(个人或组织)嵌入在社会关系网络中,受到关系网络的影响和塑造,并影响其他成员的行为,并能利用关系网络主动获取资源和实现目标[⑤]。他进一步指出,社会网络中

---

① 熊彼特.经济发展理论[M].何畏,等译.北京:商务印书馆,1990:73-75.
② 德鲁克.创新与创业精神[M].张炜,译.上海:上海人民出版社,2002:36-45.
③ 德鲁克.管理的实践[M].齐若兰,译.北京:机械工业出版社,2015:29-31.
④ 科特勒,凯勒.营销管理:第14版:全球版[M].王永贵,译.北京:中国人民大学出版社,2012:611-640.
⑤ GRANOVETTER M. Economics action and social structure:the problem of embeddedness[J]. The American journal of sociology. 1985,91(3):481-510.

的关系有强弱之别,强关系能加强同质群体的内部互动,弱关系能拓展异质群体之间的联系;强关系更有利于传递信任和影响力资源,弱关系更有利于获得信息和资源优势。

社会网络理论既适用于个人,也适用于企业组织,强调关系网络对组织行为的影响,以及组织的网络化生存发展能力。企业之间不是单一的竞争关系,而是多元的竞争合作关系。市场的形成就是企业在关系网络中彼此观望、模仿、调整行动并建立秩序的结果[1]。价值网络是企业关系网络的重要形式,是对价值链理论的重要升级。迈克·波特的价值链指的是产业链上下游的线性交易关系和价值创造过程,而价值网络指的是互联网推动下企业间通过多元协作发展起来的关系网络和价值创造系统,进而影响商业模式。大卫·波维特最早提出"价值网络"的概念,将其界定为将顾客需求和企业生产进行灵敏对接、以数字网络技术支撑的新型业务模式[2]。企业通过价值网络,以顾客价值为核心,为顾客提供多元化、一体化服务,并创新其商业模式[3];价值网络发展成为企业间通过业务合作和资源协作建构起来的商业生态系统[4]。

而创新网络是在个人(用户)关系网络和企业(机构)价值网络的基础上发展起来的。创新网络是指创新参与者在创新过程中的相互连接和协作[5];创新者共同参与新技术的研发、新产品的生产营销和服务,以及创新的扩散,并通过协作促进技术、市场和产业的互惠关系[6]。创新网络的实质就是以社会网络为基础、以创新为目标的各参与主体的网络关系的整合。从社会网络、到价值网络、再到创新网络,其核心逻辑就是社会各单元要素都呈现网络化的发展形态。"网络化"的实质就是网络节点之间关系连接和资源价值的互联互通。随着互联网的发展和普及,网络化已经成为社会、经济、文化、市场发展的基本形态,也成为社会学、经济学、管理学等学科的主流研究范式。

营销传播是企业、媒体、用户等参与主体之间的具有商业目标和信息传播诉求的社会活动,从网络化的理论视角研究营销传播,引起了国内外学者的重点关注。科特勒在《营销管理》中强调:营销活动是包括关系营销(利益相关者)、整合营销传播(传播资源和方式的整合)、内部营销(部门沟通协作)和绩效营销(财务和非财务回报)的全

---

[1] 周长城.经济社会学:第二版[M].北京:中国人民大学出版社,2011:232-233.
[2] BOVET D,MARTHA J. Value nets:reinventing the rusty supply chain for competitive advantage[J]. Strategy & Leadership,2000,28(4):57-77.
[3] 高天亮.基于价值网理论的商业模式研究[M].广州:世界图书出版广东有限公司,2011:50-55.
[4] 桑福德,泰勒.开放性成长:商业大趋势:从价值链到价值网络[M].刘曦,译.北京:东方出版社,2008:20-30.
[5] FREE C. Networks of innovators:a synthesis of research issues[J]. Research policy,1991,20(6):99.
[6] 沈必扬,池仁勇.企业创新网络:企业技术创新研究的一个新范式[J].科研管理,2005(3):84-91.

方位、系统化营销传播管理过程,是多元主体和多重网络相互交织的整体①。美国学者理查德·瓦雷在《营销传播:理论与实践》中指出:营销是以人为基础的关系建构和价值创造活动以及传播管理过程;营销者、消费者、传播者既相互融合,又处在各自的关系网络中,彼此影响采取行动策略,成为网络化的关系整体②。

"网络化营销传播"不同于常规的"网络营销传播",网络营销传播强调互联网媒介的传播手段,而网络化营销传播强调营销活动参与主体的连接和互动,以及由此带来的营销创新。网络化离不开互联网的支撑,互联网又进一步推动了网络化营销传播。唐·舒尔茨指出:互联网和社交媒体等使得消费者的连接性、交互性和主导性增强,消费者网络化推动了市场营销的网络化③。武汉大学汪涛提出:互联网推动了从关系营销范式向网络化营销范式的转变,营销者和消费者都处在不同的技术和社会网络中,网络化营销是各主体共同建立的价值创造系统,是网络对网络的多对多营销活动④。

从互联网发展到移动互联网,"网络化"的影响更加深远,营销传播活动嵌入在多种关系网络中的,包括企业网络、消费者网络,以及各种媒介组合成的传播网络。因此,本书所研究的移动互联网营销传播创新,是基于多重网络建构的创新系统,分析在这一创新系统中,营销传播各参与主体、各运行环节、各资源要素之间的相互关系和作用机制,以及由此形成的移动互联网营销传播的创新发展趋势和相应对策。

三、媒介技术理论和创新理论的融合

(一)媒介技术理论

无论是营销传播的发展,还是组织或个人的关系网络建构,都离不开媒介传播技术的支撑。麦克卢汉的媒介技术理论也是本书重要的理论基础。媒介技术理论的核心观点就是:媒介是社会发展的基本动力,每一种新媒介的诞生,都开创了人类感知和认识世界的方式,改变了人和人的社会关系,形成了新的社会行为方式,从而影响社会发展变迁⑤。传播的实质就是社会关系互动,媒介传播改变了人的社会互动,是推动社会发展的动力。从口语传播、到文字印刷、到大众传播,再到网络传播,人的信息传播和社会交往逐步摆脱时间和空间的限制,信息传播范围和效率得到极大提升,人与

---

① 科特勒,凯勒.营销管理:第14版:全球版[M].王永贵,译.北京:中国人民大学出版社,2012:22.
② 瓦雷.营销传播:理论与实践[M].范红,译.北京:清华大学出版社,2011:29-30,65-66.
③ 舒尔茨.SIVA范式:搜索引擎触发的营销革命[M].李丛斌,译.北京:中信出版,2014:122-123.
④ 汪涛,周玲,杨立华.网络化营销:基于价值网络化的营销范式初探[J].外国经济与管理.2010,32(1):34-40.
⑤ 郭庆光.传播学教程[M].北京:中国人民大学出版社,1999:148-149.

人的距离被拉近，麦克卢汉在《理解媒介》中描绘的"地球村"成为现实。开放连接、超时空性是网络传播的典型特征。而移动互联网继续将互联网的超时空性发展到了极致，实现了自由自在、随时随地连接，对社会运行方式、信息传播方式、人们的社会交往和行为方式都产生了创新影响。

麦克卢汉阐释"媒介是人的延伸"的观点时指出：人们发明新的技术为了满足自身的需要，而新的技术又延伸了人对世界的认识和感知，激发了新的需要。保罗·莱文森在这个观点基础上提出了媒介补偿理论，即新的媒介是对前一种媒介的特定功能的补偿和对人们特定需求的满足，这种补偿机制推动了媒介的发展。这些观点启发我们思考技术发展和人的自主性的关系，技术是为了更好地满足人的需求，又激发了新的需求，技术和需求两大动因共同作用，促进了社会、经济、文化各方面的创新发展。

美国《连线》杂志创始主编凯文·凯利也是互联网技术的推崇者。他在1998年的《失控》中提出了"蜂群思维"，指出互联网建构了海量个体之间的信息共享和协作机制，促使群体智慧的涌现和群体创造力的提升[①]。他在2012年又推出《技术元素》，指出技术具有自我增强特征和自我进化机制，"一项突破性发明能引起更深刻的突破性发明，技术在更新迭代中被赋予了自我加速的能力"[②]。凯文·凯利的观点具有强烈的技术危机意识，但他把技术的更新速度和创新效应描述得非常到位。PC互联网从20世纪六七十年代诞生，到90年代快速发展，再到21世纪全球普及，前后用了将近50年的时间[③]；而移动互联网只用了10年左右就迅速兴起并席卷全球，其创新速度超过互联网的2倍，其技术和产业迭代周期从PC互联网的18个月（摩尔定律）缩减为6个月[④]。而且，移动互联网的创新速度还在加速，3G、4G、5G的创新周期越来越短，大数据、物联网、人工智能等新技术不断推出，移动互联网和其他新兴技术结合，不断增强对社会、经济和市场的全方位创新服务能力，并由此重构产营消系统的各个环节，成为营销传播的创新平台。

---

① 凯利. 失控：全人类的最终命运和结局[M]. 东西文库，译. 北京：新星出版社，2010：10-14.
② 凯利. 技术元素[M]. 张行舟，等，译. 北京：电子工业出版社，2012：10-11.
③ 互联网发展历程的标志性事件有：1969年，美国国防部军用网"阿帕网"ARPA net诞生，标志着互联网诞生；1986年，美国国家科学基金会（NSF）资助建成首个基于TCP/IP协议的主干网NSFNET，并开始商业化运行；1991年，以文本和网页超链接为标志的"万维网"（World Wide Web）推出，Web网页成为互联网最重要的服务，互联网开始加速；2002年，互联网开始全球化发展，全球网民数量突破5亿，2006年全球网民超过10亿，发展重心由发达国家向发展中国家转移；2014年全球网民超过30亿，其中中国网民超过6.4亿，成为网民数量最大的国家。
④ 工业和信息化部. 移动互联网白皮书（2013）[R/OL]. http://www.miit.gov.cn/n11293472/n11293832/n15214847/n15218338/15475181.htm.

(二)创新理论

媒介技术理论是以传播学视角分析新技术对于信息传播和社会运行方式的影响,与管理学的创新理论有异曲同工之处。熊彼特的创新理论告诉我们:创新是从技术创新、到市场应用创新、再到管理创新的深化和发展过程。

创新理论的发展主要经历了两大阶段。第一阶段是自20世纪二三十年代到七八十年代,以新技术革命为时代背景,突出企业对于技术和市场创新的主导作用,被形象地称为创新1.0。这一阶段的创新强调技术创新是经济增长的基础(以英国弗里曼和美国罗杰斯的研究为代表),管理和制度对创新具有推动和保障作用(以美国戴维斯和诺斯的研究为代表),技术创新和管理创新相互促进、相互融合。第二阶段是自20世纪90年代兴起并发展至今,首先是创新系统理论的提出,强调政府、企业、科研机构的产学研合作及金融资本对于创新系统的形成和推动作用[1];然后以互联网和信息革命为时代背景,创新活动越发呈现多主体、开放性和协同性特征,被形象地称为创新2.0。这一阶段的创新强调社会公众和用户被赋予了创新的资源和能力,在创新活动中发挥着越来越重要的作用,用户成为创新的推动者和参与者。由此,以技术为导向、以企业和科研机构为主体的"封闭式创新",转变为以市场为导向、以用户参与为主体的"开放式创新",即创新2.0[2]。也由此,形成了整个社会的创新文化和创新环境,媒介技术理论和创新理论趋于融合。

移动互联网重构的营销传播系统,从创新的过程来看,媒介技术的创新推动了营销传播的策略和方式创新,带动了营销传播的过程和管理创新;从创新过程的参与主体来看,企业、媒体、用户等多个主体之间相互协作、相互促进,形成协同创新的合力,不断加速营销传播创新。

第三节 研究思路与方法

一、研究思路

本书的研究思路就是基于移动互联网重构的营销格局和传播环境,既关注新媒介

---

[1] FREEMAN C. The national system of innovation in historical perspective[J]. Cambridge journal of economics,1995,19(1):5-24.
[2] 宋刚,张楠.创新2.0:知识社会环境下的创新民主化[J].中国软科学,2009(10):60-66.

技术引发的传播形态创新,又关注用户的需求行为变化和用户网络的创新能力及其带来的企业对于营销传播方式、营销服务模式和商业模式的管理创新,从创新驱动、应用扩散到管理创新,逐层深入地研究移动互联网影响下营销传播的创新机制。

营销传播本就是市场营销学和传播学的交叉,移动互联网具有极强的开放性、连接性和融合性,拓展了各个单元、环节和资源要素的关系,也对传统的学科界限和研究视域提出挑战。所以本书力图突破学科界限,拓展网络化、系统化的研究视野,综合运用传播学的媒介技术理论、社会学的社会网络理论、管理学的创新理论和价值网络理论等跨学科的理论工具,对移动互联网营销传播系统进行考察。

从传统营销传播,到整合营销传播,再到网络营销传播,营销传播研究的出发点,就是以传播视角审视营销活动的过程、规律、策略和效果,以及在营销传播过程中,企业和用户(消费者)之间的关系建立和价值实现问题。当媒介技术和传播形态发生变革,就会对营销活动中各参与主体之间的关系产生影响。因此,媒介技术是推动营销传播从理念、策略到方式不断创新的驱动因素。

网络化既是组织和个体的生存和发展需求,也是由于互联网、移动互联网等网络技术带来的广泛连接、互联互通的社会和经济发展形态。当营销活动的各参与主体包括企业、媒体、用户等都呈现快速网络化的发展态势,必然给营销传播的机制和模式产生深刻影响。本书以网络化的研究范式为基础,从用户、媒体、企业等主体的多重网络结构切入,分析传播网络、用户关系网络、企业价值网络之间的关系和作用机制。

而管理学的创新理论启发我们运用系统化的思维考察创新规律。移动互联网营销传播的创新,从创新的过程来看,是新媒介技术推动传播形态创新,激发新的用户需求行为和用户创新能力,带动企业和品牌营销的策略调整和管理创新;从创新的参与主体来看,用户成为重要的创新主体,企业、媒体、用户等多个主体间相互协作、相互促进,形成创新的合力;从创新的结构和层次来看,创新的驱动机制、扩散机制和管理机制,构成了移动互联网营销传播创新机制的核心内容。

本书旨在探索纷繁多变的移动互联网营销传播的创新规律,分析其创新驱动机制、创新扩散机制和创新管理机制,以及未来的发展趋势,力图从理论高度对移动互联网营销传播的创新机制加以概括和升华,并分析和提炼移动互联网营销传播的创新模式,使之在今后能有效地指导和应用于营销传播实践,提高企业或品牌营销传播的策略能力和创意水平,提升媒介机构和平台的营销传播效率和效果,加强用户在营销传播活动中的参与能力和自身的创新能力。

因此,本书的研究框架,整理如图0.1所示。

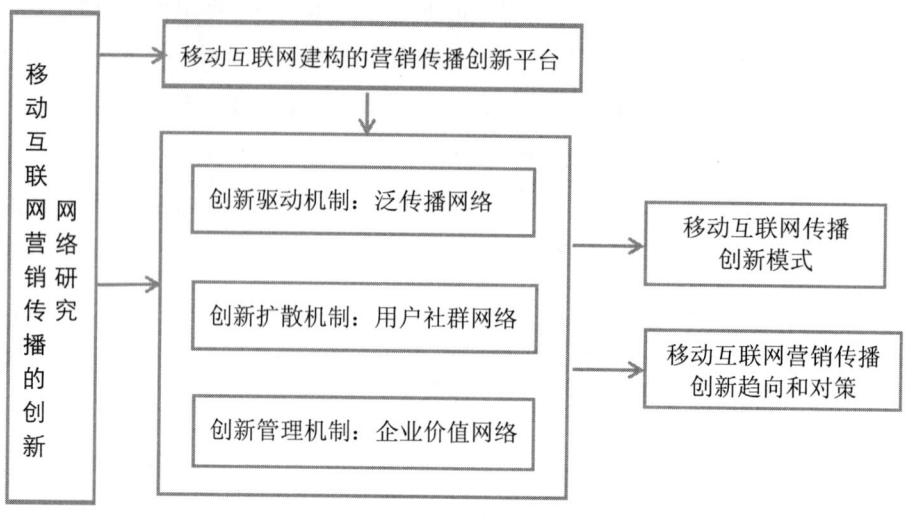

图 0.1　研究框架

第一章,导论,基于研究背景,提出研究问题,进行概念界定和理论溯源,说明研究框架、研究思路和方法等。

第二章,从移动互联网的创新平台特征入手,分析移动互联网的营销传播价值,研究移动互联网如何加速推动了营销传播的网络化发展,建构了泛传播网络、用户关系网络、企业价值网络三位一体的营销传播创新网络体系。

第三、四、五章是本书的核心部分,分别从传播网络、用户关系网络、企业价值网络三方面分析移动互联网营销传播的创新机制,泛传播网络形成了创新驱动,用户关系网络即用户社群促进了创新扩散,企业价值网络实现了创新管理,三重网络共同推动了移动互联网营销传播的创新和发展。

第六章,基于移动互联网营销传播创新机制的分析,提炼和论证移动互联网营销传播的创新模式。

第七章,基于移动互联网营销传播的创新机制和模式的分析,进一步推导移动互联网营销传播的创新趋向和相应对策。

最后是总结和展望,总结研究结论,说明研究创新之处和不足之处,并对移动互联网营销传播的未来发展进行展望。

二、研究方法

本书主要采用文献研究、田野调查、案例研究、深度访谈、数据分析等研究方法,将现实观照与理论研究结合、中观分析与微观分析结合、量化研究和质化研究结合,综合运用传播学、社会学、管理学等跨学科的理论知识和工具,对移动互联网营销传播的创新机制、运作模式和发展趋势进行比较科学、全面、客观的研究和论证。

第一,文献研究法。本书通过传播学、社会学、营销学、管理学等不同学科领域的大量文献研究,梳理营销传播的理论演变过程和实践发展脉络,发现营销传播创新的内在逻辑。从网络营销传播到移动互联网营销传播的研究庞杂而分散,加上研究对象较新,很多研究观点刚刚出现又很快被实践"修正"甚至"推翻",所以需要从大量文献、资料、报告和新闻报道中去粗取精、剥茧抽丝,发掘营销传播创新的逻辑和线索。

第二,田野调查法。笔者有多年广告公司和媒体从业经历,在互联网和移动互联网营销方面积累了相当丰富的观察和实践经验,和品牌企业、营销传播机构、传媒同行、互联网公司等都有过合作交流。这些年的田野调查,使笔者对互联网、移动互联网影响下的营销传播变化有着直观的观察和深入的思考,也积累了丰富的案例资料。

第三,案例研究法。案例研究的方法适用于对尚未有成形的理论建构的新领域、新现象进行考察,移动媒体传播和移动互联网营销的研究,都属于此类。笔者选择在业界、学界广受关注的移动互联网营销传播案例,尽可能覆盖不同行业的企业或品牌,共选择近20个具有代表性的典型案例(典型案例资料见附录)进行深度剖析,总结归纳出案例中所呈现的共性和特性,佐证与诠释移动互联网营销传播中的各种现象、问题和成因,为从理论上考察营销传播创新奠定基础。

第四,深度访谈法。在案例研究中,运用了深度访谈法,从访谈中积累第一手资料。笔者选择营销传播相关领域的业界和学界专家人员,共计40人,进行深度访谈。访谈对象覆盖企业主、广告和公关公司、营销传播机构、传统媒体和新媒体及部分自媒体的营销管理人员。不同类型的访谈对象,对于营销传播的理解既有独到视角又有规律共识。通过对访谈内容进行内容分析和观点提炼,把握移动互联网营销传播的现状特征、现存问题和发展趋势等,支撑本书的案例研究和观点分析。

另外,值得一提的是,本书还采用了思维导图的分析工具。思维导图是展现事物运行规律和思维逻辑的可视化工具,通过把研究对象的组成要素和结构关系用简明的图形或模型表现出来,加强对研究对象的本质和规律的理解和把握,引导思维的广度和深度。思维导图在传播学、管理学研究中比较常见,比如各种传播结构、传播模式、组织结构、管理流程和商业模式等。本书对移动互联网营销传播各主体的网络结构、多重网络之间的关系和相互作用机制、移动互联网营销传播的创新机制和运行模式等,都大量运用思维导图加以描绘和分析,用以加深对移动互联网营销创新规律的理解,并且加强对于机制和模式分析的科学性和严谨性。

第一章

移动互联网:营销传播的创新平台

第一节 移动互联网的创新特征和价值

一、移动互联网的技术创新特征

工业和信息化部 2011 年最早发布的《移动互联网白皮书》中将"移动互联网"定义为:用户使用手机、平板电脑等移动终端设备,通过 3G、Wi-Fi 等移动网络技术获取互联网信息和服务,即移动互联网包含移动网络、移动终端和应用服务三个要素[①]。工业和信息化部 2013 年更新的《移动互联网白皮书》中进一步分析了移动互联网产业的移动网络普及化、移动终端延伸化、应用服务平台化的发展格局[②]。以下就从网络、终端、应用三个层面对移动互联网的发展过程和特征进行分析。

(一)移动网络的普及化

3G 网络是移动互联网的兴起标志和发展基础。2000 年,国际电信联盟(ITU)公布 3G 技术标准(美国和日本的 CDMA2000、欧洲的 W—CDMA、中国的 TD—SCDMA 三大技术标准),推动 3G 网络的全球化发展。日本是最早开展 3G 业务的国家,日本电信运营商 NTT DoCoMo 2001 年推出的"运营商网络+定制手机+收费应用"

[①] 工业和信息化部. 移动互联网白皮书(2011). [R/OL]. http://www.miit.gov.cn/n11293472/n11293832/n15214847/n15218338/15224984.html.

[②] 工业和信息化部. 移动互联网白皮书(2013)[R/OL]. http://www.miit.gov.cn/n11293472/n11293832/n15214847/n15218338/15475181.htm.

一体化的"i-Mode"业务模式被多个国家的运营商模仿,3G 业务在韩国、欧洲、美国等全球范围内迅速推广。2009 年,瑞典推出全球第一个 4G 网络,其后 4G 业务在韩国、美国等国家率先发展,并影响到日本、中国等,进一步加速了全球移动互联网的发展和普及。

根据国际电信联盟(ITU)发布的数据,全球移动用户从 2000 年的 4 亿发展到 2017 年的 33 亿,尤其是 2012 年以来移动互联网用户每年增长率超过 20%[1],而且全球移动互联网的发展重心由发达国家向发展中国家转移,亚洲尤其是中国成为全球移动互联网最大的市场。自 2009 年工信部为中国移动、中国电信和中国联通三大运营商发放 3G 牌照后,在运营商定制手机和资费补贴政策的推动下,国内 3G 业务取得快速发展。自 2010 年以来 3G 用户平均年增长率超过 25%;2013 年年底国内 3G 用户突破 5 亿,4G 业务启动;2014 年年底,国内 3G、4G 手机网民规模达 5.57 亿,手机上网使用率超过 PC 上网;2017 年国内手机网民总规模达到 7.52 亿,占整体网民的 97.5%[2]。2009 年至 2017 年中国手机网民增长情况如图 1.1 所示。

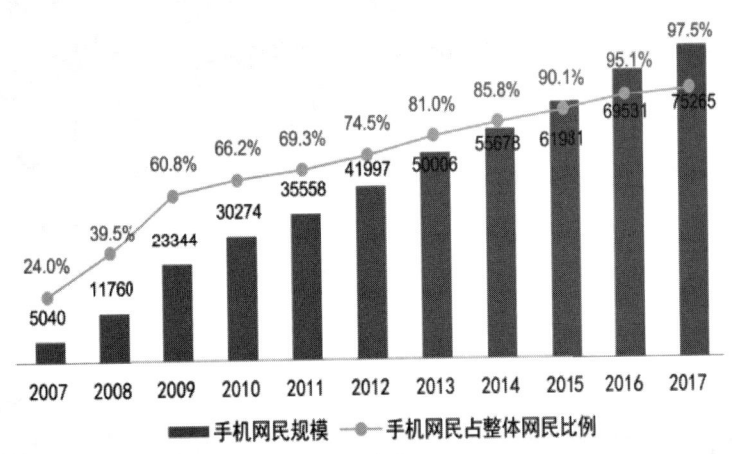

图 1.1 中国手机网民规模及占网民比例情况(2009—2017)

---

① 国际电信联盟. 2017 年信息通信技术事实与数字[R/OL]. http://kjsh.people.cn/n1/2017/0801/c404389-29442253.html.
② 该部分数据整理自中国互联网络信息中心(CNNIC)历年发布的《中国互联网络发展状况统计报告》,http://www.cnnic.net.cn.

(二)移动终端的多元化

以智能手机为代表的移动终端是移动互联网发展的推动力和加速器。苹果公司2009年推出iPhone 3GS和iPad,随即风靡全球,以其触屏式的使用体验、艺术感的产品设计、独到的"智能手机＋App Store应用商店＋海量应用服务"的一体化模式,彻底改变了人们对于手机的理解,苹果成为智能手机的代名词。苹果的成功,带动了三星、LG等手机的崛起,全球智能手机市场展开圈地式竞争,并且由iOS和安卓两大操作系统平分市场份额。根据国际数据公司IDC近几年发布的调研数据,全球智能手机出货量2011年至2013年以平均每年40%左右的速度增长,2014年出货量接近13亿部;2013年后,亚洲尤其是中国市场的智能手机需求量激增,2014年中国智能手机出货量超4.2亿部,占全球智能手机出货量的33%,涌现了小米、华为、联想等国产智能手机厂商;2015年后,中国和全球的手机出货量增长缓慢并逐步趋向饱和,2017年全球智能手机出货量14.62亿,下降0.5%,国内智能手机出货量下降4%,为4.59亿[①]。全球和中国的智能手机出货量和增长率对比如表1.1所示。

表1.1 全球和中国智能手机出货量及增长率对比(2011—2017)

	2011年	2012年	2013年	2014年	2015年	2016年	2017年
全球智能手机出货量(亿部)	4.9	7.2	10.0	12.7	13.5	14.7	14.6
全球智能手机增长率	41%	46%	38%	28%	6%	9%	-0.5%
中国智能手机出货量(亿部)	0.9	2.13	3.6	4.2	4.41	4.78	4.59
中国智能手机增长率	103%	135%	69%	25%	5%	8%	-4%

数据来源:根据IDC历年发布的智能手机行业数据整理

随着智能终端硬件技术的进步,移动终端的发展已经不限于手机和平板电脑,谷歌眼镜、苹果智能手表相继推出,掀起智能可穿戴设备的潮流,智能眼镜、智能手表、智能手环、智能跑鞋、智能头盔等形式多样的智能可穿戴设备纷纷面世。根据IDC的数据调研,2014年全球可穿戴设备出货量超过4780万台,2015年达到7810万台,2016

---

① IDC Worldwide Quarterly Mobile Phone Trackers[R/OL].[2018-02-27]https://www.idc.com/tracker/showproductinfo.jsp?prod_id=37.

年增长最为迅猛,超过1.10亿台,2017年达到1.15亿台[①]。智能终端通过互联网、传感器和移动交互技术,提供人体感知和数据信息服务,让人们能更好地感知和监测环境,又能随时获取信息和进行交互,体现了移动互联网人性化、智能化的服务属性[②]。移动终端的多元化、智能化,为人们提供了遍在的、便携的互联网入口,打造了全方位、无缝式的网络生活空间。

(三)移动应用的多样化

通过海量手机应用,满足用户移动化、本地化、社交化需求,是移动互联网发展的动力和目标。移动化和本地化密切相关,移动终端和网络服务让人们保持实时在线,而位置服务让移动应用和人们的线下生活结合起来,实现了线上线下的融合。移动应用服务覆盖了社会、经济、文化、生活、消费的各个领域。中国互联网络信息中心(CNNIC)近年来对于手机网民的使用习惯的调查结果显示,手机即时通信、手机搜索、手机新闻、手机娱乐、手机购物、手机支付、手机金融等是用户使用率较高的移动应用类型:(1)以微信、手机QQ为代表的即时通信和社交服务是使用率最高的移动应用,沟通和社交是手机网民的最重要需求;(2)手机搜索、手机地图等,直接满足了用户实时的信息获取和位置服务需求,成为第二大移动应用;(3)手机新闻使用率非常高且稳定,新闻客户端已经成为人们阅读新闻的重要渠道;(4)手机视频、手机游戏、手机文学等休闲娱乐类应用,是仅次于手机新闻的应用;(5)手机电商、手机支付和手机金融近年来增长最为迅速,支付宝和微信支付瓜分移动支付市场,在手机支付的拉动下,手机金融、手机旅游预订等消费类应用增长迅速。整体来看,沟通社交类、信息获取类、休闲娱乐类的移动应用发展较为成熟,满足了移动用户刚性的"信息化、社交化需求",而移动电商、移动金融、移动地图等应用服务的崛起,满足了移动用户更全面的生活服务"移动化、本地化需求"。移动媒体和移动互联网服务已经全面影响了人们的社会、经济、生活的各个方面。

如上分析,移动网络的普及化、移动终端的多元化、移动应用的多元化,形成了移动互联网全面而纵深发展的业务层次和发展格局,如图1.2所示。

---

① IDC Worldwide Quarterly Wearable Device Trackers[R/OL]. [2018-03-01]https://www.idc.com/tracker/showproductinfo.jsp?prod_id=962.
② 谢尔顿.移动云:企业与员工、消费者、业务伙伴的关系由此发生重大转变[M].王正林,等译.北京:中国青年出版社,2014:70-71.

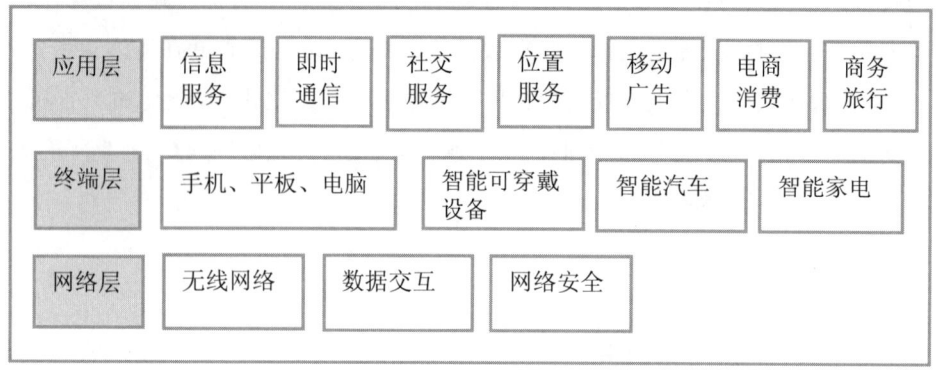

图 1.2 移动互联网的业务层次和发展格局

二、移动互联网的媒介创新特征

移动互联网是将互联网和移动网络的技术和应用能力进行了融合创新的网络平台,建构了全新的传播和服务体系。移动互联网继承了互联网的交互性、开放性、共享性特征,又增加了移动性、伴随性、个性化、真实性等特点,并且具有极强的融合性。

(一) 移动性和伴随性

首先,移动性是移动互联网最核心、最基础的特点。人们可以通过手机等移动终端随时随地接入网络,进行实时连接和交互,彻底突破了时间和空间的限制,极大提升了信息传播和沟通效率,使人们拥有了更加广泛的自由连接空间。也就是说,移动互联网是一种"伴随性"网络,形成了如影随形的网络在线状态,伴随人们的衣食住行、工作学习、休闲娱乐、生活消费的各个方面[①]。而且,移动互联网的移动性和伴随性,不仅仅指"媒介伴随人而动",即人通过手机等移动终端接入网络,在不同的时间和位置获取不同信息和服务;还包括"媒介不动而人在动",即各种空间的"固定媒介"对"移动的人"提供的信息传播服务。比如,车载的通信设备、室内的智能家电、户外的电子屏等,这些"固定媒介"通过智能传感设备和网络交互技术,一方面为人提供各种信息和数据服务,另一方面对人的移动和行为数据进行采集和交互,洞察和分析人在不同空间中的需求和行为特征,实现更人性化的互联网信息服务和传播体验。从这个意义上说,所有物体都可以通过数据加载和信息交互成为媒介,有关内容、信息、数据的交互,

---

① 腾讯科技和中国人民大学新闻学院新媒体研究所.移动媒体趋势报告:中国网络媒体的未来 2014[R/OL]. http://tech.qq.com/a/20141112/048252.htm#p=28.

都可以称为传播。移动性和伴随性,是移动互联网最重要的媒介特征,塑造了人们随时随地、动态联系、多维立体的生活场景。

(二)个性化和社交化

移动互联网为人们的个性化表达和社交化分享提供了实时便利的交互平台。一方面,手机是个性化的私人媒体,是"带着体温的媒体",除了通讯录、手机相册、即时通信这些个人化、私密性的内容,实时的社交分享、主动的手机搜索、浏览的手机新闻、下载的手机应用,等等,无不体现着用户的个性化特征。移动互联网时代是自我表达、个性释放的时代,满足用户的个性化、精细化需求,是移动互联网产品和服务的发展动力和核心目标。

另一方面,"个性"需求特征对应着"群体"需求特征,社交分享成为移动互联网产品和服务的"标配"功能。新闻信息的评论转发、朋友圈的分享点赞、消费过程的搜索查询和评价晒单,等等,人们在主动分享信息的同时也通过他人分享来获得更多的信息体验和决策参考。根据腾讯科技和中国人民大学新闻学院新媒体研究所的调查:45%的用户通过移动社交平台分享个人喜好和了解他人观点,30%的用户将获取新知识和新信息作为移动社交的重点需求,还有30%的用户通过移动社交平台关注热点新闻和重要事件[1]。因此,移动社交网络已经成为用户获知新闻、获取信息和沟通交流的最重要平台。

社交是人们的原生需求。移动互联网和社交网络的结合,促进了人们自由化、广泛化、实时化、本地化的连接。克莱·舍基在《未来是湿的》中指出:人们在历史上高估了计算机联网的价值,而低估了社会(人人)联网的价值;渴望成为群体的一员,在群体中与他人共享、合作、协调行动是人的本能;社交网络和社会化媒体使人们的分享能力、与他人合作能力、采取集体行动的能力大幅增强[2]。随着全面网络化的延伸和发展,社交分享的内容,将会从虚拟产品——信息的分享,逐步拓展为实体产品——产品、服务、资源的分享,比如 Uber、滴滴等打车应用的兴起就是社交模式加分享经济的代表。众多的分享汇聚,形成乘法效应,价值在分享交互中得到增值。

(三)真实性和可信任、可管理

移动互联网的真实性体现在:横向层面的个体真实和群体真实,纵向层面的线上

---

[1] 腾讯科技和中国人民大学新闻学院新媒体研究所.移动媒体趋势报告:中国网络媒体的未来 2014[R/OL]. http://tech.qq.com/a/20141112/048252.htm#p=28.
[2] 克莱舍基.未来是湿的[M].胡泳,沈满琳,译.北京:中国人民大学出版社,2009:34.

真实和线下真实的融合。移动互联网、社交网络、大数据技术的结合,使个人信息、行为数据、关系数据变得真实可用,实现了个体真实或群体真实[①]。互联网的每个电脑可以对应一个或多个 IP,而且用户大多是匿名的;而手机对应唯一的用户 ID,移动应用大都和用户手机号绑定,再加上多元化应用的数据整合,使用户个体真实信息得到进一步验证和确认。与个体真实相对应,群体真实主要基于用户关系网络,用户在移动社交平台的自我表达和分享互动,相对真实地体现了用户的属性偏好、社会关系网络和生活状态。而且,除了线上的个体真实和群体真实,移动互联网的移动社交和定位服务、移动支付等技术的结合,将用户数据的真实性延伸到了线下,实现了用户的移动化、本地化连接,将人们的线上信息传播和线下生活消费融合到一起,全面增强了真实性和可信度(如图 1.3 所示)。

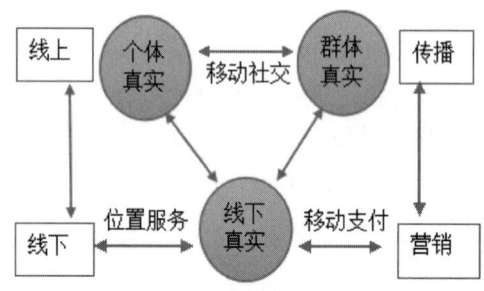

图 1.3　移动互联网的数据真实性及实现原理

真实性提升了传播的信任感和营销的精准度。社交媒体让用户的信任感从对企业的垂直信任关系转向了用户之间的水平信任关系,对于用户而言,口碑的力量远远大于企业广告[②]。而用户的实时化、本地化连接,进一步增强了用户间的信任感。而对企业而言,基于移动互联网的真实性,既能够精准找到目标用户和其所在的圈层,又能通过社会化传播、本地化营销和实时化沟通等方式增强消费者对企业的信任感。

真实性带来了信息数据资源的可管理、可利用性。移动互联网将智能终端和应用、大数据和云计算等新技术融合,为用户提供实时化、个性化服务,由此产生的海量信息数据,需要同步到云端进行管理和开发利用。实时交互、一云多端、跨屏整合、大

[①] 胥琳佳.大数据对于传播学研究内容和方法的影响:基于社交媒体和移动互联网的思考[J].中国出版,2013(9):3-6.
[②] 科特勒,等.营销革命 3.0:从产品到顾客,再到人文精神[M].毕崇毅,译.北京:机械工业出版社,2014:32.

数据管理是移动互联网业务的核心特征。当然,真实性的隐患就是隐私和安全问题,例如手机应用插件对用户信息的窃取,GPS定位对用户的位置跟踪,移动支付中认证信息和密码泄露风险等,移动用户的安全问题更加复杂。如何处理用户隐私安全和数据信息共享的矛盾,是一个重要课题。

三、移动互联网的营销传播价值

(一)实时、多元的传播"接触点"

普及化的移动网络、智能化的移动终端、多样化的移动应用,使移动互联网营销传播增加了更实时化、多元化、互动化的媒介"接触点"。移动化传播的含义,不仅仅包括手机、平板、车载设备、可穿戴设备等移动媒介,即伴随着人的移动而"移动的"媒介,还包括电脑、电视、户外显示屏等可联网的终端媒介,即当人们移动到某一空间时可便捷获取信息和数据服务的"固定的"媒介。移动互联网和智能终端,塑造了一云多屏、实时在线的信息传播环境,传统广告传播中的稀缺资源——"接触点"就变得非常丰富。微博广告、微信公众号/服务号、手机广告、手机客户端、手机游戏、小程序,等等,多元化的移动终端,海量的移动应用,都可以成为营销信息触达用户的"接触点"。

一方面,这些实时、多元的传播"接触点",提升了营销传播的效率和效果。企业可以根据传播对象所处的移动场景和空间,进行传播接触点的规划和选择,即选择哪些移动媒介、选择哪些移动应用、选择什么时间进行营销信息的传播,从而让营销信息精准地触达用户,和用户保持实时互动,并及时监测到用户反馈,从而进行传播策略的实时调整。

另一方面,移动互联网提供的"接触点",具有极强的交互性特征,提升了营销传播的创意空间。借助多媒体、智能传感、AR/VR等技术实现方式,可以研发出多样、多变的创意形式,并将用户体验发挥到极致。比如宝马汽车的手机广告采用HTML5技术,实现汽车内外部空间的全景展示,还可以通过手势的选择,放大局部细节,或者动态展示该细节的更多功能介绍。比如奢侈品品牌Gucci在时尚媒体客户端上投放的HTML5版移动广告,通过感应手机的摇动和角度变化,实现箱包颜色和款式的变化。还有宜家的App客户端,让用户先拍摄自己家中的照片上传到App中,然后根据自己喜好选择宜家的家具产品图片,就可以在宜家App中借助AR(增强现实技术)体验到产品摆放在家中的模拟场景。还有必胜客正在研发运用气味模拟器,让用户通过必胜客的手机广告就能闻到比萨香味,带动用户的下单和消费行为。移动广告实现了广告创意体验和用户互动体验的结合,将以视听为主的广告体验拓展为全方位的视、听、嗅、触觉体验,是对营销传播创意空间的极大提升。

"移动互联网营销传播在网络互动营销的基础上,增加了更加多元化的移动接触点,和更加丰富的营销创意空间,移动广告、互动游戏、交互技术为创意的产生和执行提供了条件和基础,创意又成为传播技术不断创新的动力。"①

(二)精准化用户洞察和一体化营销传播服务

移动互联网塑造了全方位、无缝式的网络生活空间,伴随着人们的各种真实的、移动的生活场景,也实时生产和同步收集着海量信息数据,主要包括内容信息数据和用户行为数据。移动互联网和大数据的结合,是用户行为分析和精准洞察的基础,也是为用户提供个性化、一体化营销传播服务的基础。

移动互联网借助大数据技术,对用户在移动化的场景空间、多元化的传播媒介、多样化的应用服务上的海量数据进行集成和分析,精准洞察和立体把握用户的行为特征和需求特点,为用户提供更加个性化、人性化的产品、服务和体验。这可以理解为横向一体化的营销传播服务。

而纵向一体化是指移动互联网营销传播将移动化和本地化结合起来,"移动化"让人们保持实时在线,而"本地化"即通过地理位置和交易服务实现线上应用和线下生活的融合,根据用户实时的时间地点,实现因时因地的精准营销传播,再借助移动支付让用户实现即时消费和获得实时服务,从而实现营销传播效果和价值的最大化。因此,移动互联网营销传播,具有信息传播、社交分享、消费服务的整合营销传播属性,为用户提供横向和纵向的一体化服务。

"移动互联网营销传播是品牌传播和产品营销的一体化,是营销传播和消费服务的一体化。一方面要通过线上广告和内容创意手段进行品牌传播,另一方面要通过移动社交平台和用户保持实时沟通,再结合移动支付手段直接进行销售转化,从而实现了线上传播和线下营销的一体化。"②

"移动互联网带来了移动化、实时化、整合化的营销传播机会,移动互联网营销是针对用户在时间、空间移动过程中的即时性、个性化需求进行的实时传播;可以通过手机应用(App)、移动 SNS(微博微信)、移动广告等各种传播方式,进行横向的整合营销传播,实现传播价值最大化;还可以结合大数据分析、位置服务、二维码、优惠券、手机

---

① 根据日本电通广告客户群总监王沛公的访谈整理。
② 根据正和岛市场总监何川的访谈整理。

支付等新技术形式,为用户提供纵向的消费服务。横向和纵向的一体化,让整合营销传播有了新的定义。"①

(三)可信任、可持续的互动关系建构

从营销传播的本质来讲,企业和消费者的关系是营销传播的最核心问题,移动互联网将营销传播体系中的企业和消费者、消费者和消费者之间连接起来,在实时化、社会化互动中建立起可信任的品牌关系。

传统广告传播是依托大众媒介的信息单向传递,企业通过大规模广告投放和创意手段来吸引消费者关注,企业处于营销传播的主导地位,企业和消费者较难建立直接的关系,也较难获取消费者的信任。基于互联网的营销传播在很大程度上实现了消费者互动和社会化分享,但其过程和实质仍然是信息的规模化传播,无论是网络广告投放、还是以口碑为主的社会化媒体营销,企业仍然处于营销传播的主导地位,企业和消费者的关系是松散的、不连续的,一次营销传播活动之后,消费者的关注度和留存度都很容易消散,很难建立品牌和消费者的可持续的关系。而移动互联网营销传播,基于多元化的传播接触点、实时沟通的移动社交平台、创意化的交互体验,再加上移动支付的技术支撑,将信息传播、实时互动沟通、消费服务体验等融合一体,企业和消费者之间建立起比较真实、可信任的关系。营销传播的本质基础在于关系建构,企业和消费者是否能建立起持续的、可信任的关系,成为移动互联网营销传播的关键。

"移动互联网的营销传播价值就在于让企业距离用户更近,通过移动搜索、移动广告、移动App等实现更有效率的传播,比如通过微博平台发起话题和口碑传播,通过微信平台和用户一对一沟通,通过丰富的创意激发用户关注,洞察用户需求,响应用户反馈,通过实时互动与消费者建立信任关系。传统的广告营销,可以引起消费者关注但是较难引起消费者信任,信任关系是在比较长期而直接的互动中建立起来的。"②

"传统的网络广告和微博的社会化媒体营销,企业仍然离用户较远,从营销策划到大号推送再到话题扩散,其实质仍然是企业主导的推广式营销;但微信时代的营销传播,企业融入消费者的生活,和消费者之间的关系由弱到强,企业和用户直接互动,和用户建立朋友式、伙伴式关系。只有品牌和用户之间的紧密沟通和信任关系,才能够真正实现营销传播的本质。"③

---

① 根据灵思营销(Linksus Marketing)营销副总经理李子雯的访谈整理。
② 根据《中国企业家》杂志社社长何振红的访谈整理。
③ 根据蓝标集团数字营销副总裁范青的访谈整理。

如上分析，移动互联网对营销传播的创新价值，从传播层面的多元化"接触点"，到营销层面的用户洞察和营销服务，再到品牌关系层面的品牌和用户之间的互动和信任关系，是一个贯穿整个营销传播流程的、逐步拓展和深化的创新过程（如图1.4所示）。营销传播是企业和消费者之间的关系互动，是最具有商业动力和传播活力的社会传播活动。移动互联网为营销传播带来巨大的创新价值和想象空间。

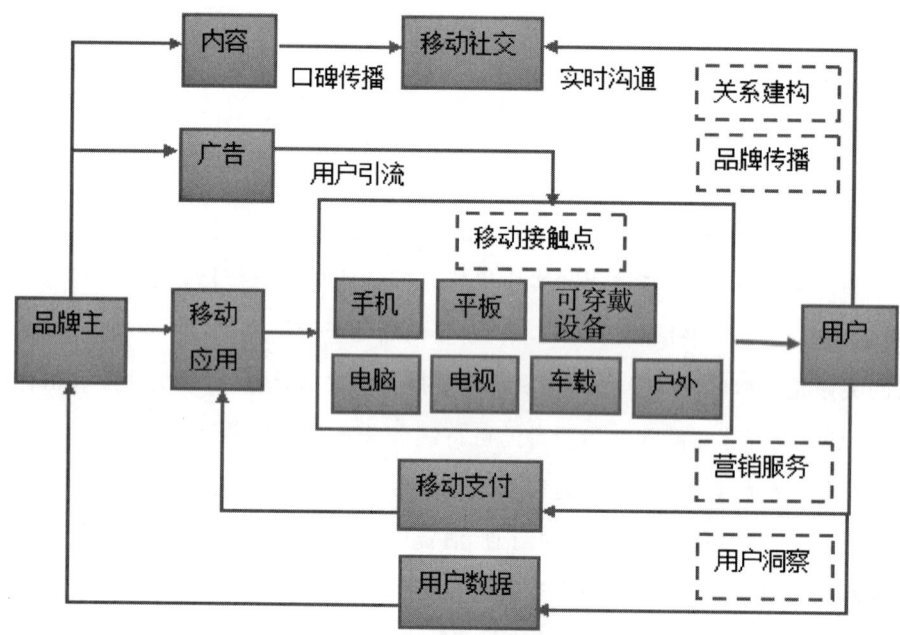

图1.4 移动互联网的营销传播价值

第二节　移动互联网建构的营销传播创新网络

一、营销传播网络化发展的动因

正如麦克卢汉的媒介理论反复强调的，媒介技术推动了信息传播和社会形态的演变，新的媒介技术是为了满足人性需要而被创造出来的，而新的技术又延伸了人的认知、互动和行动能力。也就是说，技术和需求两大动因共同作用，促进了社会、经济、文化各个层面的创新发展。营销传播的网络化发展，也有着技术和需求的双重动因。

第一，技术动因。媒介技术推动人的信息传播和社会交往活动不断网络化。麦克卢汉将媒介技术塑造的社会形态分为"部落社会——脱部落社会——地球村"三个阶段,即从口语传播时期人们极其有限的信息传播和社会交往;到纸媒出现后人们的信息传播和社会交往逐步脱离"部落化";再到电子媒介(广播电视)和网络媒介的发展,使信息传播超越时空限制,使人的社会网络无限拓展,人与人之间重新"部落化"的历史过程。麦克卢汉在其著作《理解媒介》中这样描述互联网引发的社会形态变革:"电子媒介延伸了人的神经系统,并废弃了我们这个星球所能想象的一切时间和空间",网络的超时空性使人和世界的连接性不断放大。传播的实质就是人和人借助媒介技术实现的互动关系,媒介传播和社会交往交织在一起。随着媒介传播从大众传播发展到网络传播再到移动网络传播,人的信息传播和社会交往方式也不断加速网络化发展。

大众传播出现前,是以小规模的人际传播为主;大众传播兴盛期,形成了大规模、单向度的纵向层级式传播结构;互联网的出现,消解了纵向权力层级,传播参与主体多元化,形成扁平化、去中心化、分散化的网状传播结构;社交网络(SNS)兴起,基于微博平台形成了以名人大 V 为内核、粉丝群层层叠加嵌套、由内而外辐射的蒲公英式传播结构[①],粉丝成为社会化、参与式传播的主体;随着移动互联网的发展,微信迅速崛起和快速普及,相比微博的弱关系网络,微信平台的强关系传播优势明显,包括一对一的人际传播(通过通讯录、群聊添加的好友)、多对多的群体传播(朋友圈、微信群功能)、一对多的大众传播(微信公众号),多种不同的传播模式融合,形成了多中心、多层级、多向度的复合式网状传播结构,用户的个性化、主导性和参与性极大增强。总之,从大众传播发展到网络传播,再发展到移动网络传播,是传播结构和传播模式多层级、复合式、网络化的发展过程(如表1.2所示)。

表 1.2 传播结构和传播模式的发展演变过程

时间阶段		19世纪50年代	20世纪90年代	21世纪
传播形态		大众传播	网络传播	社会化、移动化传播
传播媒介	口语	报纸、广播、电视	搜索引擎、门户、论坛、博客	微博、微信
传播结构	小规模、水平化传播	大规模、纵向层级式传播	扁平化、去中心化网状传播结构	多中心、多层级复合式网状传播结构
传播模式	人际传播	大众传播 群体传播	一对多传播 多对多传播	一对一的人际传播 多对多的群体传播 一对多的大众传播
传播观念	交流观	传递观	互动观	参与观
社会交往方式	面对面互动	线上单向传递 线下口碑互动	虚拟社交和线上互动(弱关系)	线上虚拟互动(弱关系) 线下真实互动(强关系)

---

① 韩运荣,高顺杰.微博舆论传播模式探究[J].现代传播,2012(7):36-38.

传播学的理论研究也随之发展。20世纪50年代,大众传播兴盛期,拉斯维尔提出5W传播模式,奠定了大众传播研究的单向度、线性模式的基调,将传播研究带入到微观过程研究领域。其后,拉扎斯菲尔德提出在大众传播系统内,还有群体传播中的"意见领袖"和"两级传播"的存在;卢因又提出"把关人"的概念,指出大众传播的信息需要经把关人"过滤"后才能进入特定群体内部传播。群体传播的研究使得传播的研究视角开始往中观层面延伸。20世纪60年代,美国社会学家赖利夫妇提出"传播系统模式"(如图1.5),指出:任何一种传播过程都表现为一定的系统活动,个体之间形成人际传播,个体分属于不同群体,形成群体传播,群体系统又在更大的社会系统中运行,与社会、政治、经济、文化环境存在相互关系①。这种传播系统模式较为完整地体现了网络化思维,将传播活动置于社会、经济和文化环境的宏观层面。20世纪60—70年代后,社会网络的研究兴起,并随着互联网的发展成为社会科学领域的主流研究范式,被广泛应用于传播学的用户研究及传播模式和效果研究。

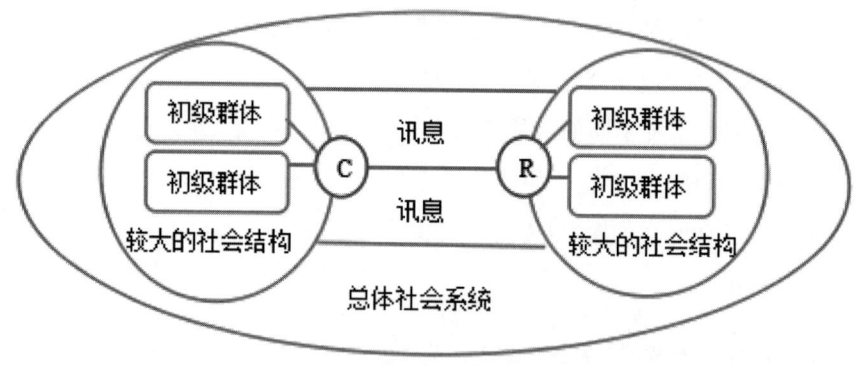

图1.5 社会学视角的传播系统模式(美国赖利夫妇)②

第二,需求动因。随着消费者个性化需求和主导地位的提升,消费者对产品和服务有着越来越高的要求,消费者追求包含产品、服务、情感、体验等多元整合价值,消费端的变化必然影响企业端的变化。企业的任务和使命是进行价值创造,企业单靠自己的力量无法满足消费者的多元化需求,也无法提供消费者追求的多元化价值。由此,企业的生产营销行为由注重"专业化分工"转向注重"网络化连接",由追求行业内的竞争,转向关联企业的协同合作,通过资源协同和营销创新,来更好地服务和满足消费者③。也就是说,消费者的网络化带动了企业的网络化。美国学者理查德·瓦雷指

---

①② 郭庆光.传播学教程[M].北京:中国人民大学出版社,1999:66.
③ 梁海宏.连接时代:未来网络化商业模式解密[M].北京:清华大学出版社,2014:154-157.

出:营销者和消费者都处在各自的关系网络和社会系统中;消费者受其关系网络、社会文化和亚文化群体的影响;企业受市场环境、产业内外的利益相关者、消费需求和趋势等社会环境的影响;营销传播活动就是企业综合考虑消费者和自身的关系网络,及时调整营销计划,不断接近营销传播目标的网络化过程(如图 1.6 所示)①。

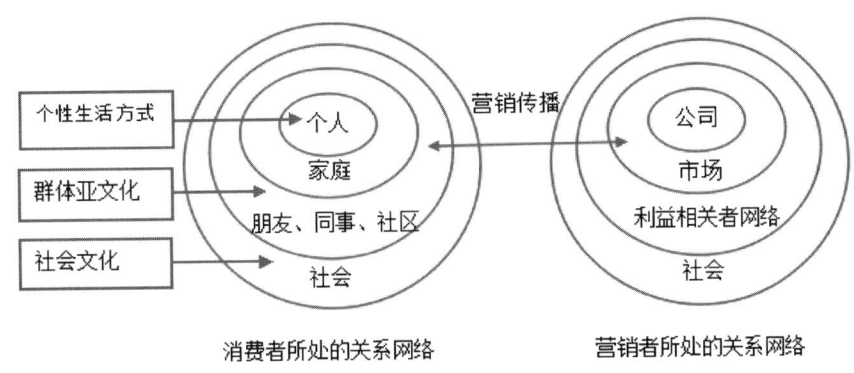

图 1.6　营销传播关系网络的基本结构(美国理查德·瓦雷)

消费者和营销者都有网络化发展需求,个人需要在关系网络和群体互动中寻求信息传播、情感交流和价值认同;同样,企业组织也需要在关系网络中,获得合作机会、资源优势和创新能力。但在互联网出现之前,无论是消费者网络化,还是营销者的网络化,其发展程度都非常有限,而互联网有力解决了营销者和消费者的网络化发展和相互连接问题。互联网的开放性和连接性,为个体和组织的网络化提供了技术工具和可能性。只有基于互联网技术和平台实现信息传播和资源互通,不同主体的关系网络才有了连接的机会。

二、移动互联网建构的融合创新平台

移动互联网不是单一的媒介网络技术,而是多重网络技术的交织,具有极强的融合性和延展性,不断提升社会各个单元要素的连接和服务能力。腾讯 CEO 马化腾指出:移动互联网的价值在于"连接一切",连接了人和人、设备和设备、服务和服务、人和设备、人和服务,而这一切连接的本质就是人和人的连接②。移动互联网营销传播的创新,正是基于移动互联网建构的全面网络化和产营消系统的互联互通这一大背景。

---

① 瓦雷.营销传播:理论与实践[M].范红,译.北京:清华大学出版社,2011:41-80.
② 马化腾:腾讯的是使命是做互联网连接器(2014)[EB/OL]. http://tech.qq.com/a/20141029/057096.htm.

首先,移动互联网是互联网的进化,继承了互联网的开放性和交互性,又彻底突破了时间和空间限制,极大地提升了信息传播效率,极大地促进了信息、数据、服务资源的开放共享。其次,移动互联网和社交网络的结合,在横向上拓宽了人们的弱关系,在纵向上加强了人们的强关系,提升了个体间的协作和创造能力。最后,移动互联网的连接性,不仅仅包括人与人相连,还包括人与物、物与物相连,促进端与端的智能化交互,直接推动了物联网的发展,从某种意义上说,所有物体都可以联网成为信息和数据传播的媒介。

从互联网到移动互联网再到物联网,多重网络的交融汇合,使得网络像水、电一样,成为社会生活的普遍状态,使得人和信息、人和人、人和物、物和物的网络连接和交互传播变得无所不在。移动互联网以其突出的连接性和融合性,促成了全面"网络化"的社会、经济和产业形态。移动互联网建构的"网络化"创新平台,是以大数据和云计算为支撑的,依靠大数据平台以及海量数据的云计算能力,将信息传播、数据交互、资源互通的价值通过多重网络进行无限的放大,最终形成了融合传播的创新平台(如图1.7所示)。

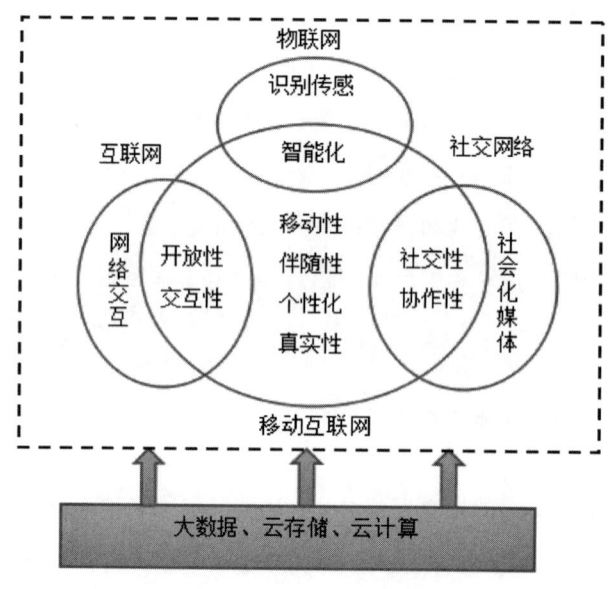

图1.7 移动互联网的融合创新平台

"移动互联网时代,各种信息、数据、资源的传播交互,使得个人和组织连接、生产和需求连接、线上和线下连接,在最大的时间和空间范围内,在微观的个体(人和组织)、中观的产业(组织之间)、宏观的社会、经济、文化层面上,实现高效互联互通,这也是网络化社会的终极目标。"①

三、移动互联网营销传播的创新网络结构

对于产营消系统和营销传播而言,移动互联网形成的多重网络融合状态,让信息传播和数据交互从消费环节渗透到生产环节,解决生产和需求的对接效率问题。当消费的个性化网络和生产的智能化网络进行对接,就能对接需求和生产,针对消费者个性化、精细化需求进行定制化生产和个性化营销。由此,移动互联网重构了各主体、各环节的角色和功能,主要包括如下三个方面。

第一,传播的内涵和价值变革。传播包括媒体、用户、企业不同主体之间所有的信息传播,传播网络是基于多重网络融合建构的信息传播和服务平台,连接了消费者、媒体和企业,以用户需求为中心,在用户的生活空间内、在企业的营销活动空间内,形成无所不在、随时随地的信息传播和数据交互,促进了产营消的互联互通,释放了信息传播和数据交互带来的巨大价值。

第二,消费者变革。消费者表现出个性释放与群体互动的双重需求,依托消费者网络,消费者的主导力和话语权不断加强,主动性和参与度不断提升,协作创造和创新能力得到激发。消费者基于关系网络积极表达、分享体验、参与传播、贡献创意并且参与到生产中,消费者不仅是消费者,而成为传播者和生产者。

第三,企业是营销活动的发起方和管理主体,为了满足消费者的多元化、个性化、社交化需求,企业营销的不再是单一功能的产品,而是品牌和产品、服务和体验、功能和价值、线上和线下一体化的整合价值。为了这种整合价值的创造和实现,企业需要搭建自身的关系网络,即价值网络,通过内外部资源整合和开放协作,进行营销传播的创新管理。企业价值网络,是价值链的升级,体现了价值共创、协同创新理念的发展,带动企业的传播创新、营销创新、商业模式创新乃至组织管理的创新。

由此,传播网络、用户关系网络、企业价值网络共同建构了营销传播创新网络体系(如图1.8所示)。在这一网络体系中,泛传播网络是创新的起点和驱动,消费者网络是创新的扩散和助力,而企业作为营销传播活动的发起者和管理者,通过价值网络进行创新管理。

---

① 根据北京大学客座教授、财讯传媒集团首席战略官段永朝的访谈整理。

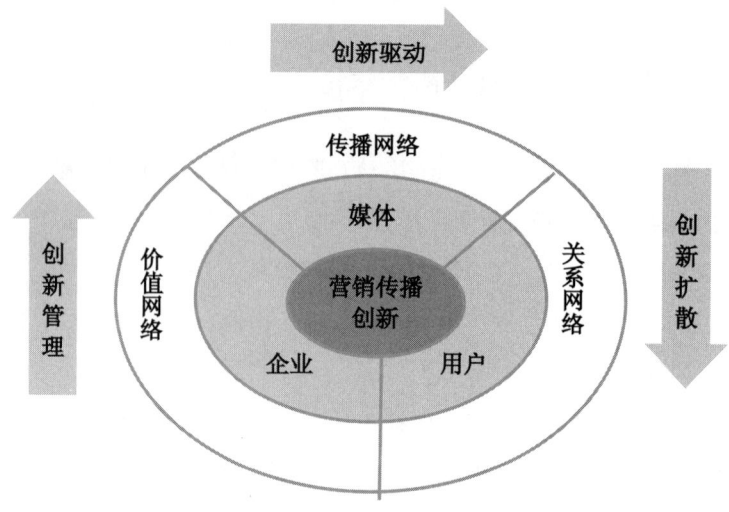

图 1.8　移动互联网营销传播的创新网络结构

第三节　移动互联网营销传播的研究现状

移动互联网营销传播的研究,因为是业界实践热点和学界研究难点,内容较为庞杂而分散。按照时间顺序进行梳理,可以大致分为三个阶段:移动互联网发展初期对手机媒体的研究;基于移动社交应用(App、微博、微信)的发展,对移动互联网营销传播的特征和策略研究;随着移动终端和应用服务的快速发展,对移动互联网的营销服务和商业模式创新的研究。

一、手机媒体的研究

美国学者保罗·莱文森的《手机:挡不住的呼唤》对手机媒体的研究具有代表性,莱文森指出手机是一种补偿性媒介(remedial medium),是对互联网媒介的补偿;手机将身体的移动性和世界的连接性结合,能接受和生产信息并实时互动,使人们在任何时间地点获得任何信息,是媒介发展的最高阶段[①];他在论证手机和电脑的关系时指出,手机实现了实时便捷的信息传播和沟通交流,是更好的互联网,而电脑只是手机的配套,这是对于互联网和移动互联网关系的形象解释。莱文森 2010 年又推出《新新媒

---

① 莱文森.手机:挡不住的呼唤[M].北京:中国人民大学出版社,2004:45-47.

介》一书,将维基百科、Facebook、YouTube、Twitter等移动社交应用称为新新媒介,这些新新媒介激发了用户的生产力,使用户由媒介消费者变成了媒介生产者,也使人和人的关系更加紧密①。

国内学者更注重对手机媒体的传播特征进行研究。朱海松将手机定义为继大众媒体之后的第五媒体,实现了精准化、个性化、实时性、互动性传播②。黄河总结了手机媒体的移动性、自媒体化、伴随性、个性化和互动性等特征,指出手机营销的主要方式就是基于用户数据库的精准营销③。匡文波对手机媒体的发展历程、传播特征、业务类型和规制管理进行了系统研究,指出:手机媒体构成了无所不在的"5A"(Anyone,Anytime,Anywhere,Anymedia,Anymessage)网络传播环境,手机传播是典型的去中心化、多对多的星状网络④;手机使个人拥有了主导传播的能力,是完全以个人为中心而构造的媒体,形成了两个相对独立的话语空间——点对点的私人空间和点对面的公共空间;手机是人际传播和大众传播的统一,代表着新媒体人性化传播的发展方向⑤。

二、移动化营销传播的特征和策略研究

美国风投公司KPCB的约翰·杜尔2011年提出了移动互联网营销的"SOLOMO"特征,形象地描绘了移动互联网具有"社交化(Social)+本地化(Local)+移动化(Mobile)"的营销传播价值。美国智库移动未来研究院CEO查克·马丁的《决战第三屏:移动互联网时代的商业与营销新规则》中分析了移动互联网催生了注重实时互动的移动消费者,给营销传播带来移动化、实时化、个性化特征,创新出移动App、手机视频、二维码、移动搜索、位置营销等营销传播方式,企业需要契合移动场景中的消费者需求进行引导和营销⑥。移动化营销由此快速发展起来。

App、微博、微信等移动社交应用在国内迅速发展,在营销传播中发挥不同的优势。国内学者主要针对各种移动应用的传播特征和营销策略进行研究:App营销注重定制化内容、互动化功能和多媒体创意体验,成为品牌传播的利器;微博营销通过名人大V和企业微博发布具有话题性的内容,掀起粉丝互动、转发和分享,形成社会化

---

① 莱文森.新新媒介:第二版[M].何道宽,译.上海:复旦大学出版社,2014:145-146.
② 朱海松.无线营销:第五媒体的互动适应性[M].广州:广东经济出版社,2006:19-22.
③ 黄河.手机媒体商业模式研究[M].北京:中国传媒大学出版社,2011:21-25.
④ 匡文波.手机媒体:新媒体中的新革命[M].北京:华夏出版社,2010:44-50.
⑤ 匡文波.手机媒体概论:第二版[M].北京:中国人民大学出版社,2012:23-28.
⑥ 马丁.决战第三屏:移动互联网时代的商业与营销新规则[M].唐兴通,译.北京:电子工业出版社,2012:71-160.

媒体口碑营销;而微信营销更突出和消费者一对一的互动,将微信公众平台(信息推送)、即时通信(实时互动)、朋友圈分享(社交分享)结合起来进行互动营销,再结合位置服务和微信支付,发挥即时性、精准性、本地化的营销优势。移动互联网和社交应用的结合,引发对移动社交的研究热潮。徐志斌的《社交红利》将移动社交平台的营销特征总结为信息、关系链和互动三大要素,指出信息在关系链中的流动、移动用户基于关系互动建立的情感信任,释放出巨大的营销价值,将用户的兴趣和需求聚合起来可以开发垂直领域的应用服务[1]。唐兴通的《引爆社群:移动互联网时代的新 4C 法则》[2]和孔剑平的《社群经济:移动互联时代的商业驱动力》[3]都重点关注了移动社群的信任聚合和参与协作机制及其对品牌营销、商业模式创新的影响。还有学者按照营销目标和效果的不同,把移动营销分为基于目标用户的精准营销、基于信息分享的社会化媒体营销、基于地理位置的服务营销(重视本地化服务和销售促进效果)三种主要模式[4]。

此外,各大出版社推出的移动营销类的畅销书琳琅满目,比如机械工业出版社的《移动互联时代的 O2O 营销革命》《微信营销解密:移动互联网时代的营销革命》《App 营销解密:移动互联网时代的营销革命》等;清华大学出版社的《微博营销:微时代营销大革命》《微信:社会化媒体营销的革命》等。用"革命"来定义不断更新的移动营销方式,学理性不够,有赚取眼球效应之嫌,但这些书中列举了大量移动营销的最新案例,是对于创新营销实践的总结和展示,启发我们突破手机广告的简单思维,更多地关注和研究移动社交与移动应用如何给人们带来人性化的、创新性的营销方式。

移动互联网建构了随时随地的网络传播环境,持续不断地生成各种信息数据和用户数据。维克托·舍恩伯格的《大数据时代:生活、工作与思维的大变革》介绍了微软、谷歌、IBM、亚马逊等大量案例,深入分析了大数据在社会、经济、营销领域带来的深刻变革。大数据和移动互联网结合,集成了海量用户行为、实时位置和关系网络数据,绘制出更全面、更真实、更实时的用户行为图谱,成为消费者洞察、精准营销和营销策划的有力支撑。中国传媒大学黄升民教授指出:大数据从媒体、消费者、广告与营销策划、效果评估四个方面影响了传统营销体系,给营销体系的各个参与机构赋予了新的力量与可能[5]。总之,移动互联网营销就是基于移动互联网、社交网络、大数据、定位导航等网络和技术的交融,运用创意化的营销组合让营销活动更具有创新性。

---

[1] 徐志斌.社交红利[M].北京:北京联合出版公司,2013:42-46,208-216.
[2] 唐兴通.引爆社群:移动互联网时代的新 4C 法则[M].北京:机械工业出版社,2015:70-73.
[3] 孔剑平.社群经济:移动互联时代的商业驱动力[M].北京:机械工业出版社,2015:23-26.
[4] 周修亭,张胜战,张建华.移动互联网营销的模式与策略[J].长春理工大学学报(社会科学版),2012,25(9):87-88.
[5] 黄升民,刘珊."大数据"背景下营销体系的解构与重构[J].现代传播,2012(11):13-20.

三、移动互联网营销服务和商业模式的研究

移动互联网快速发展的动力来源于用户和市场的需求,其目标就是为用户提供全方位、移动化、便捷化的服务。随着移动互联技术、智能终端和移动应用的发展,手机突破了媒体功能的限制,成为集信息传播、社交沟通、互动营销、消费服务和交易支付功能于一体的综合服务平台。移动互联网营销传播的研究,逐步从手机媒体、手机广告的研究,发展到对移动营销传播的特征和策略研究,并进一步发展到移动互联网营销服务模式和商业模式的创新研究。移动互联网营销传播创新和服务模式及商业模式的创新紧密地结合到一起。

服务的核心就是以消费者为主导。唐·舒尔茨在《SIVA 范式:搜索引擎触发的营销革命》中基于互联网、移动互联网、大数据技术的发展提出了 SIVA 营销模式,即:S(Solution 解决方案)满足顾客需求的解决方案、I(Information 信息)为顾客提供信息服务、V(Value 价值)给顾客带来价值、A(Access 途径)提供让顾客便捷获取产品和服务的通道[1],也就是说,企业需要利用互联网和大数据洞察消费者需求,为消费者提供实时化的服务解决方案和移动化的产品服务入口,从而更好地实现消费者价值。"SIVA 营销模式"抓住精准化、实时化、移动化的核心要素,提供从信息传播服务到产品消费服务的直接通道,可以说是对于移动互联网营销服务模式的精要提炼。国内学者朱海松、匡文波、黄河等都指出手机媒体的商业价值在于移动广告和市场营销服务,为用户提供信息、娱乐、生活、商务等全面服务的移动解决方案。

在移动互联网发展初期,电信运营商是整个产业链的掌控者,随着移动互联网从产业链发展为产业网络,电信运营商的产业控制地位下降,多元化的产业主体加速合作,进行商业模式的创新。日本是世界上最先发展移动互联网的国家。高岩以日本手机媒体产业为例,指出手机媒体产业是以手机媒体主网络为核心,形成手机内容价值网、手机广告价值网、手机交通价值网等各个子网络[2]。曾航、刘羽的《移动的帝国——日本移动互联网兴衰启示录》一书详细介绍了日本移动互联网产业的商业模式[3]:日本电信运营商 NTT Docomo 2001 年最早推出 3G 服务,推出运营商网络+定制手机+付费应用一体化的 i-mode 模式,被多个国家的运营商模仿;2008 年后 Docomo 为了应对苹果的竞争,努力尝试"去管道化",从通信服务商往信息和生活服

---

[1] 舒尔茨.SIVA 范式:搜索引擎触发的营销革命[M].李丛杉,译.北京:中信出版社,2014:117-121.
[2] 高岩.从价值网视角看手机媒体产业的发展:以日本手机媒体为例[J].中国出版,2011(10):41-43.
[3] 曾航,刘羽,陶旭骏.移动的帝国:日本移动互联网兴衰启示录[M].杭州:浙江大学出版社,2014:380-385.

务商转型,推出手机游戏、手机广告、手机电视、手机支付、移动医疗等一系列新型商业模式,尤其是实体商业和手机支付的结合,带动了移动电商和 O2O 营销的发展。国内学者沈拓总结了移动互联网技术驱动的四种平台化商业模式:BAT 互联网巨头的流量平台、移动终端和软件应用的一体化服务平台、移动搜索＋电商＋支付的 O2O 营销服务平台、移动社交和综合服务平台[①],这些移动平台的商业模式和营销服务模式紧密结合到一起,实现了营销、传播和服务的一体化创新。

通过以上研究现状的总结,得到如下几方面的研究启示。

第一,从传统营销传播发展到整合营销传播,再到网络营销传播,可以清晰地把握营销传播的核心概念:信息传播、关系建构和价值创造。营销传播的本质就是通过企业、媒体、消费者等主体间的多元关系互动,实现以品牌价值为核心的多元价值创造。整合营销传播将传播上升到企业的营销管理和发展战略层面,通过传播整合实现品牌价值提升。但是整合营销传播理论是个包容性很强的理论,容易成为宏观的理念和愿景。移动互联网营销传播实践快速发展,而理论研究却难以突破,实践创新对理论创新提出了迫切要求。

第二,移动互联网的全新传播环境下,营销传播需要运用更具广度和深度的创新视角来进行深化研究。科特勒的系统化营销管理研究,理查德·瓦雷的关系网络和社会互动的营销传播研究,还有陈刚教授的数字网络空间的创意传播管理理论,这些网络化视角的营销传播管理研究,具有理论创新性和启发性。移动互联网在社会各层面实现了全面"网络化",多重网络技术的融合,推动消费者、媒体、企业各参与主体都呈现网络化发展,从多重关系网络的视角研究移动互联网营销传播的内在逻辑和创新机制,具有重要的研究意义和价值。

第三,因为移动互联网发展较新较快,加上营销传播实践的变化太快,现有移动互联网营销传播的研究成果呈现出两方面的特点,首先是分散化、碎片化研究较多,其次是对于营销传播的应用性研究较多,只关注到战术手段层面的创新,没有深入到内在逻辑和机制的创新。

营销传播理论从传统广告传播、整合营销传播,发展到网络营销传播,在理论研究上一直缺乏突破,网络营销传播的研究基本上是整合营销传播的延伸,而移动互联网营销传播的研究也大多局限于营销传播的战术性、实务性、描述性方面。这些都对营销传播理论研究的创新提出了迫切要求。

究其原因,理论研究是实践的总结和发现,理论创新需要大量实践创新作为基础,

---

① 沈拓.不一样的平台:移动互联网时代的商业模式创新[M].北京:人民邮电出版社,2012:70-135.

而且整合营销传播理论的包容性使得后续理论研究难以突破。研究移动互联网营销传播的创新,需要突破微观层面的应用研究,进行中观层面的逻辑解构,深挖现象背后的本质规律,建构新的机制和模式。这是笔者最重要的研究目的。

第四,随着移动互联网技术、智能终端、移动应用服务的一体化发展,手机和移动终端已经突破了媒体功能的限制,成为集信息传播、社交娱乐、互动营销、消费服务和电商支付功能于一体的综合服务平台,大量的移动互联网创新营销案例都和服务模式、商业模式的创新紧密结合在一起。移动互联网营销传播的创新,是营销服务和商业模式的系统创新,这也是本书研究的重要着力点。

第二章

移动互联网营销传播的创新驱动:泛传播网络

第一节 泛传播网络的形成

一、网络泛化和实时连接

传播网络形成的前身是媒介融合。媒介融合是始自20世纪70—80年代,伴随数字网络技术兴起的传媒产业融合。美国麻省理工学院(MIT)的尼古拉斯·尼葛洛庞帝(Nicholas Negroponte)1978年最早提出数字化技术推动计算机、印刷和广播三者的"融合"(convergence)趋势;美国学者伊契尔·索勒·浦尔(Ithiel Sola Pool)在《自由的科技》中指出数字网络技术的发展促使大众传媒和电信业边界消失而产生"形态融合"(convergence of models);美国学者凯文·曼尼(Kevin Maney)在《大媒体》一书中指出大众传媒业、电信业、信息业都将统合为大媒体业(mega-media)[①]。以1996年美国颁布《联邦电信法》和1997年欧洲颁布《电信、媒体与信息技术绿皮书》为标志,规制的放松使传媒业和电信业加速并购重组和全球扩张,进一步推进了全球范围内传媒融合的发展。传媒融合重构了传媒产业链条,带来传媒生产和营销方式、产品和业务模式以及传媒消费方式的改变。21世纪初起,媒介融合在国内开始加速发展,以传媒行业的融合实践和政府推动的三网融合为主要标志。中国人民大学陈力丹教授指出传媒产业融合是以技术融合为基础,以市场融合为途径,以服务融合为方向,以管制

---

① 王菲.媒介大融合:数字新媒体时代下的媒介融合论[M].广州:南方日报出版社,2007:4-5.

融合为推动的综合过程[①]。王菲指出网络融合是媒介融合的前提条件,内容融合是媒介融合的资源基础,而终端融合是媒介融合得以实现的载体[②]。

这一阶段的媒介融合实质,就是不同的产业主体(媒体、电信运营商、互联网网站)和不同的网络传输渠道(有线电视网、电信网、互联网)为用户提供相同的内容信息服务。其主要形态就是将内容资源进行标准化、产品化、差异化再造,通过互联网建立输出和互动渠道,再将媒介终端进行多元化延伸,满足用户的海量信息需求和个性化定制(如图 2.1 所示)。也就是说,这一阶段的媒介融合,是将互联网视为媒体渠道,是基于渠道融合逻辑的媒介融合。

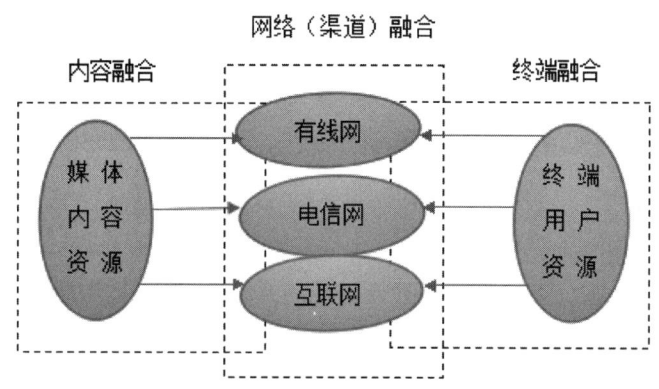

图 2.1　互联网时代的媒介融合形态

这种渠道融合逻辑的媒介融合,在国内的传媒实践领域也被称为"全媒体"战略。2000 年以来,各大媒体相继推行"报网融合""台网融合""全媒体融合",比如上海文广整合报纸、电视、网站、IPTV、手机电视打造的全媒体战略。但从实际的融合效果来看,媒介融合的成功案例并不多见。融合是为了提升创新能力和竞争能力,但传统媒体在实现"全媒体"化之后面对互联网和移动媒体的竞争仍然显得非常乏力。传媒组织内部"传统媒体和新媒体两张皮"的现象仍很普遍,即使设有新媒体部门甚至单独成立子公司,但对新媒体的发展缺乏整体规划,缺乏资源共享和有效合作机制,资金投入较少,没有赋予新媒体足够的发展空间和动力。究其原因,传统的媒介融合思维,仅仅将互联网视为一种媒体渠道,将移动端视为渠道的延伸,单纯追求渠道上的覆盖和形式上的融合,缺乏对互联网、移动互联网带来的"网络化"逻辑的深刻理解。

[①] 陈力丹,付玉辉.论电信业和传媒业的产业融合[J].现代传播,2006(3):28-30.
[②] 王菲.媒介大融合:数字新媒体时代下的媒介融合论[M].广州:南方日报出版社,2007:22-23.

习近平主席2014年8月在中央全面深化改革领导小组会议上发表推进"媒体融合"的讲话,指出要强化互联网思维,推动传统媒体和新兴媒体在内容、渠道、平台、经营、管理等方面的深度融合,形成立体多样、融合发展的现代传播体系①。国家层面对媒体融合的重视,在业界、学界再次引发媒介融合的研讨热潮。中国人民大学喻国明教授指出:媒体融合最重要的是应用互联网思维,新媒体不是一个改良渐进的使用过程,互联网已成为传媒领域里面的操作系统,它是底层的操作架构,带来资源配置、生产模式、组织模式、商业模式的革命性转变,是从内容生产到传播到效应发生、价值形成逻辑的改变②。

媒介融合发展到今天,对于"互联网思维""底层变革"的强调,再次揭示了互联网、移动互联网带来的传播逻辑的深刻变革。北京大学陈刚教授指出:"网络是媒介发展的更高阶段,互联网的根本特征是反媒介,即媒介自身的淡化。"③媒介融合需要突破线性的渠道融合形态,用非线性的"网络化"的融合思维来审视。互联网、移动互联网、物联网等多重网络融合背景下,连接无限拓展,网络无所不在,网络作为媒介渠道的价值在进一步淡化。网络不仅仅是一条条清晰可见的渠道,而成为一种无形的、泛在的社会环境和传播形态。网络成了一种基础设施,就像电网一样渗透到社会生活和社会环境中,人们的生活离不开电,人们关注家电的功能和体验,但不会关注电网在哪里。3G、4G技术的不断更新迭代,无线带宽技术的不断加强,随时在线、实时连接已经成为人们社会生活的常态,在社会层面形成巨大的、泛在的网络(Mega-Web)和泛化的传播环境(Pan-Communication)④。国内传播学者在互联网发展初期就曾提出过"泛传播"的概念,泛传播就是指随着互联网的发展,信息传播将呈现无所不在的状态,媒介传播和信息交互无所不在,呈现分散化、全景化、扩展化、一体化的传播特征⑤。而移动互联网的发展,让泛传播的影响更为深广。

从互联网发展到移动互联网乃至物联网,网络融合超越了媒介融合层面,带来社会层面的信息传播的融合创新。多重网络的融合,传输的不仅仅是媒体内容信息,还包括多种类型的信息传播和数据服务,甚至包括实体化的产品和多种资源。"运用互联网思维推进媒介融合,不仅涉及传媒产业的发展,应该从整个社会、国家发展的高度

---

① 新华社.习近平:强化互联网思维 打造一批具有竞争力的新型主流媒体[EB/OL].(2014-08-19)[2016-02-25].http://news.xinhuanet.com/zgjx/2014-08/19/c_133566806.htm.
② 喻国明.媒体融合重在应用"互联网思维"[EB/OL].(2014-08-20).http://media.people.com.cn/n/2014/0820/c14677-25500435.html.
③ 陈刚,沈虹,马澈,孙美玲.创意传播管理CCM:数字时代的营销革命[M].北京:机械工业出版社,2012:8-9.
④ 金韶.移动互联网语境下的媒介融合和媒体发展策略[J].中国广播电视学刊,2015(6),60-62.
⑤ 杜俊飞.泛传播的观念:基于传播趋向分析的理论模型[J].新闻与传播研究,2001(04),2-4.

上来看,对信息传播资源的使用和把握,是社会管理者最重要的一个管理手段。"①因此,移动互联网建构的传播形态,是一种泛传播网络,是以用户为中心,以网络泛化、媒体泛化、终端泛化为特征的媒介融合新形态(如图 2.2 所示),其中网络泛化是创新的底层结构和基础,媒体泛化和终端泛化是创新的运行机理,多元化的媒体和多样化的终端应用相互交织,以人为中心,为人们提供各种内容、信息和数据的传播服务。

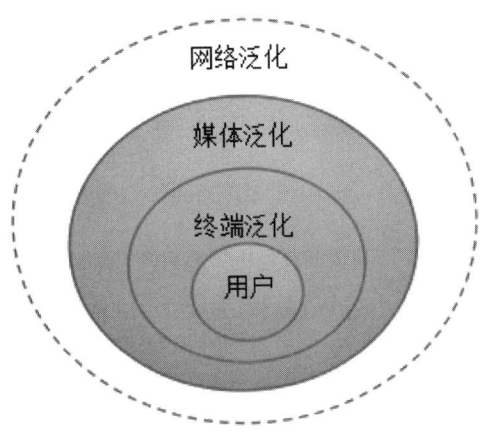

图 2.2 移动互联网时代的媒介融合新形态

二、媒体泛化和内容生产

在泛化的传播网络中,节点的连接无处不在,跨平台、跨应用、跨终端的信息传播变得非常简单,媒体也呈现泛化的态势,单一媒体就成为泛传播网络的一个个节点,包围在用户四周,实时地进行着信息生产和传播。媒体的概念需要重新认识,具有信息生产和传播功能的都可以称之为"媒体",包括:专业媒体(包括传统媒体、垂直门户在内的具有集中化、专业化、组织化的内容生产能力的媒体),自媒体(包括早期的博客、现在的微博大 V、微信订阅号服务号等具有较强个人风格和一定专业水平的个人或团队)和微媒体(热衷社交分享和 UGC 内容生产与传播的个体用户)。实际上,这三类"媒体"伴随 Web1.0(网络门户)、Web2.0(博客、论坛)和 Web3.0(微博、微信)的发展过程先后兴起,最终在移动互联网飞速发展和普及的今天,在多重网络交融的平台上,共生共荣,竞争合作,融合创新(如图 2.3 所示)。

---

① 喻国明. 媒体融合重在应用"互联网思维"[EB/OL].(2014-08-20). http://media.people.com.cn/n/2014/0820/c14677−25500435.html.

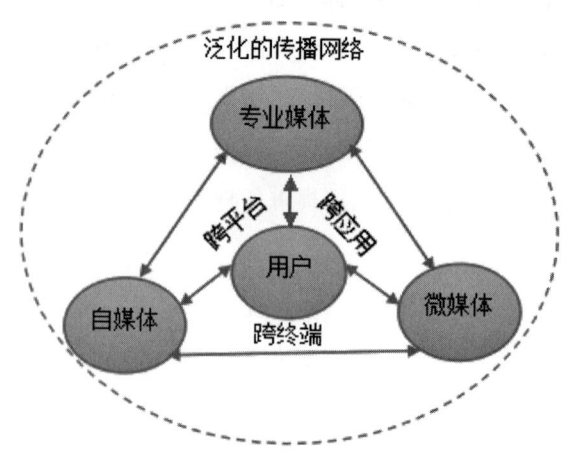

图 2.3　泛传播网络环境下的媒体泛化和竞合格局

首先，专业媒体加剧平台之争。传统媒体具有明显的内容生产优势，网络门户具有庞大的用户流量资源，二者加速"平台"之争。以电视媒体与视频网站的平台之争为例。湖南广电 2014 年 4 月将旗下金鹰网（娱乐门户）和芒果 TV（互动电视）合并，推出全新的"芒果 TV"网络视频平台，合并后的芒果 TV 全面启动独播策略，将《快乐大本营》《爸爸去哪儿》《我是歌手》等王牌节目纳入独播，并加大自制节目投入，以此构建平台优势与视频网站抗衡。而优酷、土豆、爱奇艺等老牌视频网站，前期依靠技术和资本优势，高价购买国内外内容版权，满足网民海量、个性化视频需求，后期全力往内容产业链上游延伸，力推自制节目和 UGC 原创，以此打造综合化的媒体平台。2013 年年底腾讯视频高调改版，加入视频平台竞争。平台竞争是一种替代性竞争，社交网站、团购网站都经历过腥风血雨的市场竞争，最终胜出的只有少数垄断者，比如 BAT 三大互联网巨头的形成也是分别在搜索、电商、社交三类市场上将市场份额瓜分完毕的结果。专业媒体在加剧平台竞争的同时，要注重打造差异化竞争优势，并且在竞争合作中探讨新的营销模式和商业模式。

其次，"自媒体"持续蓬勃发展。"自媒体"兴起于早期的博客，微博时期得到快速发展，在以微信为主的移动社交平台上更是持续蓬勃发展。知名自媒体大多由资深媒体人、名人明星等意见领袖创立，比如（央视《对话》栏目前制片人）罗振宇的"罗辑思维"、（财经出版人）吴晓波的"吴晓波频道"、《南方周末》前资深编辑）马昌博的"壹读"、（腾讯博客频道前总监）和菜头的"槽边往事"等。因为创立者的专业背景，这些自媒体无论是内容创意、制作水平还是广告营销，都已经接近专业媒体的水平，并且延伸出音频、视频、图书、电商等多元化产品。而且自媒体更注重粉丝经营，在粉丝互动和社群经营上更具有灵活度和创新性。为了应对自媒体的竞争,抓住新媒体用户群,专业媒体也在加速拓展社交平台阵地,比如央视推出央视新闻、央视财经等多个微博账号与网民互动;《人民日报》的微博以其亲民互动的语言风格,打造了备受欢迎的"《人民日报》微博体";江苏卫视将《非诚勿扰》《一站到底》等王牌节目都开设微信公众号,由主持人和粉丝进行音频互动。专业媒体借鉴自媒体的表达风格和运营模式,用亲民化甚至卖萌的方式与粉丝积极互动。"媒体"和"自媒体"的边界日趋模糊化。

最后,"微媒体""微内容"遍地开花。媒介的多元发展和便捷互动,使用户的逆向生产能力提升,社交平台使用户的主动性和参与度得到极大提升,每个用户都成为积极的内容生产和传播主体——"微媒体",无时无刻不在进行"微内容"的生产和传播。"互联网用户生产的任何数据,都可以被称作微内容(micro-content),互联网将离散的价值聚拢起来,形成一种强大的话语力量和丰富的价值表达"[①],而移动互联网将"微媒体""微内容"的连接度和聚合力进一步加强。把海量用户自生产、自传播的内容汇聚起来,进行加工和挖掘,将是非常巨大的内容宝矿。如果说专业媒体提供的是相对完整的整体图景,那么自媒体提供的就是图景上的耀眼亮点,而用户提供的就是海量内容碎片,将图景和亮点融合,将碎片拼贴在一起,最终呈现出丰富、立体、真实的内容景观。

三、终端泛化和媒介融合

泛化的传播网络需要随时随地的联网入口,移动终端也呈现泛化的趋势。移动终端是包含终端设备和应用服务(比如 App 客户端、社交应用等)的软硬件一体化的整体,这个道理就如同一部手机如果没有下载各种媒体应用,就只能是一个硬件而不是一部智能手机。移动终端和应用服务结合,一方面发挥着让用户接入网络获取信息和服务的入口功能;另一方面又被赋予了数据和联网的属性,伴随着人的移动和场景切换,具有信息和数据再生产和再传播功能。

终端的泛化,将"移动"的概念进行延伸,既包括"移动"的终端,即媒介伴随人的移动为人们提供信息服务;也包括"固定"的终端,即不同空间的媒介为移动中的人们提供信息服务,终端因为加载了网络连接、传感器、数据交互技术,使任何物体都可能具备信息生产和传播功能。移动互联和终端泛化,使信息传播介质得到无限延伸,智能手机、智能家电、智能汽车、智能眼镜、智能手表,等等,任何一个物体都可能成为用户

---

① 喻国明.中国传媒业 30 年:发展逻辑与现实走势[J].青年记者,2008(4):19-24.

连接网络的入口,任何一个物体都可能成为信息传播的介质。传播介质的泛化,使主动性的信息传播、自发性的信息生产和收集形成同步融合,形成了"一切都是终端"的景象。这些泛在的终端入口,既可以满足人们随时随地的信息获取和传播需求,又可以捕捉和记录人在不同场景的不同状态,进行同步的用户数据收集加工和生产传播。

网络泛化、媒体泛化、终端泛化,三者互为因果、相互促进、相互激发,在大数据技术支撑之下,共同构成了泛化的传播网络空间,即泛传播网络(pan-communication network)。在这个泛传播网络中,信息数据在终端、媒体、用户、企业之间交互和流动,即信息流、数据流产生了巨大的价值。具体包括以下三个方面。

第一,来自媒体(专业媒体、自媒体、微媒体)生产的内容信息。获取信息是用户最重要的需求,媒体内容信息是最常见的信息流。媒体生产和传播的内容,有可能在用户关系网络中传播和扩散,吸引更多用户汇聚到媒体入口,实现价值增值;也有可能随着时间流动而价值消散。信息流在传播网络中不同的媒体节点和用户节点中不断流转,信息流和关系流之间相互作用,相互激发,促进价值的实现。

第二,在终端产品上加载的服务信息。广告的本质就是服务信息,在多元化终端上通过识别、传感交互技术加载服务信息,使广告形式也越来越多样化。比如在产品包装上加二维码,用户通过扫码获得多媒体服务信息,包括产品说明、功能演示、下载优惠券等,二维码因其易设计制作、易识别读取、信息容量大等特性成为移动广告的主要形式之一。此外,在产品生产营销过程中,通过加载信息数据来加强过程服务,让用户随时掌握产品的生产流通状态,比如当下流行的农产品电商就是让消费者实时在线掌握订购产品的生产、加工和物流信息。在产品使用过程中,通过加载信息数据来加强体验,比如智能家电就是在传统家电(硬件)上增加了信息交互功能(软件),为用户提供软硬件一体化服务;还可以通过多种产品之间的互联互通和信息传输,为人们提供更多智能化服务,比如海尔、长虹等品牌都在研发手机、电脑、家电的智能联网服务,等等。产品和产品、服务和服务的连接,正是物联网的本质。服务信息相比媒体内容信息,具有明显的营销和服务属性,实现了产品和服务价值的增值。

第三,通过终端和应用收集的用户数据信息。移动终端和应用既满足了人们随时随地的信息服务需求,又同步收集着用户的信息和行为数据。智能终端是"人的延伸",让人更了解环境,也让环境更了解人,通过海量用户数据的大数据分析,对用户需求和行为进行敏锐洞察和深度把握,提升了各行各业的营销传播的服务和创新水平。

泛传播网络中信息流和数据流,拓展了我们对于"传播"概念的理解,传播不仅仅包括媒体和用户节点中的新闻内容信息的交互传播,还包括用户和终端之间的服务信息(用户获取的信息)和数据信息(用户留下的信息)的交互传播(如图2.4所示)。

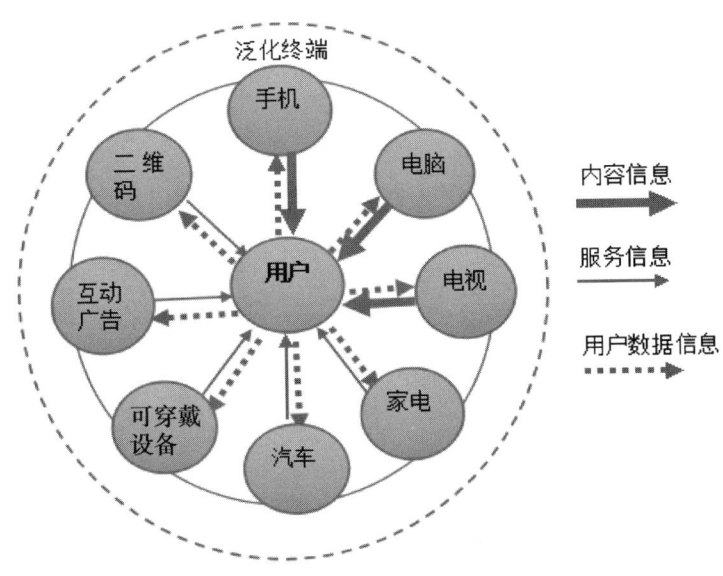

图 2.4 泛传播网络中信息流和数据流循环

传播的实质就是加强互动关系和促进价值创造,移动互联网环境下,传播的内涵不仅仅包括媒体内容传播,只要以人为中心,加强人和人、人和物、物和物、人和环境的交互关系,实现信息、数据、资源、服务的互动和共享,就都是传播。移动互联网、互联网、大数据、智能传感、移动定位等技术的结合,使得人和人、人和物、物和物之间不断进行信息传播和数据交互,实现了无所不在、无所不能的传播。

第二节 大数据对泛传播网络的支撑

大数据和精准营销传播网络是一个整体系统,大数据在这个系统中发挥着重要的基础支撑作用。如果说用户、媒体、企业的网络化构成了营销传播网络的整体结构,那大数据就是整个系统的神经中枢,使各个节点、要素相互连接和相互作用,使整体系统灵活地运转起来。大数据技术的支撑作用主要体现在数据集成、交互连接和关联分析三方面。本小节先对大数据的发展历程、核心特征和功能价值做简要分析,在以后章节的网络分析中再具体说明大数据和创新机制的关联。

一、数据化和全景记录

大数据发展的动力来源于人类测量、记录和分析世界的渴望[①]。印刷和纸媒时期,因为技术手段和记录成本的限制,信息规模有限。数字化技术提升了信息存储和传输能力,促进了信息的大规模增长和数据库的发展。20世纪70年代,埃德加·科德最先提出"关系型数据库"(Relational Database)的概念,应用于数据查询和管理。20世纪90年代,随着互联网的发展,比尔·恩门提出"数据仓库"(Data Warehouse)的概念,即将大量数据库连接起来,解决数据集成和联机分析问题。随着互联网、移动互联网、物联网等多重网络的发展,内容信息数据、用户信息数据、软件应用数据、物流传感数据、商品交易数据等各种类型的数据迅速膨胀,由此形成了"大数据"(Big Data),推动社会从信息时代进入大数据时代。人类社会自从有印刷术以来,上千年印刷材料的数据总量只相当于200PB,而百度早在2013年日均处理数据总量已接近100PB,相当于5000个国家图书馆的信息量总和[②];根据IDC数据分析,2013年到2020年全球数据规模以每两年翻一番的速度增长,预计2020年达到40ZB(相当于4万亿GB),而且70%的数据都将存储在云端[③]。

大数据的核心就是"一切皆可量化",除了语言文字、图文影像、视频音频的数据化,人的兴趣爱好、社交关系、生活经历、地理位置、情绪状态等都可以数据化,比如谷歌(Google)地图将人的位置和移动数据化、脸书(Facebook)将人的兴趣和关系数据化、推特(Twitter)将人的情绪和心理数据化、领英(LinkedIn)将人的职业和经历数据化,还有智能可穿戴设备将人的生理变化也进行了数据化[④]。大数据是实时化、自动化、全景式集成过程,基于互联网和云存储进行数据的实时生产、自动存储和同步连接,保证了数据信息的完整性、准确性和流动性,并且对事物运行规律进行全景呈现,既包括横向的情境式全记录,也包括纵向的过程式全记录。

先看横向的情境式全记录:移动互联网时代,信息联网(PC互联网)、人人联网(SNS社交网)、人物联网(电子商务)以及物物联网(物联网),塑造了"全方位""无缝式"网络生活空间,网页浏览、应用下载、移动搜索、社交分享、电商购物和反馈评价,不

[①] 舍恩伯格,库克耶.大数据时代:生活、工作与思维的大变革[M].盛海燕,周涛,译.杭州:浙江人民出版社,2013:104.
[②] 大数据:每天处理量相当5000个国家图书馆[EB/OL].(2013-05-17)[2016-02-25]. http://news.xinhuanet.com/info/2013-05/17/c_132387274.htm.
[③] IDC最新调研报告:2020年的"数字宇宙"[EB/OL].(2012-12-26)[2016-03-05]. http://tech.ifeng.com/it/detail_2012_12/26/20554584_0.shtml.
[④] 倪宁,金韶.大数据时代的精准广告及其传播策略:基于场域理论视角[J].现代传播,2014(2):99-100.

同情境的用户行为数据都能得到完整准确的记录和分析。再看纵向的过程式全记录：大数据能够记录和监测任一时段的运动过程，保证时间和空间的连续性，实现数据信息的准确性和客观性。比如分析一个人的健康状态，某个时点呈现的数据，其实是家族遗传因素、饮食和生活习惯因素、经历和心理情绪等各种综合因素较长期作用的结果，基于大数据进行过程式记录和分析，才能做到科学诊断，这也是智能可穿戴设备在移动医疗领域飞速发展的原因。大数据就是通过较长时间过程的数据跟踪和集成分析，来挖掘事物运行特征和规律。

因此，对于营销传播而言，在用户洞察层面可以对用户行为轨迹（横向）和行为图谱（纵向）进行精准分析；在研发生产层面，可以对用户需求进行敏锐对接，进行产品和服务的创新；在营销服务层面，可以对用户反馈进行实时响应，追踪产品定制、物流配送、营销效果、消费体验等全过程各节点的数据信息，全面提升营销传播的精准性和服务水平。

二、网络连接和数据流动

大数据的基础是海量数据的集成，但数据孤岛没有价值，大数据的价值在于连接性和流动性。通过多重网络的连接，数据在每一个节点（人、信息、物）不断交互，产生巨大价值，为每一个节点（人、信息、物）进行服务和增值。

第一，内容信息数据的连接和流动。媒体是内容生产和传播的主体，获取新闻和内容信息也是移动互联网用户的最重要需求之一。专业媒体进行规模化、组织化的内容生产，自媒体进行个人化、个性化的内容生产，海量用户在社交平台上进行碎片化的"微内容"生产。海量内容信息的连接和流动，形成巨大的内容信息宝矿。

第二，用户信息和行为数据的连接和流动。用户生活在实时在线、无缝连接、无限延伸的网络空间内，在不断使用和消费各种数据、信息、产品和服务的同时，本身也以数据信息的形式留存在网络空间内。比如门户网站的新闻浏览、社交平台的分享互动、电商平台的订单支付和产品评价等，把这些海量的用户信息和行为数据进行集成和分析，就能分析出用户的自然属性（性别、年龄、职业、地域等）和社会属性（兴趣特征、社交关系、消费习惯等），掌握用户的全面化需求特征和立体化行为特征。

第三，产品和服务的信息数据的连接和流动。在产品包装上加一个二维码，用手机扫描二维码就可以获得相关信息；在产品上加载传感器并连接网络，就可以让产品本身具有数据收集和信息传播功能；在产品生产、营销、流通和交易过程中，通过加载信息和数据，可以对产品进行定位追踪和连接，实现产品和产品、产品和服务，以及人和产品的实时连接,这也是物联网的本质。

借助移动互联网、大数据、传感定位技术,人和人、人和物、物和物之间实现了无所不在的信息传播和数据交互。移动互联网的社会形态,其外在形态是网络化,其内在本质就是数据。大数据把用户关系网络、信息传播网络和企业价值网络以信息与数据为基础建立了连接。用户之间基于移动社交网络建立连接,基于传播网络获取信息和服务,并同步留下用户信息数据;传播网络集成的内容信息和数据信息,为企业进行用户需求和行为分析提供条件,成为企业和用户的直接连接;为了给用户提供硬件产品、软件服务、信息数据一体化的服务体验,企业和企业之间的连接不断增强,形成价值创造的整体网络。

三、关联分析和趋势研究

大数据是信息社会特有的分析工具和方法,其目的是通过数据挖掘和规律发现,对组织和个人提供决策支持。大数据和云计算(云存储和分布式计算)的结合,使数据集成和数据挖掘能力得到极大提升。数据挖掘(Date Mining)就是运用各种计算模型对海量数据进行关联分析,挖掘隐藏在数据之间的关系性和规律性,对事物发展趋势做出预测研究,最终促成科学决策。

大数据重视"关联分析"而非传统的"因果关系",通过量化两个或多个数值之间的数理关系,通过相关关系的强弱预测事物发生的可能性,或者通过知识和规律的发现,获得有巨大价值的产品和服务[①]。关联分析、规律发现和趋势研究,使得大数据的开发和利用价值得以不断加强。正如美国政府 2014 年 5 月发布的《大数据白皮书》中所言:大数据正在改变世界、推动社会进步,大数据成为一种高增长率、高开发价值的信息资产,被广泛地应用于政府和公共服务业、零售业、电信业、医疗健康、教育以及互联网服务领域[②]。

比如,谷歌根据近 5 年美国用户的搜索记录和美国疾控中心掌握的季节性流感数据进行建模分析,推出了美国流感疫情预测模型,为公共卫生机构提供指导。美国对冲基金通过分析推特(Twitter)上特定时间段的微博内容来预测股市涨跌行情。零售业巨头沃尔玛通过销售数据挖掘,发现男性顾客在购买婴儿尿布时会顺便买啤酒犒劳

[①] 舍恩伯格,库克耶. 大数据时代:生活、工作与思维的大变革[M]. 盛海燕,周涛,译. 杭州:浙江人民出版社, 2013:71-75.

[②] The White House of US. Big data:seizing opportunities,preserving values[R/OL]. http://www.whitehouse. gov/sites/default/files/docs/big_data_privacy_report_may_1_2014. pdf.

自己,推出了"啤酒加尿布"的大数据营销经典案例,而且把对消费者的数据分析从消费后的总结分析提前到了消费前的过程观察,在每排货架上安装 3D 传感器,追踪消费者的每一个行为步骤,包括关注、拿取、放回等动作,通过消费者行为的实时感应和数据分析来调整商品陈列和促销策略。

综上分析,大数据技术对于移动互联网营销传播创新的支撑作用体现在数据集成、数据流动和关联分析三方面(如图 2.5 所示)。企业和媒体组织都有营销传播需求,对营销传播者而言,从用户洞察、营销策略制定、传播渠道选择、效果监测等各方面都可充分利用大数据技术,全面提高营销传播的精准性和营销策略的科学性;并且通过在企业内部共享信息资源,实现生产、营销、传播、服务的实时交互,从而提高组织的科学决策、效率运作和服务创新能力。

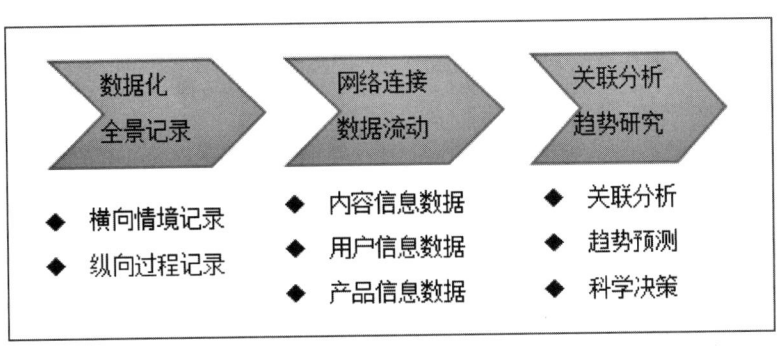

图 2.5　大数据对营销传播创新的基础支撑作用

"大数据的伟大意义在于它还原了物质世界的本质——数据,大数据技术和网络平台的结合,实现对任何个体的动态追踪、精准定位和分析洞察,这种精准性带来的准确性、科学性,服务于人们社会生活的各个方面,对社会的经济运行和商业逻辑、企业组织形态和管理模式、个体的社会交往和行为方式都产生了重大影响。"[①]

"大数据提供的快速信息对接机制,打通了企业的各个管理系统包括客户管理系统、财务管理系统、生产管理系统、营销管理系统等,提升了不同系统和功能模块之间的响应速度和科学决策能力,商业的本质就是基于信息流动、数据分析促成的交易决策和价值实现。"[②]

---

① 根据北京大学客座教授、财讯传媒集团首席战略官段永朝的访谈整理。
② 根据红领服饰(红领酷特)市场副总裁李金柱的访谈整理。

第三节　移动互联网营销传播的创新驱动机制

一、多重精准营销

　　精准地找到目标用户是营销传播的首要目标。在泛传播网络中,网络的渠道价值在弱化,而终端和应用作为用户入口的价值在放大,触达用户成为企业产品和服务创新的基础。移动终端和各种软件应用结合一体,一方面给用户提供了便捷的多元化服务,另一方面也同步收集了大量的用户信息和行为数据。大数据技术实时、自动、完整地记录和追踪人们在泛传播网络中的行为轨迹,通过关联分析和数据挖掘,能精准地找到目标消费者,并进行敏锐的用户洞察,传播精准适配的营销信息。精准成为进行营销传播创新的起点和首要步骤。

　　从人类社会的经济发展的历史看,广告在很长一段历史时间里都是营销传播最主要、最重要的方式。传统广告传播,追求大规模覆盖和高频次曝光,是重视规模而忽视效率的传播逻辑。在互联网媒介的冲击下,传统广告因为缺乏互动渠道和效果评估而备受诟病。有了互联网、移动互联网平台的大数据集成和分析,从用户定位、需求分析,到渠道选择、广告投放,以及广告效果的监测,都因为有了数据支撑而具有了判断和评估的依据。

　　互联网具有数据化用户识别、跟踪和监测的技术和功能,用户流量较大的网站通过对自身网站平台上的用户数据进行分析制定广告营销策略。而对于数量众多的中小网站,如果把它们连接和汇聚起来,利用大数据技术对众多网站的海量用户数据进行集成和关联分析,就能让精准的用户定位和广告投放成为可能,网络广告平台(或者叫网络广告联盟)就是基于这个原理发展起来的。Google 旗下的广告平台 Google Adsense 是全球最大的网络广告平台,占据全球网络广告收入份额的 30% 以上;而国内比较知名的网络广告平台是百度联盟,还有品友互动、互动通、易传媒等。随着移动互联网的发展,国内外各大网络广告平台开始转型为移动广告平台,把移动应用聚集的用户行为数据进行汇聚,结合用户信息、需求数据、关系数据、位置数据等,全面收集和跟踪、分析和洞察用户的移动生活状态,提升用户定位和行为分析的真实性与精准性,从而让广告和营销传播真正实现了科学性和人性化。

　　移动互联网平台和大数据技术的结合,通过如下四个核心步骤实现多重精准营销。

(一)用户的精准定向

因为大众媒介缺乏互动手段和数据支撑,传统广告对消费者的目标定位具有很大的模糊性,如何找到消费者是传统营销传播一直苦恼的问题。正如那句经典名言:"我知道自己的广告费有一半被浪费了,但还不知道是哪一半。"随着互联网的发展,网络媒体的互动机制让情况有所好转,但对用户仍然缺乏真实准确的判断。直到移动互联网和大数据技术的结合,让用户信息和用户行为变得既有迹可循又全面精确,通过跨平台、跨终端、跨应用的海量用户数据的大数据分析,对消费者进行精准定向,从而实现精准营销传播。

不同的网络平台对用户有不同的定向技术和行为分析策略。PC 网站利用 Cookie 技术识别和跟踪用户的网页浏览行为,结合用户 IP 确定用户属性、地域分布、兴趣爱好等;搜索平台利用关键词匹配和语义分析来判断用户的实时需求和行为偏好;电商网站利用 Cookie 和重定向技术,对用户的消费偏好和消费习惯进行分析,并且将浏览或购买过的用户进行锁定,重复进行相关产品广告的推送;社交网络(SNS)平台通过用户的注册身份信息、分享内容和社交关系,来分析其身份特征、兴趣图谱、关系圈子和生活状态。

而随着移动互联网的发展,集成了海量移动应用和用户数据的移动广告平台,通过对用户的移动应用使用行为、移动搜索内容、移动社交分享、移动购物订单等关联分析,再结合地理定位(LBS)来判断用户的实时位置和移动半径,从而更全面、更精准、更立体地实现用户定位和行为分析。移动互联网和大数据的结合,通过跨平台、跨终端、跨应用的用户数据集成和数据挖掘,最终真实、准确、完整、实时地描绘出用户的属性、需求和行为特征(兴趣爱好、消费偏好、社会关系等),以及实时情境(所处的时间、地点、空间)与生活状态(生活半径、行为习惯、生活方式)(如表 2.1 所示)。

表 2.1 不同网络平台的精准定向技术和行为分析策略

	PC 网站	搜索网站	电商网站	社交网络(SNS)平台	移动广告平台
定向技术	网页定向(内容分析)	关键词定向(内容、语义分析)	重定向(用户锁定和重定向)	关系定向(社交网络分析) 兴趣定向(语义分析)	时间定向:时间点/段 地点定向:位置、空间、生活半径 兴趣定向:移动应用的内容和语义分析 关系定向:移动社交网络
行为分析	浏览行为 基本属性	搜索行为 即时需求	购买行为 消费偏好	社交分享 兴趣图谱	主要属性 行为特征 实时情境 生活状态

大数据的精准定向是一个基于数据资源和技术手段不断优化的过程。移动广告平台是先集成海量用户,然后通过对用户进行属性特征的标签标识,并不断完善来实现精准定向和行为分析的。对用户进行标签标识的过程是:第一层是基本属性标签,比如性别、年龄、职业、地域分布(城市、商圈);第二层是个性化特征标签,比如兴趣爱好、消费偏好、社交关系等,描绘用户画像;第三层是行为标签,包括用户的实时移动(实时位置与移动半径),行为习惯(行为周期、频次)和行为轨迹(某个时间段的行为和行动)等。通过属性确定、个性化特征描绘、行为分析三大步骤,不断提高用户数据的真实性和用户定向的精准性,从而不断提升广告投放的针对性和匹配度。

"对移动应用的合作运营能力、用户数据的集成能力、用户标签标识的科学性和细化程度、数据建模能力、数据挖掘和分析水平,以及对于用户的洞察和理解能力,是移动广告平台的竞争和发展关键。"[①]

(二)消费需求的精准分析和预测

大数据的核心价值是建立关联分析基础上的预测功能,通过量化两个数据值之间的数理关系,根据相关关系的强弱来预测事物发生的可能性[②]。大数据根据消费者的行为轨迹,从多个维度分析其潜在需求,挖掘其关联需求,对其消费需求进行分析和预测,进一步提升营销传播效果。

搜索引擎擅长利用用户主动的搜索数据,对用户的关联和潜在需求进行分析和预测。例如,谷歌根据新电影上映前的用户搜索热词推出票房预测模型,被好莱坞电影公司用于制订和调整电影营销策略。电商平台擅长利用用户信息和行为数据,对消费需求进行分析和预测,从而进行精准化、关联化推荐。例如,亚马逊拥有规模庞大、技术先进的用户数据库和推荐营销系统,从首页推荐、商品浏览,到加入购物车和结算支付,用户购物全流程的各个环节都嵌入了精准推荐的服务设计,让用户既能得到个性化商品推荐,又能在购物过程中时时看到"同类人气排行""搭配优惠套餐""其他用户购买了相关商品"等多样化的关联推荐,用户离开网站后还能定期收到针对性的邮件推荐。总之,亚马逊抓住一切和用户的"接触点",分析用户的现有需求,挖掘用户的潜在需求,预测用户的未来需求,让"推荐转化率最大化",据相关数据统计,亚马逊推荐营销系统的销售总转化率高达60%。

随着移动广告平台的发展,移动广告公司不仅在用户数据的挖掘上不断提高完

[①] 根据奥美广告数字营销总监李娜的访谈整理。
[②] 舍恩伯格,库克耶.大数据时代:生活、工作与思维的大变革[M].盛海燕,周涛,译.杭州:浙江人民出版社,2013:71-75.

善,还引入了更广泛的空间环境信息数据,比如季节、节日、天气、交通路况等,用以分析和判断消费者当时当地所处的空间场景,从而洞察、预测和激发用户的消费需求,让广告传播效果更加精准化和人性化。例如,在冬季降雪期间面向东北地区消费者投放麦当劳的热咖啡广告,在北京雾霾期间向北京地区消费者大量推送健康养生类广告等。

"在营销传播的价值链条上,广告公司因其服务角色定位,具备很强的营销服务意识、技术应用和服务能力,在大数据技术助力下,服务创新能力和创意水平都得到很大提高。"①

从目标用户精准定位到消费需求预测,大数据实现了"找对人""找对时间、地点"进一步到"找对需求和情境",实现了适时、适地、适需的精准传播,全面提高了广告传播的精准效果。

(三)营销过程的精准控制

基于大数据的消费者精准定位,改变了传统广告的粗放式"群体"投放方式,使广告投放能够精准定位到"个体"用户,实现精准化、精细化投放。搜索引擎广告、重定向广告、程序化购买 DSP(Demand Side Platform)广告是典型的精准广告投放形式。搜索引擎广告是基于用户主动搜索的关键词捕捉其个性化需求,进行广告的匹配和推送;移动搜索广告还能结合用户的地理位置进行实时化、本地化的广告投放;重定向广告是指电商平台根据用户浏览和消费行为分析,锁定特定用户,当该用户浏览其他网站时将适合的广告重复推送到该用户面前促成购买,或者将用户购买过的商品进行重复推广,以形成持续购买。

程序化购买 DSP 广告是精准营销的典型代表,通过"精准定向"技术和"实时竞价"机制,为广告主提供精准营销服务。DSP 广告平台的技术原理是(如图 2.6 所示):第一步,将广告主(投放方)、媒体(发布方)、用户(接触方)通过网络平台进行实时连接;第二步,当某用户访问某个媒体网站或应用时,广告交易平台系统就会将该用户的相关数据信息实时传递给广告需求平台,广告主根据该用户信息进行分析判断,做出是否投放的决定;第三步,当有多个广告主做出投放决定时,通过实时竞价机制(Real Time Bidding)对广告展示的位置进行竞价购买和投放展示。而这个从用户定位到竞价购买的过程可以在毫秒的时间范围内完成。DSP 广告使广告主和目标用户有了精准对应和实时互动关系,广告主对广告投放全过程都可以精确分解和精准控

---

① 根据金鼠标营销公司创始人兼总裁方立军的访谈整理。

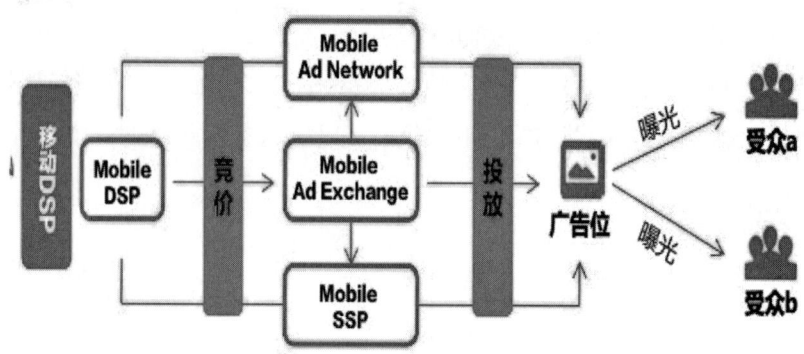

图 2.6　DSP 广告平台的技术原理

制,通过对广告位置的精准把握、目标用户的精准定位和广告费用的精准控制提升广告投入回报率(ROI)。

(四)营销效果的精准评估

营销过程可控是为了取得精准的广告效果。广告营销效果包括广义的传播效果(广告引起的认知和态度的变化,通常用"点击量"和"点击率"衡量)和狭义的销售效果(广告引起的购买行动效果,通常用"转化率"衡量)。大数据将广告投放的过程和广告引发的用户态度与行为变化过程关联起来,通过将广告展示、用户点击、支付购买等过程分解,将各个阶段、节点的用户行为数据进行比对分析,精确计算出广告投入的效果转化率,进行广告效果的精准评估。

移动广告平台还可和电商平台的销售和支付数据关联,来衡量广告投放的转化效果;甚至可以和线下实体店的销售数据关联,根据实体店的地点限定周边地理范围的特定用户进行精准投放,再根据到店率和销售率进行分析,根据广告转化率来调整广告投放策略。就这样,通过广告的传播效果和销售效果的数据分析,降低广告投入的无效损耗,提升广告的投资回报率,从而实时地、持续地优化广告营销策略。

因为大数据具有全景记录分析(横向情境和纵向过程)的特征,能将用户在不同时间和地点接触的不同媒介和广告内容进行整合,对用户从接触媒介到消费决策的全过程进行分解分析,再和终端销售数据进行比对,从而计算出不同媒介渠道和不同广告的效果贡献率。大数据帮助广告主实现了营销传播过程的全程精准、实时反馈和持续优化。

例如,国内的移动广告公司品友互动的 DSP 平台,能实现 PC、视频、移动三类渠道的流量整合和智能投放,拥有日均 40 亿—60 亿 PV(Page View,页面浏览量)的广告曝光量,其中移动端占 25%—30%。在线上,品友互动通过对用户属性的标识标签和数据分析进行目标人群定位,实现海量覆盖、精准筛选和智能投放,并且能在广告投放过程中根据实时的用户展示和点击数据反馈,对广告展示位置、创意形式、展示时间等进行优化调整;在线下,品友互动和国际零售商数据机构 RSI 达成战略合作,把品友互动的 DSP 广告平台和 RSI 的家乐福、沃尔玛等大型商超的销售数据平台进行技术对接,对大型商超的本地化广告投放带来的销售效果进行精准监测,即对移动广告投放的实时数据和门店的每日销售和库存数据进行对接,根据广告投放对实际销售的拉动效果进行有效评估,使每次广告投放有据可量,还可为未来的营销推广活动提供优化建议①。

通过如上四大核心步骤的分析可以得出结论,运用移动互联网和大数据技术的广告营销,是从消费者的精准定位、消费需求的精准分析和预测、营销过程的精准控制、营销效果的精准评估四个方面,全面实现了精准化、精确化的营销传播(如图 2.7 所示)。

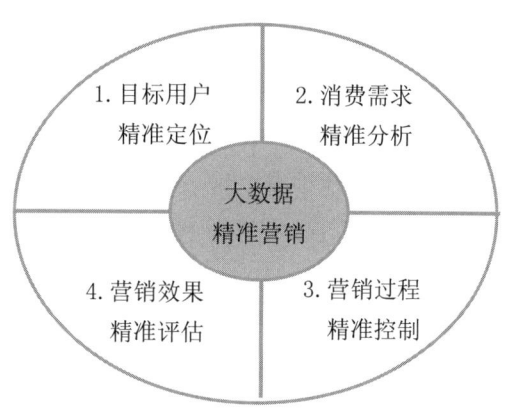

图 2.7 大数据技术实现的精准营销

"互联网和大数据技术的结合,为广告进入科学时代指明了方向,成为推动广告营销加速创新的重要力量。"②

"广告是技术还是艺术?这是营销界、广告界争吵数十年的问题,创意大师们认为广告是艺术,但是数字营销机构都以标榜技术为荣,二者的加速融合成为营销传播的现实和趋势。精准一定是起点。精准对于用户而言,就是在恰当的时间、地点提供恰当的信息,对于营销者而言,就是能够找到目标人群,让营销创意有效地执行和落地。"③

---

① 该案例根据品友互动移动广告公司总裁黄晓楠的访谈整理。
② 根据中国人民大学倪宁教授的访谈整理。
③ 根据品友互动总裁黄晓楠的访谈整理。

二、多元创意生发

如果说精准是营销传播的起点,那么创意就是营销传播的基础。创意是广告营销的生命线。正如中国传媒大学黄升民教授所说:广告自古有之,与经济紧密相连,也是生活的必需,广告传播的手法和技术会变,但基本的传播原理不变,那就是把吸引眼球的富有创意的广告信息传达给消费者[①]。

在互联网和移动互联网的传播平台,信息传播呈现海量化和碎片化的同时,创意的价值极大地突显。只有富有创意的内容,才能吸引用户的关注、互动、转发和分享。互联网和社交媒体时代,话题营销的实质也是一种抓住用户兴趣点、制造热点话题、激发用户自发传播的创意营销方式。而移动互联网塑造的泛传播网络,为营销活动的创意生产和创意传播提供了更广阔的空间,在泛化的传播主体中,传统媒体、自媒体和微媒体等都是内容和创意的制造者。而用户对于广告创意的要求越来越高,创意成为营销传播的核心支撑,并且通过广告内容化、创意多元化、广告媒体化的影响机理对营销传播的理念和方式创新,发挥着重要的推动作用。

(一)广告内容化

广告的本质就是服务,用富有吸引力的表达方式,向用户提供关于产品(服务)的服务性信息。给用户提供有价值的信息是广告内容化的内在动因。互联网平台促进信息规模大幅增长的同时,也带动了网络广告的快速发展,但网页弹出式广告的泛滥极大影响了用户体验。于是,在用户对广告内容价值和广告体验的双重要求下,广告内容化的发展要求更加迫切,原生广告应运而生。

原生广告(native advertising)2010年前后兴起于美国,倡导让广告成为网站内容的一部分,并融入整个网页的设计中,提升广告的用户接受度和用户体验。美国的新闻博客网站《赫芬顿邮报》、BuzzFeed、Business Insider 等是原生广告的早期实践者,随后《华盛顿邮报》《纽约时报》等大众媒体网站也纷纷推出原生广告,福布斯网站还设有专门的原生广告栏目"Brand Voice"。国内最早引入原生广告的媒体是凤凰网,凤凰网充分发挥媒体的内容策划能力、创意制作水平和整合传播优势,推出原生新闻(品牌定制资讯)、原生视频(品牌植入的纪录片、微电影等)、原生栏目(品牌定制栏目)、原生频道(品牌定制频道)等多种原生广告形式,凸显了媒体在营销传播中的内容优势和

---

① 根据中国传媒大学黄升民教授的访谈整理。

创意价值。

以微博、微信为代表的社交平台的发展和普及,使原生广告在内容价值、体验价值的基础之上,其社会化传播价值更加突显。"原生广告强调广告在内容上提供用户价值,在形式上融入媒体传播环境,在体验上让用户乐于接受甚至主动传播……原生广告一方面将广告本身镶嵌入网络页面的设计与浏览体验之中;另一方面将广告营销过程镶嵌入互联网社交的网络之中。"①社交网站极大地推动了原生广告的发展,增加了大数据技术和社交分享要素,让"广告内容化""内容精准化""传播社交化"三者有效结合起来,形成了"信息流"广告形式。2011年Facebook推出"News Feed"信息流广告,根据用户特征分析进行针对性、个性化的广告微博推送。Twitter紧随其后也推出了"Promoted Tweets",并抢先推出视频信息流广告。2012年新浪微博推出"粉丝通",在用户社交页面推广信息流广告,并且和企业微博账号打通,加强企业和用户的社交互动。2014年微信推出"广点通",整合腾讯旗下QQ、微信、腾讯视频、腾讯新闻App等多条产品线的海量用户数据,基于大数据管理系统和智能广告投放系统的对接,实现智能化、精准化、社交化的信息流广告传播。此后,国内外的社交平台开始大力发展信息流广告,信息流广告也成为社交平台重要的收入来源。

以信息流广告为代表的原生广告,借助社交平台的用户规模和大数据技术,在广告内容上和用户需求及兴趣图谱相匹配;在传播形式上和用户的社交分享及互动方式相融合,并且保持实时更新、便于分享传播。"流"的概念强调让广告成为社交平台上传播流动的有价值的内容,让用户自然而然地接受,并且融入用户的社交分享过程中,在用户关系网络的传播流动中实现内容价值增值。

广告内容化,不是简单地将广告加工成一条微博或微信内容,而是传播理念和方式的整体创新。互联网时代,广告、公关都是海量信息的一部分,广告和公关趋向融合;而移动互联网时代,各种传播形式更加充分地融合。信息流广告运用文案、图片、动画、音视频等多媒体化、灵活化的传播形式,借助社交平台进行品牌和产品的内容信息传播,一方面为内容创意的发挥提供了更广阔、更灵活的空间,实现更创意化的表达和更人性化的沟通;另一方面能有效融入用户的社交网络,激发用户的主动化、社会化传播,从而使移动广告比传统广告形式更能深入广告的本质。以原生广告为代表的广告内容化,使企业、媒体、用户有了更加私人化、自然的沟通方式,可以实现广告主营销

---

① 喻国明.镶嵌、创意、内容:移动互联广告的三个关键词:以原生广告的操作路线为例[J].新闻与写作,2014(3):48-52.

传播、媒体商业运营、用户体验优化三方共赢[①]。

(二)创意多元化

在泛传播网络中,传统媒体、自媒体和微媒体都是内容和创意的制造者,在以微博、微信为代表的移动社交平台上,各种创意主体汇聚、交互、融合,构成了极富创意能力和生产能力的社会化传播格局。专业媒体具有较强的内容生产资源和品牌价值红利;自媒体具有意见领袖的影响力和粉丝群体优势;而每一位用户都成为微媒体,被赋予了创造内容和参与传播的能力。媒体的泛化和社会化传播格局,一方面加剧了内容的碎片化,稀释了内容的价值;另一方面又能促使富有创意的内容可以在特定的节点上形成聚合和裂变,形成传播的马太效应。富有创意的内容才能引起社会化传播,社会化传播又是创意内容的生产动力,使创意主体不断多元化,并且使创意内容在交互传播中实现价值增值。

移动社交平台促进了用户之间的连接广度和深度,赋予了用户参与创新和制造创意的能力,用户成为创新的驱动力。营销传播的创新,必须充分发挥用户的创意和创新能力,从用户那里获得创意来源和创新支持,激发用户主动参与传播。

对营销企业来说,需要充分认识用户社交网络和社会化传播的力量,善于从用户那里获得创意灵感,通过创意化的内容和传播,将广告和内容融为一体,把有价值的信息传达给用户,通过和用户不断互动,激发用户主动传播,并且促使用户在主动传播过程中不断贡献新的创意,促进新创意的不断涌现、叠加和价值增值,形成由"点"到"面"、由"广度"到"深度"的传播优化和创新循环过程。

对媒体而言,需要充分认识到"广告内容化—创意多元化"这一趋势,在传媒营销和广告经营上不再是单纯地销售"媒体版面"和"媒体时段",而是充分发挥自身的创意能力,创新广告资源的开发形式和广告产品的创意形式,提升对用户、对企业双方的服务意识,成为营销传播创新的推动者。营销传播创新过程的本质,是实现企业、媒体、用户的社会化协同创新。正如北京大学陈刚教授在《创意传播管理》中提出的"沟通元"的概念,"沟通元"就是营销传播中的创意基因,这种创意基因能在企业、媒体、用户之间不断地相互碰撞、相互激发,使创意的元素不断交互、凝聚和扩散,最终形成协同创意。

"传播方式变得越来越多,也变得越来越软,广告和内容融合得越来越紧密,而这

[①] 喻国明.镶嵌、创意、内容:移动互联广告的三个关键词:以原生广告的操作路线为例[J].新闻与写作,2014(3):48-52.

些方式的实现,依靠的是营销传播的理念创新和大数据技术创新的驱动。"①

"广告、内容、创意三重因素相互激发,形成无内容不营销、无创意不传播的营销格局,营销传播变得越来越人性化和富有趣味性,广告成为生活的一部分,生活需要创意来激活,这也正是我们对未来的营销传播的趋势判断。"②

(三)广告媒体化

广告内容化和创意的多元化,不仅提升了广告对于用户的价值,从某种意义上说,实现了广告和媒体的分离,使广告本身被赋予了内容生产和社会化传播的媒体属性,实现了独立传播的价值。传统广告依附于媒体,与媒体的原有内容争夺用户的注意力资源,因而会出现广告烦扰用户的现象;而移动化、社会化传播时代的广告,与移动应用的形态融合,使得广告的内容价值得到发掘、交互体验得到提升、社交分享得以实现,最终使得移动广告应用成为企业进行营销传播的有力媒体。

当广告独立于媒体之外进行社会化传播时,企业和媒体的关系也发生了微妙的变化。一方面,企业和媒体相互依存,企业广告是媒体最主要的收入来源,而媒体是企业进行广告和营销传播的重要渠道;另一方面,企业自身掌握了企业自媒体账号(其本质也是一种移动应用)和移动广告应用这些特殊的"媒体",和普遍意义上的媒体形成了竞争关系。移动互联网时代的营销传播创新,是以用户为中心,企业、媒体、用户三者之间相伴相生、竞争合作的关系,也是三方主体之间进行社会化创新的过程。

通过以上三点的分析,可以看出,移动互联网塑造的泛传播网络平台,通过"广告内容化"即"将广告加工成内容","创意多元化"即"激发和引导多种主体的创意生产能力",加强了营销创意的生产和传播,并带动了"广告媒体化"的发展形态,即广告、内容、创意三者深度融合并借助软件应用成为一种相对独立的特殊的"媒体"。

三、多维场景服务

"场景"(Context),也可译为"情境",原意指文学创作和影视表演中的上下文语境或空间环境,是人、物、行动或故事发生的场所和空间。而在市场营销学中有"消费情境"(Consumption Situation)的概念,是指消费行为发生时各种空间环境与人的行为、情绪和状态的综合,其含义和"场景"吻合。而传播学领域的"场景",指的是媒介传播的时间和空间特征以及给人们带来的感知和体验。

---

① 根据海尔家电媒介总监滕新伟的访谈整理。
② 根据央视前营销顾问、知萌咨询机构创始人兼总裁肖明超的访谈整理。

媒介传播是按照时间逻辑和空间逻辑演进的,最早是伊尼斯在《传播的偏向》中将媒体分为"时间媒体"和"空间媒体",媒介传播带来的人们对于时间和空间的感知成为媒介研究的重要问题。新媒体对媒介传播的重要变革就体现在对传播时空逻辑的重构上。中国人民大学周勇教授指出:新媒体尤其是移动互联网媒介使大众传播从时间思维向空间思维转变,带来了复杂多元的传播场景①。中国人民大学陈力丹教授进一步分析了移动新媒体技术造成的时空紧张感:移动互联网打破了日常的时空序列,用终端"接口"和"界面"改变了信息接收的时空习惯,用各类应用软件的"收藏"和"标记"功能缓解时空紧张,等等。人们对于媒介传播时空效应的感知,更加印证了移动互联网塑造的时空场景的变革。因此,在移动互联网传播,尤其是移动互联网营销传播领域,场景就是用户在线上互动和线下生活充分融合的网络生活空间中的感知和体验,其实质是研究人所在的时间空间特征,人在特定的时间空间中的需求、感知、行为和综合体验,以及人和空间环境的互动关系。移动互联网塑造的多元场景,成为影响移动互联网营销传播创新的又一重要驱动因素。

(一)场景是服务的升级

说到营销传播场景,首先要提到服务。以用户/消费者为中心的营销理念,其实质是以服务为主导的。最早提出服务主导逻辑(Service-Dominant Logic,SDL)的是美国营销学教授史蒂芬·瓦戈(Stephen Vargo)和罗伯特·路希(Robert Lusch)。服务主导逻辑是对产品主导逻辑的改变,其核心观点就是认为企业的营销应以服务为导向,和用户/消费者持续互动,提供服务体验,并且和用户/消费者在互惠合作中共同创造价值。服务营销的核心,就是通过为用户提供服务和体验,从"吸引用户"到"留住用户",提升客户的留存率和忠诚度。此时,场景的价值就凸显出来。

场景和服务结合,成为营销传播创新的最终端也是最重要的环节。移动互联网是多重网络技术和终端交互技术的融合,运用移动网络、一云多端、数据共享、跨屏传播、线上线下一体化交互等创新方式,在特定空间和环境内为用户提供信息获取、社交分享、商务学习、休闲娱乐、出行消费等各种创新服务。而且,移动互联网通过大数据和云计算技术的结合,能够针对每一个用户当时所处的场景来提供个性化服务,为用户创造更多的体验价值。场景服务是对服务营销、体验营销的升级。

---

① 周勇.由"时间"向"空间"的转向:技术视野下中国电视传播逻辑的嬗变[J].国际新闻界,2016(11):67-69.

(二)移动互联网塑造的服务场景

移动互联网解构了时间和空间,连接了线上和线下,模糊了真实和虚拟,也极大地激发了人们行为的自由度和延展性,塑造了人们多元化、动态化的生活场景,也为契合场景的营销服务带来了巨大的创新空间。正如阿里巴巴在天猫商城刚上线时在央视投放的电视广告中的文案描述:"身体在会议室,灵魂在时装秀的第一排;在未来,所有大牌都将走下神坛,聆听你的布告;在未来,百货公司全漂浮在云端;在未来,所见,即所得……"这段话很生动地描绘了移动互联网的时空场景特征以及由此带来的全新的服务体验。

互联网平台是对人类现实生活的线上模拟和还原,创造了新型的数字生活空间[①]。互联网是将现实的生活场景迁移到线上,具有数字化、虚拟化的特征,其建构的场景是有限的,通常以信息传播和社交场景为主。而移动互联网通过移动化、社交化的网络,以及位置服务、移动支付手段的连接,将线上虚拟场景和线下现实场景进行双向延伸和充分融合,塑造了更多元化、更立体式的场景,而且这些场景能够和人们的日常生活和消费服务融合,具有很大的商业开发价值。因此,移动互联网建构的场景是无限的,使得场景的营销传播服务价值凸显出来。

移动互联网建构的服务场景,根据场景的服务性质和类型不同,主要可以分为:内容信息场景(阅读、学习、工作等为代表的以用户获取信息为主的内容场景),互动参与场景(以娱乐、游戏为代表的用户参与其中的互动场景),社交场景(社交、分享的群体互动场景),消费场景(购物、支付、餐饮、金融、医疗等消费服务场景),移动场景(出行、旅游等移动化场景)(如图 2.8 所示)。

不同的场景都可以通过移动互联网的技术平台和软件应用,进行产品和服务的设计和研发。比如契合阅读场景的蜗牛阅读和印象笔记,契合互动娱乐场景的手机视频和手机直播,契合社交场景的扫一扫和摇一摇,契合餐饮消费场景的大众点评和美团外卖,契合出行场景的百度地图、共享单车、滴滴打车等。

在移动互联网时代,每一个用户都生活在移动化、多元化场景里,线上和线下场景、真实和虚拟场景充分交融,消费者是移动场景中的消费者,从场景切入,洞察和满足消费者的动态化需求成为移动互联网时代的必然要求。

---

① 陈刚,沈虹,马澈,孙美玲.创意传播管理 CCM:数字时代的营销革命[M].北京:机械工业出版社,2012:8-9.

图 2.8　移动互联网建构的服务场景

（三）场景是营销传播创新的终极指向

互联网和移动互联网的发展,使得信息传播越来越碎片化,用户注意力越来越分散化,给营销传播的方式和效果带来了严峻的挑战,因为营销传播不仅需要引发用户的兴趣,更需要用户的持续关注和忠诚度。营销信息的创意传播容易"吸引"用户,但较难"留住"用户,只有在线上为用户制造互动式、参与式的场景体验,并且进一步把线上信息传播延伸到线下的生活场景,为用户提供移动化、本地化服务,满足消费者的信息传播、社交分享、生活消费等全方位需求,才能更长时间地"留住"用户,使营销传播服务的价值最大化。

移动互联网是用户充分赋权的时代,每一个用户都生活在无缝式的网络、多样化的终端、多元化的服务塑造的场景里。场景和体验的结合,代表着更个性化、真实化、多元化的用户价值。通过各种移动终端和网络新技术,人们更加自由地穿梭和切换场景,更加自由地获取场景中的产品和服务,获得更富有创意、更人性化的服务体验。场景化营销传播,是以移动互联网和大数据技术为基础,以用户服务体验为核心,为移动化场景中的人们提供精准适配的服务,提升人们在特定时间和空间环境中获得信息、产品和服务的综合体验。基于移动场景的营销传播服务成为移动互联网营销传播创新的终极指向。

罗伯特·斯考伯（Robert Scoble）在《即将到来的场景时代》一书中指出:移动互联网带来了场景时代,移动场景包含大数据、移动设备、社交媒体、传感器、定位系统五大核心技术要素,这些要素的综合作用改变了用户的行为方式和企业的运营方式[①]。彭兰在《场景:移动时代媒体的新要素》中将用户在移动场景中的行为分析要素总结为:空间环境、用户实时状态、用户生活惯性(历史状态)、社交氛围(社交关系和需求状态)四方面[②]。技术进步的本质是为人的需求服务,场景化营销传播服务的实质,就是基于移动设备和定位系统对用户所处的环境进行分析、基于传感器对用户实时状态进行分析、基于大数据对用户兴趣和行为图谱进行分析、基于社交媒体对用户的关系网络进行分析,再通过多维度的用户行为分析,充分理解和洞察用户所处的场景,为用户提供最具针对性和适配度的服务体验。

移动互联网塑造的网络泛化、终端泛化、媒体泛化的泛传播网络环境,以大数据技术为基础支撑,构成了营销传播创新网络的核心驱动。大数据是营销传播创新的底层架构,使得"精准"这个营销传播的根本目标得以实现,即"找到用户";而创意化内容和社会化传播,是"吸引用户"的主要步骤,把用户带入创意内容的感受和体验中,并且激发用户进行创意生产和再生产;再到进一步契合移动互联网独特的移动化、场景化的典型特征,为用户提供场景化、一体化服务,即从"吸引用户"发展到"留住用户",通过加强用户的沉浸体验、服务体验,提升用户的留存度和留存时间。就这样,移动互联网营销传播实现了对于营销理念、方式和效果的升级和创新,并由此建构了从多重精准定位,到多元创意生发,再到多维场景服务的移动互联网营销传播创新驱动机制(如图2.9所示)。

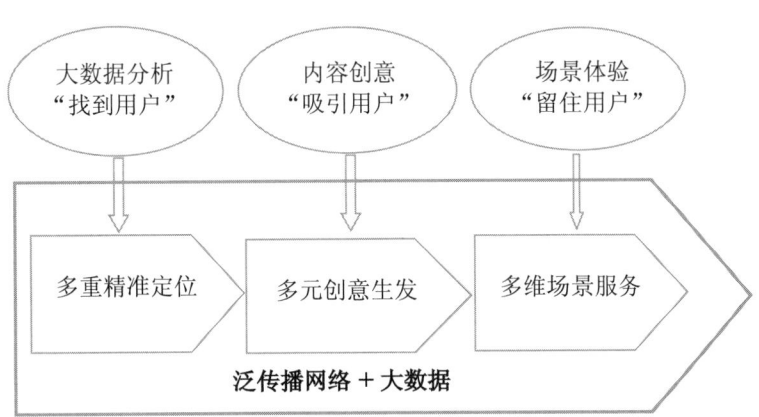

图 2.9 移动互联网建构的营销传播创新驱动机制

---

① 斯考伯,伊斯雷尔.即将到来的场景时代[M].赵乾坤,周宝曜,译.北京:北京联合出版公司,2014:11-12.
② 彭兰.场景:移动时代媒体的新要素[J].新闻记者,2015(3):20-27.

四、创意和技术的融合驱动

移动互联网营销传播既具有传统营销传播重视的创意思维，又能够运用多种新技术，将创意元素和技术元素结合，极大地推动了营销传播的创意能力和水平。大数据的出现可以说是品牌广告和效果广告的分水岭，在大数据兴起和发展之前，广告营销因为缺乏数据支撑，所以更注重品牌形象的传播；而大数据让精准营销有了实现基础，出现了大量的以产品促销和监测效果为目的的效果广告。实际上，当大数据技术和创意有效结合时，可以实现品牌传播和效果营销的整合。

基于大数据的精准广告，传播目标明确、传播形式直接、传播过程可控，所以更多地应用于效果营销，比如向用户推送促销广告和优惠券，追求广告的营销效果转化。而原生广告和信息流广告，传播内容更加丰富，传播形式更加多样，更注重创意化、社会化传播，给予品牌传播更多的创意发挥空间。而且，大数据技术又成为原生广告、信息流广告的促进和支撑，精妙的内容创意和精巧的互动设计因为有了大数据的支撑而更加具有目标用户的针对性和匹配度。也正基于此，品牌传播和效果营销成为协同与融合的关系，营销传播的自由度和创意空间也得到了放大。

对具有营销需求的企业而言，在进行效果营销时，通过将精准广告和电商支付体系关联，可以直接促成广告销售，提升广告的效果转化和投资回报率；在进行品牌传播时，以内容创意为核心，运用创意化的营销表达形式，激发社会化传播，使传播效应最大化。

传统的社会化媒体营销，注重名人效应和话题策划，以达到口碑传播效果，技术要素参与较少。而发展到原生广告、信息流广告，在广告的创意内容上，激发创意策划和内容价值；在广告的创意体验上，运用多媒体、视频、传感器、HTML5等交互技术，提升前端功能交互，优化用户体验；在广告传播的后台管理上，发挥大数据的技术优势，对广告传播进行精准定向和数据监测，实现技术和创意的和谐统一。移动互联网时代的营销传播，是创意和技术在传播过程各个阶段的深度融合，是企业的营销创意理念、媒体和营销传播机构的创意能力和制作水平、社交平台的大数据分析等多方合力、协作创新的营销传播过程。

不管是后台的大数据管理和智能投放，还是前端的广告创意和交互体验，技术发挥的作用都越来越突出。技术和创意的深度融合，使得品牌传播层面的社会化传播和产品营销层面的精准营销也趋向融合，形成融合协同的一体化营销传播模式（如图2.10所示）。

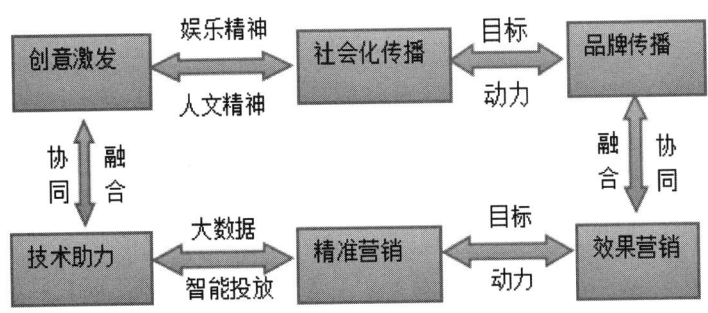

图 2.10 精准营销和品牌传播的融合协同模式

"大数据实现的精准广告是品牌传播的广度和深度,而创意实现的原生广告和内容营销是品牌传播的温度和湿度。精准是品牌传播的基础,移动互联网时代的品牌传播是技术、创意和体验的融合式传播。"①

---

① 根据财经网运营副总裁吕强的访谈整理。

第三章

移动互联网营销传播的创新扩散：用户关系网络

第一节 用户关系网络的形成和社群变迁

用户关系网络最直接的表现形态就是社群，社群的实质就是人们基于社会关系的群体网络集合。人类起初就是群居状态，社群贯穿人类社会发展的整个历程，人在社会群体的关系互动中维持生存和发展。本章节从用户社群变迁和发展过程，以及用户网络的关系和结构中挖掘其内在的创新机制。

从词根学来看，"社群"和"社区"的英文都是 Community，"传播"的英文是 Communication，三个词具有相同的词根，体现了三个概念的同源性。影响社群变迁的两个重要因素：一个是传播媒介的进步，一个是文化传播的影响。社区只是特定历史阶段的社群形态。伴随媒介技术的进步和人类社会形态的演进，人们的关系网络经历着弱关系不断拓展、强关系不断深化、关系网络互动不断自由化和复杂化的过程。

一、传统社群：地域和文化社群

古代社会的群体主要以血缘和地缘为主，以原始社会的"部落"和封建社会长期占据统治地位的"宗族"为代表，人们的信息传播和社会交往范围都非常有限，具有较强的封闭性，是典型的强关系群体，也是一种突出空间和地域边界的社群形态。文字和印刷媒介的发展，扩大了信息传播范围，使人的社会交往逐步摆脱地域限制，推动强关系群体往弱关系群体的转变和发展。伴随近代工业革命的进程，铁路（在某种意义上也是一种传播媒介）等交通工具的发展，人们开始大规模流动，促成了工业化城市的形成。与此同时，电报、电话等通信工具，以及工业革命后期以报纸、广播、电视为代表的大众传播的快速发展,带来信息传播的时间速度和空间距离的极大突破,信息传播、社会交往和弱关系网络都得到极大拓展。由于城市的经济和商业活动比较集中,城市内的结构和功能分区明确,由此形成了社区。社区(community)最早是由德国社会学家滕尼斯于1887年提出的,1933年中国社会学家费孝通将其译作"社区"。社区就是由地缘关系和社会关系构成的共同体[1],也就是聚居在一定地域范围内的人们所组成的社会生活共同体,强调社区活动(社会互动)、信任约束(可预期的生活规范)和社区情感[2]。社区伴随着人口流动和重新聚合的弱关系网络的拓展过程,是地域空间和社会关系的结合,也是一种典型的社群形态。

通过如上历史回顾,可以看出传播媒介对于社群的建构和发展,即社会关系网络的建立和拓展具有重要的支撑作用。而文化传播对于社群的维系和加强起着重要的推动作用。例如,春秋时期孔子在《论语》中提到的"诗可以兴、观、群、怨",这里的"群"就是通过文化传播加强群体身份认同和秩序建构。唐宋时期的"以诗会友",明清时期的"以文结社",都体现了文化传播对社群形成和维系的促进作用。美国兰登字典中对"社群"的定义是:社会群体中的成员有着相近的文化和历史背景,基于共同的特征或性质,进行情感和思想的交流与共享,亲密的传播与沟通、广泛的参与和共享的行为[3]。由此看出,社群是以文化传播和情感交流为纽带的群体建构。此外,和社群相近的还有一个"族群"的概念。"族群"狭义上指特定民族的集合体,广义上指共享同一语言文化的群体,比如海内外华人称自己为华夏儿女,后来其含义延伸为特指具有某种亚文化特征的群体,比如SOHO族、月光族、相亲族、裸婚族等。从文化共享和传播这个层面来看,"族群"和"社群"的本质是一致的。也就是说,社群就是基于一定的传播媒介聚合到一起,进行信息传播、情感交流和价值共享的群体和社会关系。

二、网络社群:兴趣社群和粉丝社群

大众传播时代,信息传播的范围和效率大幅提升,人们通过媒介工具和媒介信息接触与感知世界,但人和人之间的依赖度也相应变低。大众传播形塑社会的同时,也疏离了人和人之间的关系,社群的价值容易被淹没。20世纪80年代以来,西方政治学者对以个体主义为前提的"自由主义"展开批评,提出"社群主义",强调社会不是原子化的个体组成的简单集合,人所在社群(家庭、社区、阶级、民族、团体等)的文化传统

---

[1] 郭庆光.传播学教程[M].北京:中国人民大学出版社,1999:5.
[2] 翟本瑞.从社区、虚拟社区到社交网络:社会理论的变迁[J].兰州大学学报(社会科学版),2012,40(5):51-54.
[3] 马忠君.虚拟社群中虚拟自我的建构与呈现[J].现代传播,2011(6):139.

会影响人们对于正义、自由等基本问题的看法①。20世纪90年代以后,互联网的兴起和发展使人和人的连接重新变得紧密而广泛。互联网突破了空间的限制,使人的社会交往范围扩大,人的弱关系网络得到极大的拓展,人的自主连接和自由聚合变得非常简单。当空间的边界消融,社区和社群的含义也因此趋同。社会学家瑞格尔德1993年最早提出了"虚拟社区/社群(Virtual Community)"的概念:一群通过计算机网络连接起来的突破地域限制的人,彼此交流、沟通、分享信息与知识,形成具有相近兴趣、爱好和情感共鸣的特殊关系网络②。

互联网建构了跨地域的、开放的、自由的关系网络连接,成为社群崛起和发展的动力。比如国外的MySpace、Facebook、LinkedIn、Twitter等,国内的天涯社区、百度贴吧、豆瓣小组和新浪微博等。这些社交平台上活跃着各种兴趣社群和粉丝社群。例如,天涯网站推出时政、娱乐、历史、文学等多种主题的兴趣社群;百度贴吧在湖南卫视"超级女声"节目播出期间推出各种超女吧和粉丝群,成为粉丝文化的发源地;豆瓣小组聚合了喜欢电影、读书的"文艺青年";还有定位于细分领域的兴趣社群不断兴起,如以高校学生交友为特色的人人网和以年轻白领游戏社交为定位的开心网等。

2009年年底上线的新浪微博,吸引名人明星和各大品牌媒体开设微博账号,利用明星号召力和媒体影响力吸引大量粉丝关注,形成了以名人大V为中心、以粉丝关系链为辐射的社交网络平台,并制造了规模化的粉丝文化和粉丝效应。影视明星姚晨的微博粉丝量在2011年7月已超过千万,她的微博账号成为第一个粉丝过千万的明星账号。财经网微博凭借《财经》杂志的品牌影响力和独特的编辑手法及表达风格,粉丝规模在2012年7月超过500万,成为最大的媒体微博账号。到2014年新浪微博的用户总规模已发展到接近4亿。整体来说,在重要新闻和重大事件的传播中,媒体微博起了重要的推动作用,而日常的微博平台俨然成为以明星和大V为中心的超级粉丝群。

粉丝群体不是单纯的明星崇拜,粉丝对明星的崇拜是情感交流和宣泄、寻求价值认同的一种方式,粉丝通过加入某个亚文化群体,加强社会关系互动,寻求身份和价值认同,进行自组织的群体活动,创造出具有群体性、参与性、协作性和创造性的粉丝文化。美国学者亨利·詹金斯(Henry Jenkins)将这种媒介生产和媒介消费界限模糊、网民积极主动参与、寻求价值认同为特色的现象称为"参与式文化(Participatory Cul-

---

① 刘海龙.大众传播理论:范式与流派[M].北京:中国人民大学出版社,2008:29.
② RHEINGOLD H. The virtual community:homesteading on the electronic frontier[M]. Reading,Mass:Addison—Wesley. 1993:5.

ture)"①。粉丝群的参与行为包括：关注型的意见表达、活动型的投票转发、组织型的团体活动等，表现出强烈的娱乐性和草根性，粉丝们通过文本的创新搭配、颠覆语法、暗语隐喻等方式，制造新段子、新词汇和新语体，积极主动地参与文本的再生产和再传播，实现自身的参与快感和价值认同。

但我们也要看到，互联网具有虚拟性和不确定性。互联网可以全部或者部分隐匿真实身份，人们在虚拟空间里通过塑造另一个虚拟形象来满足心理和情感的需求。也正因如此，网络社群长期停留在兴趣和情感层面，跟现实生活的结合度较弱，社群交互频次较弱，社群组织相对松散，社群功能和应用相对局限。这也是微博在商业化路径上长期难以突破的重要原因。2013年新浪微博和阿里巴巴达成战略合作，探索社交化电商的商业模式，但是实际的运营方式和营销效果并不理想，究其原因，还是因为粉丝文化本身是一种注重情感互动价值而忽视实用性、功能性价值的媒介消费文化。

三、移动互联网社群：社群形态和功能延伸

移动互联网在横向上拓展了人们的弱关系社会交往，在纵向上加强了人们的强关系交往，强弱关系的交织和转化是移动互联网时代社群的独特性。移动互联网社群彻底突破时间与地域的限制，为人们提供了随时随地交互的平台，让人的自由聚合变得更加简单便捷，而且借助通讯录绑定、身份验证、地理定位等方式，极大地增强了社交的真实性。移动互联网社群将线上虚拟社交和线下真实社交融合在一起，人们在追求自由表达和情感交流之上，将实时连接、移动交互、社交分享渗透到社会生活的方方面面。

腾讯2011年年初推出微信，牢牢抓住用户的社交沟通这一最重要需求，借助QQ的用户基础和手机通讯录绑定的推广方式，从最初的实时对讲的即时通信工具迅速转型为社交应用，突出"朋友圈"强关系和信任社交，推出便捷的建群、拉群等"群功能"，加上"摇一摇""扫一扫"等位置社交和趣味社交，迅速掀起全民微信热潮。到2014年上半年，微信用户规模已突破5亿，月活跃用户数3亿②；2015年上半年微信用户规模超过5.5亿，使用率超过90%；2017年微信用户已超6亿。在即时通信和社交功能外，微信还加速在媒体传播领域的布局，推出公众平台支持传统媒体和自媒体的信息

---

① JENKINS H. Confronting the challenges of participatory culture: media education for the 21st century[M/OL]. MIT Press. 2006. http://henryjenkins.org/2006/10/confronting_the_challenges_of_1.html.
② 中国互联网络信息中心(CNNIC). 第34次中国互联网络发展状况统计报告[R/OL]. [2016-03-04]. http://www.cnnic.cn/hlwfzyj/hlwxzbg/hlwtjbg/201407/P020140721507223212132.pdf.

推送,加强微信平台的内容传播功能。但微信又从本质上区别于微博的媒体平台属性,微信更注重服务属性和服务功能的发掘,媒体内容也是为了加强其信息服务属性。因为微信聚合了大量真实、活跃、注重强关系连接的用户群,所以微信平台对企业用户产生了巨大的吸引力。微信很好地把握了连接企业和用户群的契机,在媒体公众账号之外,更注重扶持企业的服务账号,为企业和消费者搭建实时互动和营销服务渠道。2014年下半年,微信推出微信支付,通过绑定银行卡的便利快捷方式迅速拓展用户规模,并且通过滴滴打车、微信红包等捆绑营销手段,加速扩大移动支付市场份额。就这样,微信从即时通信和社交工具起步,以服务为核心属性,围绕鲜活的人群,即"社群",提供全方位的社交、信息和生活服务,从社交平台、信息传播平台、进而发展到营销服务和移动电商平台(如图3.1所示)。微信的崛起,充分体现了社群功能的延展性,微信平台和微信群成为移动社群最活跃的平台。

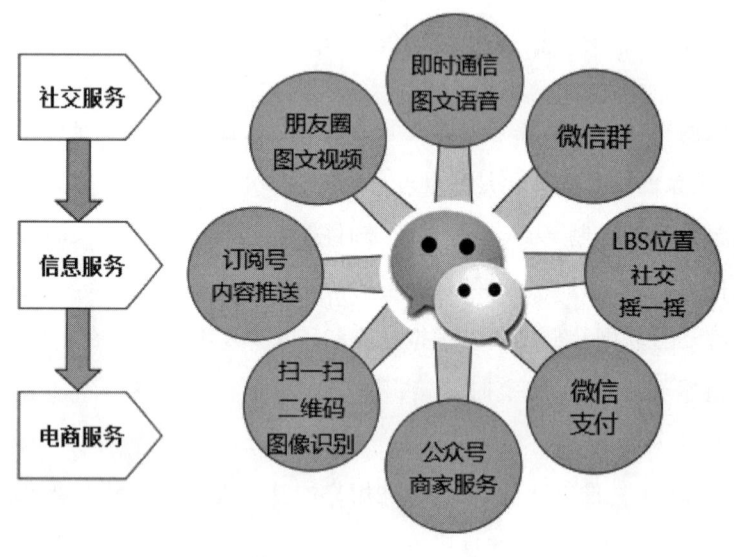

图 3.1　微信平台的功能演进

2012年国内最大的企业家社群"正和岛",由《经济日报》社《中国企业家》杂志创始人刘东华发起,是定位于服务中高端企业家的社群平台。"正和岛"通过App、微信群和微信联盟等移动平台,经过短短两三年的发展,就聚合了全国3000多名中高端企业家会员,与线下的"企业家俱乐部"活动结合,促进企业间的项目和资本合作,实现了传统媒体到商业投资平台的转型。如果说"正和岛"是比较高端的企业家社群,那么"爱黑马"就是以创业家为主的未来企业家社群。"爱黑马"是由曾经担任过《中国企业家》总编辑的牛文文创建,以黑马姿态闯入社群平台的经营阵营。牛文文首先创办《创业家》杂志,发挥媒体人优势,通过媒体内容聚合了一批创业者粉丝,然后在媒体上宣称"不做媒体做社群",制造话题效应和吸引媒体关注,趁势推出了"爱黑马"系列产品,包括线上微信账号(爱黑马)和线下系列活动(黑马训练营、黑马大赛等),聚集国内几百万的创业者人群,再通过组建分行业分主题的创业者微信群,成为创业项目的孵化器平台。社群平台将线上和线下交互打通,形成"媒体—社群—活动"的联动效应,并且发展出"内容产品化、产品服务化、服务商业化"新型社群商业模式。

第二节 用户社群的传播特征

一、社群的聚合和裂变

社群是特定用户组成的关系网络。在格兰诺维特的"网络关系"(强弱关系)研究之后,出现了罗纳德·伯特的"结构洞"理论和"网络中心性""网络密度"等关于"网络结构"的研究。"结构洞"理论指出处在结构洞位置(两个团体之间因缺少联系而在关系网络结构上形成空缺)的行动者,在两个团体之间架起了一座桥梁,具有更强的信息优势和控制优势。"网络中心性"是指个体与网络中其他个体的互动关系的中心化程度,处于网络中心位置的个体(个人或组织)拥有较强的资源优势、行动能力和行动绩效[1]。也就是说,结构洞理论强调网络外部跨边界关系(boundary spanning)带来的信息和资源优势,网络中心性强调网络内部处于中心位置的成员拥有的信息和资源优势。对社群网络结构的认识,也是掌握社群传播和社群交互规律的关键。

社群内部每个成员都是具有自主性、能动性的个体,但社群组织一旦形成,根据参与度和活跃度的不同,社群成员会逐步分化为社群运营者(核心成员)和社群参与者(普通成员)。社群运营者既拥有意见领袖式的话语权和影响力,又具有较强的行动力和组织力,在社群内部处于中心位置,形成较强的聚合力,对信息传播具有较高的推动作用。而且,社群运营者和核心成员,因为拥有较强的社会资本和社会资源,大都处于结构洞的优势网络位置,在多个社群网络中起到连接和激发作用,经由这些人的信息传播,能够在多个社群网络中引发快速扩散,形成跨边界传播。也就是说,社群中心位置的核心成员加速社群内部传播;结构洞位置的核心成员加速社群外部跨边界传播,二者的合力,使得社群传播呈现出滚雪球般的裂变性,一个特定的引爆点,就能引发蝴

---

[1] 周长城.经济社会学:第二版[M].北京:中国人民大学出版社,2011:100-101.

蝶效应,呈指数倍逐级放大。圈式的聚合效应和裂变式传播扩散,二者相辅相成,构成社群自组织传播的重要特征。

社群每个成员都是信息生产者、发布者和传播者,也是社群的主动参与者。通过全新的营销创意和媒介传播手段,让社群成员自发自愿地转化为主动传播者,是营销传播者的必然选择。第一,好的营销传播创意源于企业对目标社群的深入洞察,是品牌和社群消费者在长期互动中产生的。第二,社群内部传播源和跨社群传播源的选择,成为好的营销创意能够传播扩散的重要条件,选择社群中的具有聚合效应和高影响力的核心成员作为传播源,在不同的社群促成关联互动,聚集传播动能,促成社群内部和外部扩散传播,提升营销传播扩散的速度和广度。第三,善用移动化、社交化、交互化媒介技术,也将进一步加速社群传播。

二、情感价值的传播

情感交流和价值认同是社群维系的关键,情感价值的传播是社群运营的核心理念。人们的本性里天然具有交流需求,社群交互会产生极大的情感满足和价值认同。情感价值也是人类社群区别于动物社群的本质特征。鸟群、蜂群、蚁群等动物社群的严密组织和运作效率,启发着人类智慧,推动了人工智能科学的发展,但情感体验和价值传递,是人类社群所独有的。

马斯洛的需求层次理论把人的需求从低到高分成生理需求(Physiological Needs)、安全需求(Safety Needs)、爱和归属(Love and Belonging)、尊重(Esteem)和自我实现(Self-actualization)五类,情感交流、自尊与获得他人尊重、自我价值实现是人的较高层次的需求。丰富的情感、多元化的价值观、多样化的文化和人文精神,也是注重全面连接和全面创新的移动互联网时代所追求的。而且,移动互联网技术平台,为多元化的社群发展提供了优良的土壤,一方面人们能够自由便捷地组建和参与不同的社群,在社群交互中寻求满足感、归属感和价值感;另一方面,人们满足感、归属感和价值感的强化,又会增强人们的主动性和参与性,促进社群的进一步发展。

互联网的开放共享,塑造了权力解构和开放平等的个体意识;移动互联网的无所不在和自由便捷,激发了人们对个性价值和群体价值的双重期待,使人们的自我价值感和群体认同感不断加强。移动互联网的用户群,以 80 后和 90 后的人群为主,并呈现日益年轻化的发展倾向。80 后担负起主要的社会角色,具有较为成熟的思想和丰富的社会阅历,是网络事件的主要参与者和网络流行文化的始创者,也是社会的主流消费人群。而 90 后是更加个性自我的一代,全球化和互联网使他们成为天生的"世界公民",但他们又推崇传统文化,网络文化的多形态交流碰撞让他们更加执着地寻找和坚持自己想要的①。不同的人群有不同的社群心理和社群行为特征,但都表现出很强的利用社群实现个人目标的主动性和建构性。人们根据自己的自我认知和价值取向去主动构建社群,并在社群互动中不断加强价值认同感。

"80后(也包括部分75后人群)是社会中坚力量,他们有丰富的人生和工作经历,他们的社群行为更加具有理性和目标性,比如用微信群联络朋友、推进工作和创业项目等,他们具有较强的社会责任感和价值判断能力,信息获取需求大于情感交流需求,在交流中有互惠互利的分享精神。"②

"如果说80后作为数字移民还具有一定的传统观念和行为模式,那么90后就是真正的数字原住民,他们是高度依赖互联网的一代,也是移动互联网的最主力人群,是追求视觉、知觉、感官、体验的一代,他们的自我意识和个性化需求非常强烈,总是希望获得独特的体验。如果你不理解90后,就无法真正地理解移动互联网对于人的心理和行为特征的重塑作用。"③

"85、90后的年轻人,是在421家庭环境中成长起来的独生子女,他们从出生开始就在家庭成员的高度关注中长大,是独一无二的家庭中心,这样的成长和生活环境带来的自我中心是他们与生俱来的生存状态,移动互联网的时代特征,加剧了他们的自我张扬,越来越追逐个性展示,晒美景、晒美食、晒自拍,形成独特的晒生活一族。"④

"自我表现和群体认同的心理交织,是现代人的典型特征,即张扬自我个性,又渴望被群体认同,自拍自恋又希望晒出去获得点赞和评论,就是这种心理交织的表现。如果说微博平台的粉丝社群是用户主动寻找和加入群体来寻找归属感,那么微信平台的移动社群就是带有强烈自我认知和价值取向的用户,根据自己的个性需求去建构自己的群体。"⑤

三、社群传播的自组织性和建构性

自组织传播是社群的基本特征。自组织是相对于他组织而言的,协同论创始人哈肯将"自组织"定义为:如果一个系统在获得时间的、空间的或功能的结构过程中,没有

---

① 沈虹.协同与互动:网络营销创意传播服务模式研究[M].北京:中央民族大学出版社,2013:4-5.
② 根据腾讯公关部总监何华伟的访谈整理。
③ 根据爱奇艺副总裁窦黎黎的访谈整理。
④ 根据人民网运营总监张永恒的访谈整理。
⑤ 根据社群经济研究院孔剑平的访谈整理。

外界的特定干预,该系统就是自组织的[①]。也就是说,如果一个组织是依靠组织成员们自发、自主组织起来的,依靠分工协作来保持组织运行,这种过程就是自组织。

自组织是系统科学理论的重要原理。自组织不是个体功能的简单叠加,个体之间存在非线性的复杂交互作用,个体之间通过分工协作、互动整合,使自组织整体上涌现出新的特征和功能,这种特征在系统理论中被称为"自创生性(Autopoietic)"[②]。自组织内单一部分的功能相对简单,但通过自组织群体内部的分工合作和信息共享机制,发挥协同效应,在整体上能完成复杂的高级功能,从而使群体具有自我生产和自我创造的功能,即个体之间的交互和协作产生群体智慧。自组织从简单到复杂、从无序到有序、从低级功能到高级功能的演变,其内在动力就是这种自发组织和交互协作带来的创造能力。而这种基于社群自组织协作产生的群体智慧成果,体现了社群传播的建构性。

维基百科就是网民自组织协作的典型,个体学习者不断创造碎片化的微内容,单一的微内容微不足道甚至错误百出,但微内容之间经过非线性的相互作用,互相纠错调整,个体之间产生协同效应,在整体上形成从无序到有序、从低级到高级进化的群体知识成果。凯文·凯利在1998年出版的《失控》里,描述了蜂群的自组织协作特征,提出了著名的"蜂群思维",提出适用于互联网时代的蜂群式组织管理方式,也就是通过扁平化的信息共享和组织运作,来实现成员协作、效率提升和自主创新。

移动互联网社群,因为社群成员较高的参与度、活跃度和协作性,社群具有了很强的建构性和再生产性,这促使社群的功能和应用突破了简单的兴趣或情感交流,开发出更多元化的商业价值,加强了与现实生活的紧密性和结合度,并延伸出一系列商业化、生活化应用和服务。

第三节 移动互联网营销传播的创新扩散机制

一、移动社群的自组织连接交互

"连接"是一个社群组织保证运行的基础。人类社群的发展就是人们不断建立和加强连接的过程。从古老的部落、宗族到工业社会的城市社区,人的弱关系连接不断

[①] 哈肯.信息与自组织:复杂系统的宏观方法[M].郭志安,译.成都:四川教育出版社,2010:28-29.
[②] 苗东升.系统科学精要[M].北京:中国人民大学出版社,1998:144.

延展;发展到网络社群,互联网的开放性和连接性,使人们实现了自由聚合,驱使大量兴趣社群和粉丝社群的兴起;再到移动互联网社群,人的网络化连接的横向广度和纵向深度不断加强,人的线上情感连接和线下生活连接越来越紧密,人的主动性和自由度不断提升,社群的建构性和社群功能价值的延伸性越来越突出。

移动互联网为人们提供了随时随地交互的平台,让人的自由聚合变得更加随意和简单,个体可以便捷地找到志趣相投的同伴,可以自发地创建社群,也可以自由地加入和退出社群。社群成员通过高自由度、高频次的信息传播和沟通交流,加强内部的互动关系和信任关系。而在社群组织外部,由于人的需求的多样性,不同的时间、不同的场景具有不同的社交需求,所以同一个个体可以在不同的社群间切换。移动互联网社群成员之间的连接和互动,具有高度的自由度、便捷性和可塑性。

移动互联网社群既拓宽了人们的弱关系交往,又加强了人们的强关系和信任感。人们通过各种弱关系自由组建社群,在互惠的基础上,获取更多的信息和资源,这又反过来促进人们积极地参与社群,参与度和资源获取形成正反馈机制,通过信任度的提升,将弱关系转化为强关系。强弱关系的相互交织和动态转化,极大提升了人的社会交往的自由度以及与现实生活的关联度,拓展了关系网络的广度和深度,加强了线上和线下的融合度和转化度。北京大学刘德寰教授基于对移动社交平台的社群行为研究,提出了"半熟社交"的概念,指出:移动社交网络形成了一种介于熟人和陌生人之间、真实和虚拟之间的新型社交关系——半熟社交,其互动方式是在互利互通的原则下将线上虚拟社会资本转化为真实的社会资本[①]。正因为移动互联网社群是强弱关系的交织,所以"社群"不等于"圈子",圈子的强关系性更突出、组织更严密、边界更严格,而社群的关系更加自由,边界更加开放,同时更注重信息共享和互惠合作[②]。自由关系的建立,信任关系的加强,社会资本和资源的转化,成为移动互联网社群的典型特征和功能价值的实现基础。

二、移动社群的自组织传播扩散

用户社群的自组织连接,形成了以人际传播为特点的口碑传播,在营销信息的传播扩散方面发挥着重要的作用。口碑的互动性和扩散性满足了人们的社会交往和分享的需求;口碑传播使消费者和消费者之间的水平信任关系取代了消费者和企业之间的垂直信任关系,人们基于信任和互惠原则,分享自己的需求感受、产品评价和消费体

[①] 刘德寰,刘向清,崔凯,荆婧.正在发生的未来:手机人的族群与趋势[M].北京:机械工业出版社,2012:55-57.
[②] 范红霞.社会网络的关系流动和价值变迁[J].浙江传媒学院学报,2012,19(1):33-36.

验,为他人提供参考,也为自我决策寻找依据;口碑具有相对的独立性、真实性和影响力,对于消费者的决策行为和品牌的营销与服务行为,都会产生重要的影响[①]。用户社群的口碑传播,在互联网和移动互联网平台上,传播扩散的范围、效率以及发挥影响的程度都得到很大提升。

罗杰斯的创新扩散理论是传播效果研究的重要理论之一,发展于 20 世纪 80 年代。罗杰斯认为扩散是一种特殊的传播,是创新(一种新观念、新事物、新产品)经过特定的渠道在某一社会团体的成员中传播的过程[②]。"新"意味着扩散中含有某种程度的不确定性,而信息传播是减少不确定性的重要手段,人际传播对于形成和改变个体对创新的观念比大众传播更加有效[③]。罗杰斯的观点的提出是在 20 世纪 80 年代大众传播盛行的时期,在那个时候,他已经充分肯定了人际传播对于创新扩散的作用。互联网的发展,对于创新扩散的推动作用更加突出。网络社群(社区)为线上人际关系的聚合和扩散提供了空间和场域,在整体上又构成了庞大的社会关系网络,促进了信息的传播扩散[④]。而移动互联网社群的自组织性和建构性极大加强,因而极大地提升了创新扩散的范围和效率,以及创新影响的深度和广度,带来突出的创新效应。

移动互联网社群的创新扩散特征,主要体现在:第一,社群成员具有极强的自我表达需求和积极性,移动媒体的"泛在"又为每个个体的自我表达提供了便捷高效的渠道,每个个体都有充当意见领袖和成为创新扩散"源头"的机会;第二,移动互联网的社群传播将人们的强弱关系网络融合,线上场景和线下生活融合,传播的范围不断被延伸,传播的边界不断被突破,社群互动更加活跃和高效,进一步提升了营销传播的创新扩散效率。

"消费者对于品牌和产品的选择,越来越不依赖于企业自身的声音(广告或公关),而更多地参考其他消费者的声音。一个人的声音也许很微小,但是当很多人的声音连接在一起,口碑的力量就会凸显出来。这也是企业越来越重视企业舆情和消费者口碑传播的原因。"[⑤]

"随着用户对于信息掌握得越来越多,消费者赋权的时代已经到来,消费者面临越来越多的信息干扰,选择性吸收信息的重要渠道就是社交圈、朋友圈。消费者面临的不仅仅是狂轰滥炸的电视广告、超市琳琅满目的货架,而且是直接面对互联网货架上

[①] 科特勒,卡塔加雅,塞蒂亚万.营销革命 3.0:从产品到顾客,再到人文精神[M].毕崇毅,译.北京:机械工业出版社,2014:93-96.
[②] 罗杰斯.创新的扩散[M].辛欣,等译.北京:中央编译出版社,2002:5-7.
[③] 罗杰斯.创新的扩散[M].辛欣,等译.北京:中央编译出版社,2002:31-35.
[④] 寇紫遐.网络社区营销传播的路径与模式研究[M].武汉:武汉大学出版社,2014:89-91.
[⑤] 根据阿里巴巴公司公关部总监厉宣平的访谈整理。

的千千万万的产品,无差异化趋势愈来愈明显,于是口碑评价成为消费者选择的重要途径。"①

三、移动社群的自组织协作创造

用户通过社群建立连接,通过社群交互进行主动传播,进而通过社群参与协作进行生产和创造。协作和创造是用户的社群行为的高级阶段,也是社群价值的最高体现。实际上,社群协作在 Web2.0 时期就已经出现了,只是较多地体现在信息产品的生产上。以 UGC 为代表的 Web2.0 时期,每个网民都成为信息单元,来自网民生产的碎片化的信息不断汇聚、交互,激发了整个互联网的信息生产力和创造力。维基百科就是网民协作产生智力和知识成果的成功典型,基于互联网协作平台,个体学习者不断创造碎片化的微内容,单一的微内容微不足道甚至错误百出,但学习者之间互相纠错调整,微内容之间产生非线性的相互作用,从而产生群体协同效应,形成从无序到有序、从低级到高级进化的知识成果创造,体现了自组织社群的生产力和创造力。正如克莱·舍基在《认知盈余》中指出的:互联网和社交媒介为人们相互协作提供了工具和可能,人们通过互联网社交平台建立联系、进行创造和分享,把每个人的自由时间集合和累积起来将形成巨大的价值,即认知盈余,从而促进人们进行创造性活动而不仅仅是消费。②

用户参与生产的过程是消费者变革的最高阶段,也是消费者权力的最高表现。传统工业时代,企业的目标就是实现产品的标准化和规模化,不断降低生产成本和追求利润实现,企业处于绝对的主导地位。互联网的发展让企业和消费者的沟通更加直接,消费者通过社交平台表达和分享消费需求、消费主张和消费体验,促使企业在和消费者的互动中随时洞察需求和调整生产,定制化生产就是基于这样的背景发展起来的,这些都促使消费者主导权得到增强。随着消费者的权力和主导性越来越强,消费者的需求越来越精细化,消费者不仅仅满足于表达需求和提供反馈,而是希望直接参与到生产和研发的起始环节。只有将消费者的权力和能力延伸到研发生产环节,消费者主导才真正得以实现。

移动互联网、社交应用和技术工具的普及,为消费者参与生产和相互协作提供了有利的条件。社群成员参与生产和创造的产品,不仅局限于维基百科这样的信息类产品,而且拓展到了多元类型的有形产品和无形服务,推动新的创意、产品和服务模式不

---

① 根据速途网副总裁兼速途研究院院长丁道师访谈整理。
② 舍基.认知盈余[M].胡泳,哈丽丝,译.北京:中国人民大学出版社,2011:26-33.

断出现。消费者参与带来的生产力和创造力是众包生产、协作经济、创意经济快速发展的核心动力。谷歌、惠普、IBM等公司很早就面向用户推出了"开放创新平台",邀请消费者/用户直接参与到新功能和新产品的研发过程中。企业提供开放平台和技术工具,吸引和鼓励用户的社群协作和创新创造,并将用户社群协作的产品从信息产品、服务产品发展到了实体产品。

阿尔文·托夫勒在《财富的革命》中最早提出了"产消者"的概念,即把生产者(Producer)和消费者(Consumer)两个词合并为"生产消费者"(Prosumer),意指消费者和生产者的角色和功能融合,以及"产消合一经济"的崛起[①]。消费者参与生产既从源头上满足了消费者的个性需求,使消费需求和生产研发更加直接地对接到一起,又促进了营销传播理念和方式的创新。消费者对于自己参与创意和创造的产品有天然的情感,会主动进行消费、分享和口碑传播,并在分享互动中获得极大的成就感和满足感;这种成就感和满足感又反过来促进消费者的参与,更加激发消费者群体的创造力,也更加促进消费者的消费。

社群成员通过分享产品体验,贡献产品创意,参与协作生产,满足了自身的消费需求、情感需求和价值认同需求。美国学者亨利·詹金斯(Henry Jenkins)在分析网络社群的"参与式文化"时指出,人们积极参与社群互动的动机有:社会信任(Social Trust)、预期互惠(Anticipated Reciprocity)、增加认同(Increased Recognition)、效能感(Sense of Efficacy)等[②]。克莱·舍基在《认知盈余》中把人们分享和创造的动机归为人们追求参与行为本身带来的满足感和慷慨感的内在动机,而互联网、社交媒体和各种技术工具又赋予了人们参与创造的可能性,人们通过群体协作创造价值并最终形成社会化生产机制[③]。

"移动互联网是求新求快的时代,消费者的个性和群体需求越来越强,对产品和服务体验的要求越来越高,对创新和创造的参与感与期待感越来越强,而社群为这一切提供了实现的可能,成为消费者参与和发挥创造力的平台。"[④]

"移动互联网是消费者赋权的时代,消费者掌握越来越多的工具和技能,消费者发挥创客精神和技能,参与创意设计和生产,使生产者和消费者的边界趋于消融。这就是参与过程比最终结果重要,激发个性化比实现规模化更重要,给消费者赋权比提供

---

① 托夫勒.财富的革命[M].吴文忠,刘微,译.北京:中信出版社,2006:149-157.
② JENKINS H. Confronting the challenges of participatory culture: media education for the 21st Century[M/OL]. MIT Press,2006. http://henryjenkins.org/2006/10/confronting_the_challenges_of_1.html.
③ 舍基.认知盈余[M].胡泳,哈丽丝,译.北京:中国人民大学出版社,2011:82-85,124-133.
④ 根据优酷网营销副总裁葛威的访谈整理。

选择更重要的道理。"①

综上所述,移动互联网促进了人和人的实时连接和移动社交,激发了人的个性表达和群体认同的双重需求,媒介技术和心理需求双重因素共同推动了用户关系网络即用户社群的发展,使得社群的功能和价值得到无限放大。

用户基于社群网络进行自组织连接、自组织传播和自组织协作生产,并且完成了从消费者、传播者到生产者的演进,形成了用户社群网络的自组织创新机制。而用户社群的自组织创新机制的核心就是用户参与,用户通过社群参与,实现了忠实的消费者、热心的传播者和积极的生产者三种身份的融合与统一。

以"用户参与"为核心的自组织创新机制,形成移动互联网营销传播创新的强大扩散效应(如图3.2所示)。这种扩散,不仅仅是一种新型的消费理念或者新型的产品服务在消费者之间的扩散,更包括在用户消费体验提升和消费升级过程中,用户参与能力、传播能力以及创造和创新能力的提升。用户在社群交互中进行需求表达、互动分享、口碑传播、创意贡献,并积极地参与到品牌和产品的生产研发中。社群成员在多向交互中进行信息传播、资源共享和协同创造,进行意义和物质、产品和服务、资源和价值的再生产。而且,用户社群的创新扩散能力越来越引起企业的重视,企业正在且必将善用用户社群的参与能力和协作创新能力,带动品牌、产品与服务的不断创新。社群网络使得企业和用户在各自的利益驱动下走到一起,走上价值创造一体化、最大化的道路。

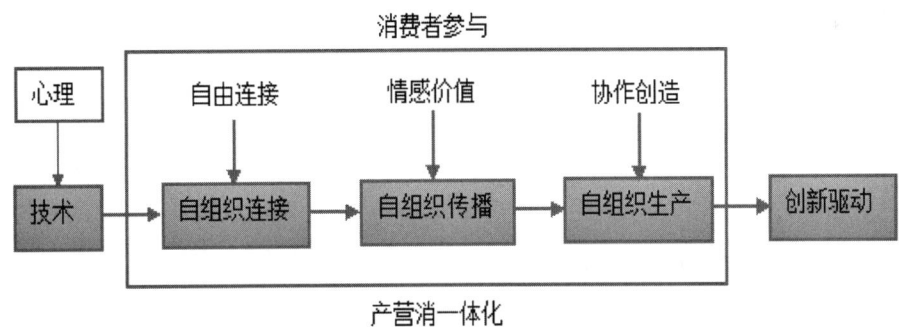

图 3.2 用户社群的自组织创新扩散机制

---

① 根据网络营销研究院院长邱道勇的访谈整理。

第四章
移动互联网营销传播的创新管理:价值网络

第一节　营销价值网络的形成

管理学大师彼得·德鲁克指出:企业的基本职能只有两个:营销和创新,营销就是创造顾客价值,企业的各个部门都要担负起营销的责任;而创新是更好地创造顾客价值,包括产品和服务的创新以及由此带来的生产和组织方式的创新,创新渗透到企业的各个部门①。这个观点很好地诠释了创新管理的重要性。

一、营销传播的价值构成

正如本书开头部分对营销传播进行的概念界定,企业营销传播的本质就是企业通过和消费者/用户的关系建立和维系,进行价值的创造、传播和实现。企业的生产系统、营销系统、传播系统、管理系统,都是围绕"价值创造和实现"这个核心展开的。以价值创造和过程管理为核心,企业组织内外部各要素之间相互连接,形成了价值创造体系,即价值网络。价值网络是网络化范式在企业营销管理领域的应用和发展。

那么,企业营销活动和营销传播体系中的"价值",究竟是什么?包含哪些价值?营销大师科特勒在《营销管理》中,对企业的价值活动有着系统论述:企业的核心任务就是向消费者/顾客/用户提供和交付价值并获取相应的收益,企业经过生产研发、市场营销、整合传播、经营管理的系统运作,完成价值的创造、传播和交付过程②。也就

---

① 德鲁克.管理的实践[M].齐若兰,译.北京:机械工业出版社,2009:29-30.
② 科特勒,凯勒.营销管理:第14版:全球版[M].王永贵,译.北京:中国人民大学出版社,2012:73-78.

是说,作为营销本质的"价值",包含用户价值和企业价值两大方面。企业的营销管理的目标就是建立良好的价值交付体系(value delivery system),包括用户端的顾客感知价值(customer perceived value)①(产品价值、服务价值和体验价值),还包括企业端的企业价值(长期利益和短期利润),以及由企业和用户共同创造的品牌价值。也就是说,基于移动互联网平台的营销管理,就是对于用户价值、企业价值和品牌价值等多元整合价值的创造、传播和增值过程(如图4.1所示)。

价值网络的搭建和完善是企业进行营销管理的途径和方式。从价值视角审视营销传播系统,我们就能突破简单的广告和媒体传播的局限,从价值网络的建构层面去加强营销的创新、传播的创新,以及带动企业管理层面的整体创新。企业创新能力的提升,是从技术创新、市场营销创新到组织管理创新等各环节之间的协调运作过程②。

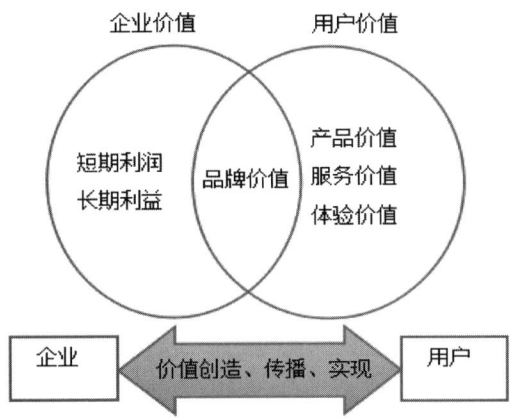

图 4.1　企业营销传播活动的价值构成

二、营销价值网络的形成

价值网络的前身是价值链。迈克尔·波特在 20 世纪 80 年代出版的《竞争优势》中提出著名的价值链理论,指出价值链就是企业通过组织内外部、产业链上下游的一系列关联环节进行价值生产、传递和增值,最终到达客户并实现价值的过程③。价值

---

① 科特勒,凯勒.营销管理:第 14 版:全球版[M].王永贵,译.北京:中国人民大学出版社,2012:143-147.
② 任锦鸾.创新机理:以媒体行业为例[M].北京:科学出版社,2011:44-51.
③ PORTER M E. Competetive advantage: creating and sustaining superior performance[M]. New York: Free Press,1985(10).

链理论是基于传统工业时代的生产营销环境,以标准化、规模化生产为主导,以控制成本、增加利润为企业目标,通过控制生产链上特定环节的成本和收益,来实现生产链上的价值增值,并通过抓住价值链上的关键环节来提升企业的竞争优势,是一种线性的价值创造方式和强调竞争与成本的管理方式。

随着互联网的普及和移动互联网的快速发展,价值创造和传播活动的参与主体不断多元化,价值链发展成为价值网络。随着产品和服务的极大丰富,市场成熟程度不断提高,用户的需求也日趋个性化和精细化,用户所追求的价值是包含功能、服务、体验、品牌、情感等多元价值的整合,而企业无法依靠自身的单一力量来满足用户的多元化需求和提供多元化整合价值,必须通过企业的内外部协作和资源共享来进行价值共创,以此来顺应用户和市场的变化。

互联网的核心就是开放、合作和共享,竞合(Co-operation)方式取代单纯的竞争方式,成为企业的战略发展方向。竞争和合作相互促进,企业通过合作提升竞争优势和创新能力。正如科特勒指出的塑造市场竞争能力的三大要素:顾客价值、核心能力和合作网络,企业需要通过构建价值网络,激发网络中各个节点都共同参与价值创造,提升资源整合能力、协作创新能力和核心竞争能力。

价值链影响下的营销传播,是企业把生产的产品通过广告推销给用户,建立起企业、媒体、用户的线性交互关系;而价值网络影响下的营销传播,是企业、媒体、用户之间的多向度、非线性交互关系,在网络化协作中提升用户价值、企业价值、品牌价值等整合价值的创造和创新能力。价值链视角的价值,是基于物质生产传递过程中创造的;而价值网络视角的价值,是基于关系网络中创造的,包含有形的物质产品价值及无形的知识、信息和关系价值[①]。

移动互联网加速了企业价值网络的搭建,通过企业组织之间、企业组织内部各环节之间的协作,激发各个主体和环节的价值创造和创新能力,共同创建一个全新的商业生态系统。商业生态系统是基于价值网络基础的,企业、媒体(应用)、用户都是这个网络体系中的充满活力的有机体,不断进行信息、数据、技术、产品、资源的连接和交互,从而汇聚成价值的流动,发生协同效应,推动创意和创新的不断产生。

三、营销价值网络的结构形态

营销价值网络分为外部网络和内部网络。本书的研究基础中很重要的一点,就是

---

① HOLM D B,ERIKSSON K,JOHANSON J. Creating value through mutual business network relationships [J]. Strategic management journal,1999 (20):467-486.

将营销传播置于更广的营销系统中,而不是限于简单的媒体传播,也就是从关系和价值的视角研究营销传播,研究企业外部(企业和用户之间)与企业内部通过信息传播和数据交互实现营销价值的网络形态。

(一)外部价值网

企业外部网络是指企业组织与组织之间(如企业和外部合作伙伴或者企业内部子公司之间)的协作网络,通过战略合作、投资并购、品牌营销及授权等方式延展相关业务领域,提高整体的业务能力、创新能力和竞争优势,形成网络化、平台化的价值体系。

大多数互联网公司都擅长搭建价值网络平台,比如世界知名的互联网公司谷歌(Google)。谷歌以搜索引擎起家,围绕搜索、广告和移动三大核心业务,展开价值网络布局。第一,搜索业务主线:先通过搜索服务积累海量用户规模;再通过开放谷歌的云服务、开放技术平台和第三方开发代码,鼓励应用开发商接入平台开发更多的应用服务;然后通过和其他企业合作、并购、联盟等方式,广泛拓展相关产品线,主要包括商务办公(谷歌邮箱 Gmail)、生活服务(谷歌地图)、知识学习(谷歌图书馆和谷歌翻译)、娱乐媒体(谷歌音乐和谷歌视频)四条产品线。第二,广告业务主线:广告是谷歌最主要的赢利方式,谷歌的广告收入占到其全部收入的70%,而谷歌的广告占到全球网络广告市场份额的30%以上,包括网页广告、视频广告、电商广告等搜索广告形式,谷歌正是依靠搜索广告收入支撑着覆盖全球用户的免费服务。第三,移动业务主线:谷歌自2009年起开始布局移动互联网业务,为了和苹果抗衡,推出安卓(Android)手机操作系统和云服务,开放给各大手机品牌进行智能手机开发,并推出了自己的谷歌手机;2012年起谷歌开始布局智能可穿戴设备(谷歌眼镜)、智能家居和物联网业务。由此,谷歌以搜索、广告、移动为核心业务线,由内而外建构和拓展了庞大的价值网络体系(如图4.2所示)。

企业外部价值网络的本质就是围绕企业的核心产品和服务,将相关业务部门和关联企业连接起来,将信息、数据、资源整合起来,为用户提供多元化、一体化的服务,从而将用户、企业和品牌紧密连接起来,以期实现营销价值的最大化。在这个问题上,还有一个值得关注的案例,就是近几年兴起和流行的打车软件应用——滴滴打车。滴滴打车的平台,其实质就是将出租车、私家车的司机和出行的用户连接起来,并结合移动地图和移动支付的功能,为用户提供出行服务。但是出租车和私家车的利益矛盾、私家车的监管监控、乘客安全的保障,等等,都为其交通服务带来了诸多关联问题,影响了其用户体验、平台服务、行业口碑和品牌形象,对其价值网络运行也产生了影响。"互联网+行业"的趋势影响下,诸多行业都嫁接了互联网平台,不断创新产品和服务,

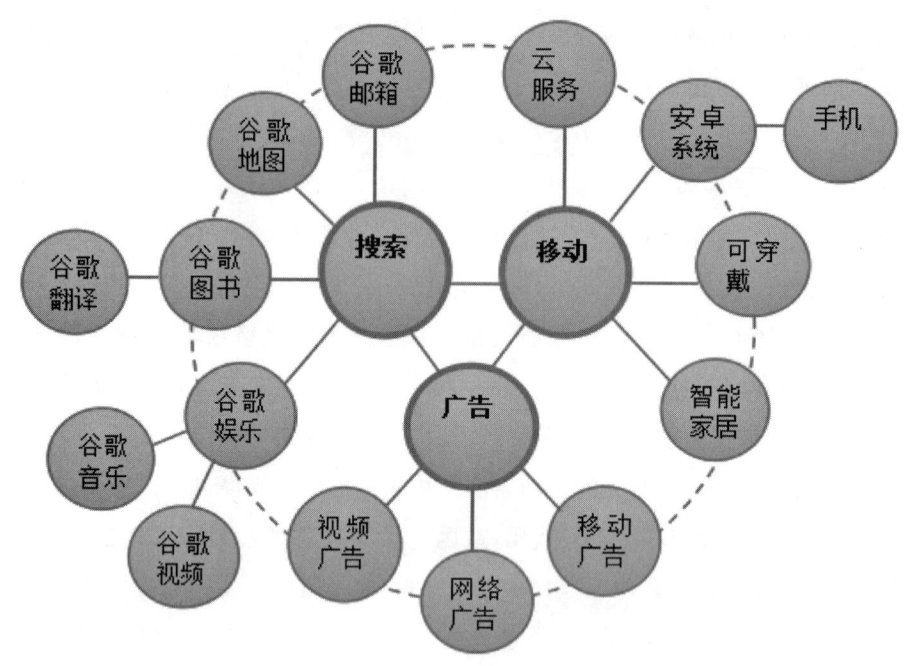

图 4.2 谷歌(Google)的价值网络体系

而这些带有互联网功能的产品和服务,给企业的营销传播带来新的挑战和问题,只有基于价值网络的营销理念和策略,才能为营销传播开拓新的思路和方式。

(二)内部价值网

企业外部价值网的建构依靠资本并购或战略合作,一般适用于发展到一定规模或比较成熟的大型互联网公司,而对于发展中的中小企业,强调资源整合和优势合作的价值网络也非常重要,而且价值网络在企业内部也同样适用。企业内部价值网就是将组织内部各个环节打通,实时捕捉用户需求,加快产品研发,提高生产效率,降低交易成本,优化传播管理,提升营销服务水平,形成产营消一体化的内部价值网络体系。以数据、信息、资源交互为基础实现的效率提升和流程优化是企业内部价值网的核心。我们熟悉的电商平台,就是通过店铺运营服务、市场推广服务、客户沟通服务、支付安全服务、物流售后服务、数据技术服务等系统,帮助平台上的各企业(大部分是中小企业)搭建起相对完整的营销管理体系,使得每个企业都借助这个平台搭建了自身的价值网络。

比如淘宝,为所有卖家搭建了非常成熟的营销传播服务一体化价值网络体系。首先,淘宝提供丰富的店面展示模板和店铺运营系统,帮助卖家开店,支持卖家购买广告位进行推广,并且从淘宝平台的海量用户中利用大数据进行精准营销。其次,淘宝推出即时聊天工具"阿里旺旺",供买卖双方加强互动沟通,还推出第三方支付工具"支付宝",在买卖双方之间建立第三方信任保障机制。再次,淘宝推出交易后的评价系统,将卖方的交易记录和对买方的评价公开,为现有和潜在买方提供评价分享和消费参考。最后,淘宝还推出了菜鸟物流网络,将线上支付和线下物流关联起来,让买方下单后能在线实时看到商品出库发货、物流派送的全过程服务信息。就这样,淘宝为平台上的所有卖方和买方提供了完善的、一体化的营销传播服务,形成了"大而全"(电商服务平台)又"小而美"(服务中小企业用户)的营销价值网络(如图4.3所示)。

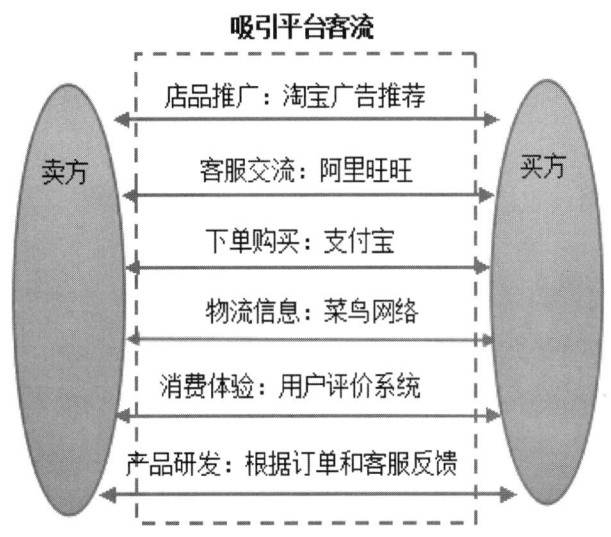

图 4.3 企业借助淘宝电商平台建立的价值网络体系

而微信电商平台,不同于淘宝的大规模用户流量逻辑,是基于微信的强关系网络,强调卖方的自营销和自服务能力。卖方开设自己的微信店面后,要抓住第一批种子客户,通过线上朋友圈推广或者线下扫描二维码等方式吸引种子客户关注自己的微信店面,再通过不断优化产品体验和服务,和客户成为亲密的朋友,让客户自发地借助朋友圈进行口碑推广。所以,微信卖方基于微信平台建立的价值网络,更多的是卖方通过自身朋友圈关系网络,不断地吸引和积累客户群,形成滚雪球效应,并据此建立营销价值网络(如图4.4所示)。

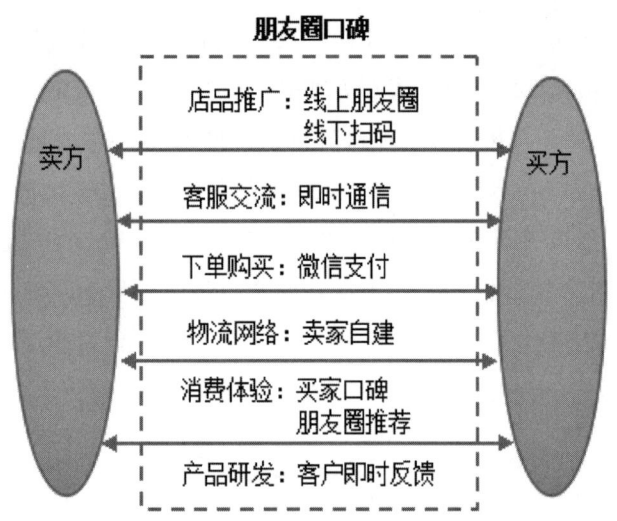

图 4.4　企业借助微信电商平台建立的价值网络体系

因此,企业内部价值网的本质就是将生产、营销、传播、服务的不同节点连接起来,形成企业内部各环节一体化的价值网络,生产、营销、传播、服务各个节点都参与价值贡献,每一个节点的创新都带动价值网络的创新。在淘宝或微信平台上的任何一个卖家,从商品展示、客服交流、营销传播、物流配送、体验评价的任何一个节点,做到个性化、精细化和极致化,都会带来多元化的用户价值的提升,从而带来从用户价值到企业价值再到品牌价值的整体提升。相反,任何一个环节出现差错或疏漏,就会给用户带来不良的体验,破坏用户价值、企业价值和品牌价值的实现,进而影响整个价值网络体系的运行。

企业内部价值网络的运行直接影响着营销传播的效果。传统的广告营销有时会因为虚假宣传、服务滞后、公关危机,引发用户的负面评价和投诉,将产品口碑和品牌形象毁为一旦。营销传播承担着企业内外部价值网络的连接功能和职责,对外要发挥信息发布、品牌宣传、用户沟通和舆情监测的作用,对内要发挥需求反馈、问题发现、协调运作、决策支持的作用,保证企业内外部价值网络的顺畅运行。

企业内外部价值网络是紧密相连的整体。价值网络的优势在于将参与价值创造的各个主体、各个节点打通,通过信息化管理、数据化交互和电商化服务,保持低成本、高效率、高效益的营销服务[1]。企业通过建构和运营内外部价值网络,快速响应客户需求,有效管理客户关系,共享信息和资源,加速提升营销服务水平,实现管理创新。

---

[1] 欧晓华,赵守国.移动互联网产业价值网络重构的模型分析[J].产业经济,2013(10):120-122.

第二节　价值共创与传播管理创新

一、广告传播和媒体价值管理

营销传播的实践和理论发展源于广告活动。企业、广告和媒体是相伴相生、相互依存、竞争合作的关系。第一，媒体是企业进行广告和营销传播的重要渠道，而企业广告是媒体经营的主要盈利来源。第二，企业广告和媒体既相互争夺用户注意力，又联合为用户提供内容和服务信息。第三，广告伴随着媒体的变革和企业营销思维的转变，其形态和特征也不断演变。因此，基于对媒体价值的合理评估进行广告传播的创意策划和经营管理，成为企业进行营销传播管理的重要内容。而移动互联网塑造了移动化、社交化、本地化的媒体传播平台，对于媒体价值的评估和开发，提出了全新的挑战和更高的要求。

在营销传播活动中，企业和媒体机构都非常重视"媒体价值"的评估和开发。传统广告传播是以媒体为中心，根据媒体性质、内容定位和发行量、收视率等数据对媒体价值进行大致评估，然后对媒体的时间（时段）和空间（版面）进行购买，以达到促进传播和销售的目的。企业在广告投放中所看中的"媒体价值"，缺乏真实全面的数据和科学客观的评估标准，营销效果也就无从谈起。而媒体对自身价值的认知，也因为缺乏数据支撑，只能停留在强调自身的内容优势和口碑影响力层面，因而媒体价值并没有被真正和有效地开发出来。有了互联网和移动互联网，尤其是大数据技术的支撑，这个问题得以有效解决。基于大数据的精准广告营销，实现了对"媒体价值"的明确界定和精准评估，广告主和媒体都可以依据媒体平台监测和反馈的数据对用户的特征、需求及行为，进行观察、追踪与分析，做到敏锐的用户洞察。通过对用户大数据的挖掘来评估和判断媒体价值，是技术给广告传播带来的巨大变革和重要进步。大数据技术让企业的营销传播，实现了"以用户为中心"，形成了精准、实时、可控、反馈的"闭环"模式；大数据技术让媒体机构对自身的价值评估、内容定位和广告经营，有了科学化和数据化的依据，也真正实现了"以用户为中心"；大数据技术让企业和媒体双方合力，通过数据挖掘、创意策划、媒介融合和效果监测，将媒体价值最大化。

媒体价值的合理评估和媒体渠道的正确选择，为广告传播的创意和创新提供了有效的载体和有力的基础。善用媒体价值，针对核心消费者和潜在消费者，创新广告的创意形式和传播方式，成为企业进行营销管理和传播管理的重要基础。广告传播的创意形态经历了"广而告之""广而论之""广而玩之"的形态演变:"广而告之"的创意是推介商品和推销产品;"广而论之"的创意是晓之以理或动之以情,影响消费者的品牌态度和情感认知;而"广而玩之",是激发消费者参与和互动,让消费者在娱乐游戏中获得和分享品牌体验[①]。这一观点很好地诠释了广告创意的作用和价值,以及广告创意策略的演进。互联网、移动互联网的发展,塑造了网络化、互动化、社交化的传播空间,对于广告传播和广告创意的管理具有重要的意义。在广告策略上,要基于媒体价值评估来制定策略并根据数据监测做出实时调整;在广告传播上,要引导和激发消费者的互动参与,提升广告传播的范围和效率;在广告创意上,要洞察用户心理、需求和行为方式,融入用户的生活场景发掘更多创意。

二、社群经营和用户价值管理

社群经营是营销学中客户关系管理理念的升级,是用户价值经营的理念和手段。企业和用户的关系,是营销传播系统中最重要的关系。而社群使消费者和消费者之间、企业和消费者之间建立了直接的连接通道,使得消费者主导权和影响力真正得以实现。社群经营具有两层含义:一是粉丝经营,由企业通过社交媒体和各种社群平台,与粉丝用户保持及时的沟通和互动,通过粉丝互动加强品牌和粉丝的联系,加强粉丝的活跃度和对品牌的忠诚度,从而提升粉丝用户的价值;二是发挥社群的功能价值,挖掘社群的需求,推出新型产品和服务,甚至创新商业模式,通过社群参与和再生产机制激发社群成员的生产力和创造力,即通过社群经营开发更多元的用户价值。第一层含义,其实质是粉丝经济;第二层含义,其实质是社群经济,是粉丝经济的进化和升级。通过社群经营开发用户价值,是移动互联网社群区别于一般网络社群的价值所在。

国内的粉丝经济兴起于湖南卫视的"超级女声"选秀节目,粉丝们凭借其对明星的追捧和感性消费,对明星相关衍生产品进行持续性消费。粉丝经济的本质仍然是一种针对特定产品的单向消费行为。而社群经济是粉丝经济的进化和升级,是粉丝经济发展的更高阶段。社群经济在运营初期会有粉丝经济的特征,需要打造企业品牌或者个人品牌的"魅力人格"和明星效应。比如微信自媒体"罗辑思维",由央视《对话》栏目前制片人罗振宇创立,通过阅读题材的脱口秀节目和粉丝互动,打造了独具人文精神的"知识社群"。在其社群运营初期,就是依靠粉丝对于罗胖(罗振宇)的信任和喜爱而累积知名度,积累了近 500 万微信粉丝,并且通过各种粉丝福利和权益,吸引粉丝付费加

---

① 费利君,黄凯.中国当代广告的创意演进探微[C].2016 年全国广告学术研讨会论文集,南京:江苏凤凰科学技术出版社,2017(9).

入会员,发展了超过 5 万名付费会员。在社群运营的中后期,让粉丝社群进行自主参与和积极协作,是社群持续运营和发挥商业价值的关键。"罗辑思维"积极发动粉丝自发成立分城市、分行业、分主题的粉丝微信群,让群主自行组织群成员开展线上读书会、线下交流会等各种各样的社群活动,并且积极尝试社群电商,鼓励社群会员之间通过信任互利关系互相营销自己的品牌产品,并积极引入各大品牌赞助商,面向社群会员提供定制的产品和服务等。"罗辑思维"通过对社群用户价值的深度开发,开创了一系列社群营销模式,引发业界的高度关注。而当社群运营发展到高级阶段,将带来社群商业价值的提升和社群商业模式的创新。"罗辑思维"并没有止步于社群电商,而是持续开发知识付费产品和服务,2016 年推出了"得到"知识付费平台,邀请来自各个领域的"内容制造者"在"得到"平台上开设专栏,一方面为粉丝用户提供财经金融、文史哲和艺术等多元化的知识付费产品,另一方面为这些"内容制造者"提供内容策划、制作包装和粉丝运营服务,不断提升"得到"平台的用户体验。"得到"App 发展到 2018 年,用户下载量已突破 1000 万,付费订阅用户超过 200 万。"罗辑思维"充分契合移动互联网时代的信息传播特征、年轻人对于知识获取的社会需求和社交分享的情感需求,着力进行知识类产品的创意开发和知识型社群的粉丝经营,成功开创了知识社群的商业模式。

国内的小米手机,也是把"米粉"用户的参与能力和协作生产力发挥到极致,充分开发粉丝社群的商业价值的典范。小米在创立初期就搭建了手机开发论坛"MIUI",建立了众包式开发模式,邀请核心粉丝用户和小米的工程师一起,共同参与研发新的手机功能;再吸引更多热心的"米粉"用户,参与测试新开发的手机功能,并及时响应粉丝反馈的评价,不断优化功能体验;然后激发更多粉丝的口碑营销,带动大规模的粉丝群体消费,从而搭建了强大的"米粉"社群,实现了粉丝社群价值的最大化。小米对于"米粉"社群的经营,前期更多地利用其创始人雷军的影响力和创业梦想来吸引粉丝的关注度和传播力,是一种粉丝经济。随着小米的发展,小米从生产环节、营销环节到消费环节,都在不断吸引和带动"米粉"们的广泛参与,小米的粉丝因为参与了手机的功能研发,自然会热心参与其产品的口碑营销,更会热衷消费其不断升级换代的手机产品。就这样,小米手机通过对粉丝用户的价值开发,从注重消费的"粉丝经济"成功升级到了注重参与的"社群经济"。我们也可以说,小米的成功不仅仅是粉丝营销的成功,更是商业模式的成功,而这种商业模式就是"社群经济"。

社群的核心特征就是"自组织性"和"再生产性",社群中的个体能量和群体智慧互相激发,由此带来更强大的价值创造动力,形成了社群经济。社群经济的本质在于聚集粉丝规模后的再生产机制和价值增值系统,是继工业经济、服务经济、体验经济之后的新型商业形态。运用社群经济的思维、社群经营的理念和社群营销的策略,充分激发用户参与和用户协作,加强对用户价值的开发、经营和管理,是营销传播管理的重要创新。

三、价值共创和品牌价值管理

品牌价值共创理论最早源于品牌资产理论。20世纪90年代,大卫·艾克提出品牌资产理论,从品牌的知名度、认可度、联想度和忠诚度四个维度评估品牌资产,并以消费者评价为衡量标准,从一开始就明确了消费者在品牌价值构成中的地位。品牌价值共创理论的核心就是:品牌不是由企业单方拥有和建立的,而是由企业和用户协同共创的,品牌价值共创成为管理学的重要研究问题。

21世纪初,以消费者参与为核心的品牌价值共创的研究兴起,美国学者普拉哈拉德(C. K. Prahalad)是价值共创理论的提出者,他首先指出:体验价值是价值共创的核心,企业和消费者基于价值网络共同创造消费体验,形成价值共创。他还进一步指出:企业可以通过建立信息入口、加强网络社区互动、鼓励消费者参与等要素组合,促进企业和消费者的品牌协同创意[①]。艾德里安(Adrian F. Payne)进一步提出品牌价值共创的过程框架,包括消费者价值创造过程(如消费者体验、情感、认知和行动等),企业自身品牌价值创造过程(如共创机会设计、传播计划和执行等),以及消费者与企业之间进行对话和互动的相遇过程(Encounter Process),而且,品牌价值共创过程是一个动态交互的循环系统[②]。美国约克大学德勒夫·兹威克(Detlev Zwick)指出:消费者积极参与是促进协同创意和品牌价值共创的关键,而企业和消费者共创价值的范式作为一种品牌价值的管理,体现了社会生产和社会传播的统一[③]。只有品牌所有者和品牌消费者互惠互利、共享价值,才能建立持续的关系,消费者才能形成品牌忠诚和持续购买,企业才能获得利润,为消费者提供更好的产品和服务,从而实现用户价值、企业价值和品牌价值的统一。

品牌价值共创研究的一个分支就是品牌社群的研究。品牌社群也是伴随着互联网和社交媒体的发展而发展起来的。互联网的本质是赋权,消费者的主导权和创造力

---

① PRAHALAD C K,RAMASWAMY V. Co-creating unique value with customers[J]. Strategy & leadership,2004,32(3):4-9.
② PAYNE A F,STOBACKS K,FROW P. Managing the co-creation of value[J]. Journal of the academy of marketing science,2008(36):85-86.
③ ZWICK D,BONSU S K,DARMODY A. Putting consumers to work:'co-creation'and new marketing governmentality[J]. Journal of consumer culture,2008,8(2):20.

不断加强,消费者不仅仅是品牌的消费者和体验者,而且是不断参与品牌传播的营销者和不断进行社群协作创造的生产者。同时,因为互联网赋予消费者的这种产营消一体化能力,品牌社群的营销价值就得到了充分体现。品牌社群包括消费者基于对特定品牌的喜爱和信任,通过社交媒体平台自发形成的社群;也包括由企业基于和消费者直接互动的诉求,通过社交媒体平台引导创建的社群。品牌社群的营销价值,就是通过互联网和社交媒体将消费者和消费者、品牌和消费者连接到一起,激发品牌和消费者的互动,提升消费者对品牌的关注度和价值认同,并将消费者的品牌价值认同转化为品牌口碑、品牌消费和品牌忠诚,从而达到提升产品营销的短期效果和提升品牌价值的长期效果。品牌社群是品牌和消费者价值共创的载体,而价值共创是品牌社群的目标。

整体而言,品牌价值共创,就是企业和用户/消费者对于品牌价值的协同创造,体现在协同生产和协同传播两大方面:第一,在协同生产方面,企业需要不断激发消费者参与生产,善用来自用户的创意和创新力,带动产品和服务创新,从而提升品牌价值;第二,在协同传播方面,企业需要不断激发消费者的分享热情,善用品牌社群加强和消费者的互动,促进口碑营销和社会化传播,带动传播理念和方式的创新。品牌营销传播的过程,是企业、媒体、用户多元主体共同参与、协同创造的结果。正如北京大学陈刚教授在《创意传播管理》中强调的"创意传播管理",就是发挥营销传播各主体的互动关系和协同力量,将创意内容的生产、用户的互动参与、企业的营销管理结合,实现品牌价值共创[①]。

第三节 商业模式重构和营销管理创新

一、商业模式和营销的关系

创新是一个扩散过程,网络中特定节点的创新,通过节点间的交互产生创新扩散效应,带动网络整体的创新,也被称为创新网络的外部效应[②]。移动互联网和大数据推动营销传播突破了原有的媒体传播框架,将信息、数据和技术的创新价值从企业外部的营销传播系统延伸到企业内部的生产管理系统,是一个创新的传播扩散过程。移

---

① 陈刚,沈虹,马澈,孙美玲.创意传播管理:数字时代的营销革命[M].北京:机械工业出版社,2012.
② 程立茹.互联网经济下企业价值网络创新研究[J].中国工业经济,2013(9):82-93.

动互联网的融合创新,网络、终端和应用的结合,催生了许多集信息传播功能、营销服务功能和交易支付功能于一体的新型服务模式和商业模式,将技术创新的影响向更多产业延伸[①]。比如微信就是典型代表,微信既是信息传播的媒体平台,又是品牌的营销传播平台,还是电商消费和支付服务平台。移动互联网塑造了"产营消一体化"的营销系统,信息流、服务流、价值流相互作用和相互转化,使营销的创新和商业模式的创新相互交织、深度融合在一起。

营销的目标是为了实现用户价值,商业模式是描述特定组织的商业逻辑和价值实现方式的概念工具。由哈佛大学教授约翰逊等撰写的《商业模式创新白皮书》中指出,商业模式包含客户价值、企业资源和能力以及赢利方式三大核心要素,也就是说商业模式就是研究如何通过企业内外部各资源要素的整合,提升企业价值创造的能力和效率,更好地实现用户价值。以用户价值为中心,营销创新和商业模式创新交织到一起。这也印证了德鲁克说过的那句被企业管理奉为经典的话——"企业的竞争就是商业模式的竞争"。

营销模式和商业模式的创新是一个相互促进、相互激发的过程,二者的目的都是让企业能够创造和实现独特的用户价值。一个新型商业模式能够推动营销传播的创新,而只有通过营销传播的创新,新型商业模式才能够成立。商业模式创新为营销传播创新提供了支撑,加强了营销创新的广度和深度,而营销传播创新是商业模式创新的动力和加速器。企业在思考商业模式时,应当结合营销传播创新来思考;在进行营销传播创新时,应当着眼于企业未来的竞争力,从商业模式创新的高度去制定营销策略。

移动互联网时代的产品和服务已经密不可分,软件和硬件也已经密不可分,硬件产品必须结合软件应用和信息数据服务,才能让用户和市场接受。这也是"软硬件一体化"商业模式在移动互联网时代迅速发展和普及的原因。苹果手机正是这种"软硬件一体化"商业模式的开创者。苹果用充满艺术感的产品设计和流畅体验,加载音乐、娱乐等内容服务,为用户提供了时尚消费体验。苹果分布在世界各大城市的体验店更成为各地的时尚坐标,成为体验营销的典范。苹果手机从表面来看是营销的成功,但苹果的成功营销背后,是它对手机、娱乐、内容产业的商业模式的整体颠覆。苹果手机通过终端硬件和操作系统连接到 App Store(应用商店),而 App Store(应用商店)既是一个汇集了由第三方开发商提供的海量内容和应用服务的集成平台,又是一个面向

[①] 工业和信息化部. 移动互联网白皮书(2014). [R/OL]. http://www.miit.gov.cn/n11293472/n11293832/n15214847/n15218338/16046442.html.

海量用户的分发平台,用户可以通过苹果手机、平板电脑、笔记本电脑、手表等多元硬件同步连接到 App Store(应用商店)。苹果通过这样一个服务集成和用户分发平台,为用户提供个性化的内容和服务定制,并且通过信息和数据的实时同步,满足用户在不同场景的使用需求和服务体验。软硬件一体化,就是将产品、信息和服务一体化,是移动互联网时代营销创新和商业模式创新完美结合的典型体现。苹果开创了智能终端的软硬件一体化的商业模式,三星、小米等智能手机在某种意义上说都是复制苹果模式。

同样诞生于美国硅谷的电动车品牌特斯拉,也是将硬件技术、软件服务、体验营销融合为一体的典型。特斯拉在硬件技术上使用电池动力、智能控制和充电网络来实现汽车的驾驶功能;在软件技术上使用大数据和云服务,既能为驾驶者提供实时的天气、导航等服务信息,又能通过传感器收集和分析驾驶员的体征信息(体重、体温、坐姿甚至情绪等)和行为信息(驾驶记录、行车目标等),提供行车安全建议,从而为用户提供个性化、定制化的服务体验。智能手机、智能汽车等智能终端产品,将产品体验和信息服务贯穿到用户从品牌接触、产品使用到消费体验的全过程,本身就是营销模式和商业模式的创新。

营销模式和商业模式,在用户价值创造和实现这一核心逻辑上实现有机统一,而这一统一的基础正是基于企业价值网络。企业搭建价值网络的能力,就是连接企业内外部资源、创新产品和服务、创新营销传播、建构一体化商业模式的能力。通过商业模式和营销模式的互动创新,实现用户价值、企业价值和品牌价值等整合价值的创造和实现(如图 4.5 所示)。因此,无论是营销传播的创新,还是商业模式的创新,都与价值网络的运营和管理相伴相生,搭建价值网络的能力成为移动互联网时代的企业生存发展的必然要求。

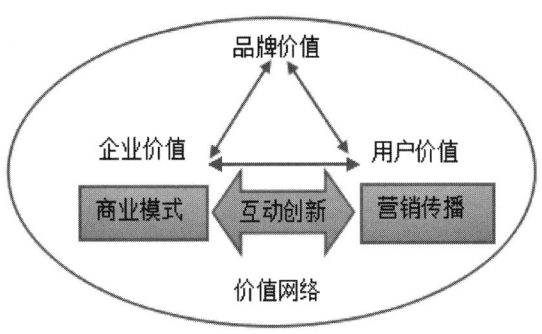

图 4.5 营销模式和商业模式的互动创新机制

二、商业模式重构和营销管理创新

大数据是企业价值网络的运行基础。企业通过组织内外部的信息和数据连接,将需求和生产连接、产品和服务连接、不同的产品和业务连接,建立多向连接互动的关系和价值网络,以服务为核心提升生产营销各环节的协作效率,提升不同产品和业务线的资源共享与协同程度,带动企业的商业模式和组织管理革新。网络的连通性加上大数据的流动性,使得信息传播和数据交互的价值从企业外部的营销、传播系统延伸到企业内部的生产、管理系统,使信息流不断转化成服务流和价值流,提升企业整体的价值创造和创新能力。

依托互联网、移动互联网平台以及大数据技术,企业的内部和外部价值网不再是割裂的,而是实现整合和贯通,打造整合营销创新优势和管理创新优势的整合价值网络。小米手机,作为国内智能手机公司的代表,一方面通过互联网社交平台和粉丝营销打造品牌,另一方面,在智能硬件、操作系统、大数据和云服务、电商等各条业务线上进行营销模式创新和商业模式创新,将价值网络的广度和深度不断延展,从而形成产品和营销、软件和硬件、终端服务和大数据不断协同创新的价值网络和营销管理创新体系。

第一,以粉丝参与为核心的产品创新思维。小米手机在生产研发环节,以MIUI论坛为研发平台,聚合粉丝用户参与生产,并且根据用户的参与度将用户分成不同层级,包括直接参与开发的用户、参与测试的用户、参与体验和主动传播的用户等,充分激发每个用户的积极性和创造力,由核心用户带动普通用户,在粉丝内部形成聚合力和传播力,形成自组织的传播效应。MIUI论坛不仅成为粉丝贡献创意、参与生产、主动传播的社群互动平台,也成为小米不断进行产品、服务和用户管理的后台。小米以MIUI系统为核心推出各种软件服务,实现软硬件一体化的产品和服务研发,并且同步收集和分析海量用户的需求和行为数据,成为小米对接用户需求和生产研发的交互管理平台。小米将手机的成功模式进行复制,在激发粉丝参与过程中不断获得新的创意,开发多元产品线,推出了小米电视、小米路由器、小米电源等系列产品。

第二,以粉丝营销为基础的品牌创新思维。小米搭建了完善的粉丝营销体系,通过微博、微信、即时通信工具"米聊"等社交平台和粉丝亲密互动,提供实时响应和互动服务。不仅有小米的官方微博微信账号,还有小米的创始人雷军和黎万强的个人微博账号,每天更新内容,和小米粉丝互动,充分践行"和粉丝做朋友"的服务口号,提升粉丝的信任感和忠诚度。小米还充分利用粉丝的自组织力量在各地举办线下推广活动，比如"爆米花""小米同城会"等，通过线下活动进一步加强小米和粉丝的情感联系，线上线下结合将营销传播效应最大化。

第三，以生产营销精准对接的渠道创新思维。小米手机的销售渠道也主要通过互联网平台，包括小米官网以及各大电商平台，并且采用网上预售制，根据预售量按单计量地外包给硬件工厂加工，实现按单生产和零库存管理。小米的网上预售和粉丝营销形成呼应，一方面营造"饥饿营销"的传播效应，另一方面检验粉丝营销的销售转化率，实时调整营销策略和生产进度。由此，小米以粉丝参与和粉丝营销为核心搭建了自生产、自传播、自消费的一体化创新营销模式，一方面极大提升了产品和品牌创新的能力；另一方面通过各个环节的协作，把生产、营销、渠道这些传统工业的高成本环节的成本都压到最低，提升了"高配低价"的产品优势和"高口碑低成本"的营销优势。

第四，建构价值网络，创新商业模式。近几年来，小米在手机业务之外，重点拓展视频内容和智能终端业务。2014年邀请新浪前总编辑成彤加盟，负责视频内容战略；2015年投资18亿元入股爱奇艺，成为百度之后的第二大股东；投资多家智能硬件商，和"美的"达成战略合作，布局智能终端业务，并同步推出小米电商，加强自有营销渠道建设。随着产品和业务的多元化，需要后台技术和管理系统的支撑，小米自2016年起重点布局大数据管理和云服务系统，开始"大数据＋云＋终端"的平台运营商的战略转型。

小米手机于2010年创立，用短短不到8年时间，总融资额超过20亿美元，品牌估值超过450亿美元。2015年，小米手机的国内销量超过6000万台，销售额超过1000亿元；2016年，在全球智能手机增量放缓的影响下，小米经历了短暂的增长缓慢；2017年，小米凭借产品功能升级销量重新大涨，进入全球手机品牌销量前五，并开拓了印度等国外市场，为进入欧美市场做准备；2018年，小米手机成功上市。小米手机成长速度之快，是中国移动互联网产业和智能手机产业的奇迹。小米的品牌目标不仅是智能手机，而是建造"以粉丝营销和社群经营"为基础，以"软硬件一体化"商业模式为核心，以"大数据、云服务、智能终端"为延展的商业生态，即价值网络（如图4.6所示）。如何加强核心产品和服务价值、形成粉丝忠诚和持续参与、发挥价值网络的协同效应，是小米保持持续发展势头的关键。

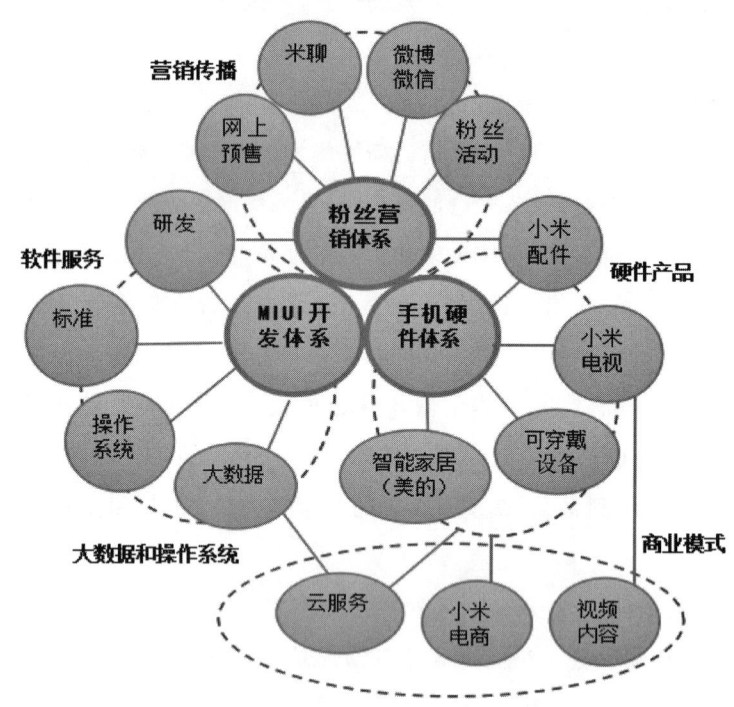

图 4.6 小米手机的价值网络和营销管理创新

三、未来营销传播管理的创新格局

北京大学陈刚教授的《创意传播管理》一书中,曾展望过"营销传播管理"对于企业发展的重要性:对互联网海量碎片化信息的管理,对内容数据库和生活者(用户)数据库的管理,使传播成为企业发展的核心环节,传播管理已经从营销推广层面上升到企业的战略管理层面,改变了企业的组织机制,影响企业的整体发展[①]。

随着移动互联网和大数据的发展,营销传播的管理对于企业的价值,不仅是广告、公关和活动,也不仅是营销、服务和渠道,而是在于信息数据资源在企业整个生产营销运营系统中的运用。可以说,互联网和大数据重新定义了商业体系和营销系统。营销传播管理的创新,应该突破常规的媒体传播管理框架,着眼企业的产营消系统,通过开掘信息传播和数据交互的力量,进行营销系统的创新。

信息传播和数据交互的价值将从企业外部的传播系统、营销系统进一步延伸到企

---

① 陈刚,沈虹,马澈,孙美玲.创意传播管理 CCM:数字时代的营销革命[M].北京:机械工业出版社,2012:65-67.

业内部的生产系统,促进整个生产经营系统的连通和交互。实际上,企业生产系统的信息化和数据化,在互联网时代已有一定程度的发展,但那是基于企业自身标准化生产和成本控制的需求驱动,无论是数据规模还是数据流动性都非常有限。而移动互联网时代,用户消费系统的网络化和数据化高度发展,逆向推动企业生产系统和产业领域的网络化和数据化加速发展。消费互联网的日趋成熟带动产业互联网的发展,产业互联网就是将大数据作为生产要素,将企业的生产系统从以"流程"为核心带向以"大数据"为核心,改变企业的商业模式和组织管理方式,进而促进产业升级[①]。

未来的商业体系中,不仅仅是产品和服务附带了"信息和数据"功能,企业生产运营过程中的每个环节也附带了"信息和数据"功能。信息传播和数据流通的价值,从用户消费系统进入企业的营销系统,进而进入企业的生产系统。以互联网、移动互联网为依托,以信息传播和数据交互为资源,以营销管理为主线,搭建起了企业的整体价值网络,通过企业内外部的信息流、关系流、服务流、价值流的交互转化,实现价值创造和价值创新,并由此形成了"云+网+端"的商业管理体系。

"云":大数据存储在"云"上。"云"技术是服务器、网络、数据存储和软件四种关键技术的总称,是提供交互连接和异地存储的基础资源设施,"云"就像一个巨大的资源池,像水电气等资源存储的方式一样,可以按需取用和按量支付租金,以获得各种互联网资源和服务,非常灵活便利。"大数据"和"云"密不可分,大数据和云计算技术的结合,实现大数据在"云"上的集成处理和开发利用。大数据的核心优势是可量化、可分析、可管理。个人化的需求、行为、情感体验可以数据化,组织化的生产运营、营销传播、产品服务也都可以数据化。社会、经济领域的数据化可以推动信息透明、优化运行效率、提升服务水平、促进科学决策。消费需求的敏锐洞察、研发生产的效率提升、营销传播的机制创新、组织管理流程的优化,都有赖于云端集成的数据资源的开发和应用能力。

"网":全面的"网络化"。如本书反复论述的,互联网、移动互联网、社会网络、物联网等多重有形、无形网络的融合,使新技术的融合创新能力、信息和数据的传输共享能力、资源和服务的整合优化能力得到不断提升。全面的网络化和实时的连接交互,使数据的流动性不断增强,大数据在多重网络平台上成为流动的"活数据",只有流动的"活数据",才能被调用和挖掘。各行业之间,行业内各系统、环节之间,不同协作主体之间,信息流、数据流不断产生交互,进行有形和无形的价值创造。

"端":产品和服务的"终端"和"界面"。服务是营销传播的重要概念,服务模式的

---

① 田溯宁.未来 20 年:产业互联网的时代[J].商学院,2014(4):62.

创新,成为营销传播创新的重要内容。构成服务创新的四大要素包括:服务概念、用户界面、服务传递系统和技术选择,用户界面和服务传递成为创新的重要环节[①]。移动互联网带来"一切都是终端"的产品景象,带来"软硬件一体化"的服务景象。多元化的智能硬件包括手机、平板电脑、智能可穿戴设备、智能家电、智能汽车等一切媒介"终端",是企业触达用户的渠道,而在硬件上附加的软件应用和信息数据,是企业为用户提供服务的"界面"。企业在为用户提供产品服务的同时,通过"终端"和"界面"实时收集用户大数据,捕捉用户动态反馈,并实时传递给企业内部的生产和营销部门,进行信息和数据的整合分析,及时进行用户需求的洞察、产品功能的优化和服务的响应;此外,"终端"还可以延伸为"节点",企业可以在生产营销和服务的各个流程节点,通过技术和软件的开发,与用户进行信息和数据交互,增加和用户互动的机会,通过交互节点的分解和控制,让用户可以参与到生产营销流程的各个环节,可以随时表达需求、定制营销服务、查询物流进度、反馈和分享消费体验,等等。总之,"端"既包括用户连接上网的硬件终端,又包括用户获取信息和服务的软件应用"界面",还包括企业生产营销过程中各个"节点"。"端"的价值就在于交互,通过点对点、端对端的数据信息交互,来提升整个网络的价值创造和服务创新能力。

用户使用的终端产品、应用服务、过程体验是"前端",不同的前端对应不同的需求和场景;企业的生产管理是"后台",企业提供产品和服务的过程可以分解成不同的节点,不同的节点相互连接,又都可以和用户连接,进行用户互动和实时响应。前端和后台二者相互协同,前端提供信息数据,为后台提供决策支持和行动指示;后台提供产品和服务,为前端提供实时化、个性化服务体验。

"云网端"的营销管理创新,就是以营销和传播驱动的,实现智能化生产、互动化营销、一体化服务的创新管理体系(如图 4.7 所示)。网络化连接和大数据资源形成的信息流和服务流,在生产、营销、消费相关联的社会经济各系统、各环节之间流转,通过节点连接和数据交互,促进关系流和价值流的转化和实现,推动产营消一体化的商业形态的加速实现。

"云网端"的营销传播创新格局将加速推动产营消一体化形态的实现。生产和营销的对接,其实是最朴素、也最难实现的商业理念。在互联网和大数据技术的推动下,产营消一体化的商业形态将会真正实现。消费系统的网络化和数据化得到高度发展,逆向推动生产系统的网络化和数据化加速发展,泛传播的价值从消费端延伸到生产端。以德国工业 4.0 为代表的工业互联网,就是将大数据技术运用到生产营销过程中

---

① 任锦鸾.创新机理:以媒体行业为例[M].北京:科学出版社,2011:42-43.

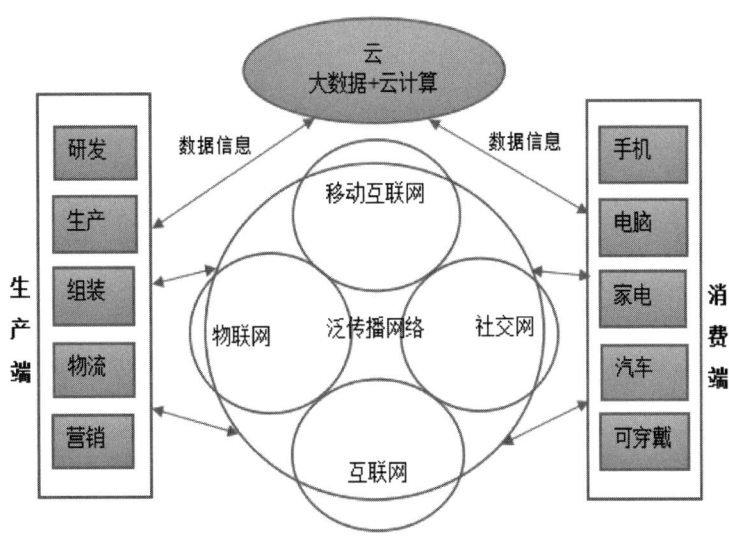

图 4.7 "云网端"的营销传播创新格局和管理体系

的研发制造、加工组装、物流销售等各个环节,建立智能化、数据化、个性化的组织管理系统,其目标是提供高效的用户需求解决方案,实现柔性化生产和个性化定制。

红领集团可以说是国内积极推进"工业互联网"的典型代表。红领服饰从 2003 年开始用大数据技术改造生产营销管理系统,用了十多年的时间,投入数亿元资金,从传统服装企业成功转型为拥有智能化工厂和定制化协作平台的互联网工业品牌,形成了智能定制和工商一体化(C2M,Customer to Manufacture)的创新模式。

第一,大数据驱动的智能工厂。红领的智能工厂,将海量用户特征和需求数据依靠大数据技术进行建模分析,能够根据用户下单时提供的信息,自动完成设计制版、工艺匹配、面料选择、裁剪加工、配套入库等全流程,并自动分配工序和指挥工人协作,使生产流程的各个环节实现个性化需求匹配和精确化生产控制。智能工厂的核心就是将大数据技术全面应用到生产系统的各个环节,将个性化定制、智能化生产和自动化管理结合在一起。红领智能工厂平均 7 个工作日就能完成单件定制服装的生产,日均产量能达到 1500—2000 套,而成本只是非定制服装的 1.1 倍。

第二,以"定制"为核心的协作平台。定制的核心是需求信息、生产信息、服务信息的实时交互。红领建立了名为"酷特"的定制生产协作平台,实现用户、红领员工、定制服装、生产线之间的交互协作。首先,在营销环节,该平台上提供的款式、布料、工艺、配件等产品数据,能提供 90%以上的个性化组合,供用户自由选择搭配和自主进行个性化设计,并实时生成真人着装效果图。其次,在加工环节,用户和员工可以实时在线沟通，进行需求调整。最后，生产过程各环节的员工也通过该平台进行对接、协作、管理和监控。

红领通过智能工厂和定制协作平台，将消费者和生产者进行实时连接，通过任务分解、信息交互和节点控制，实现生产和营销过程的实时对接和自动管理，极大降低了中间环节的沟通成本、渠道成本和交易成本，通过信息流和数据流的管理，实现用户价值和企业价值的最大化。产营消一体化，促进了品牌和用户的协同创意和价值共创，并且从创意设计，到定制生产，到物流配送和售后服务，让每一个节点都成为品牌和用户之间的"交互界面"，实现透明、高效的"可视化"生产营销管理，增强用户的参与感、信任感、体验感，真正实现了个性化定制、智能化生产、人性化服务的产营消一体化。

第五章
移动互联网营销传播的创新模式

第一节 创意营销传播模式(Creative)

一、娱乐化、人文化的创意精神

在前文第三章探讨泛传播网络的时候,笔者论述了移动互联网环境下广告内容化的发展状态。广告内容化是说广告和信息流融为一体,广告以"去广告化"的创意形式呈现时,才能吸引用户的眼球,取得良好的用户体验和广告效果[①]。那么,广告究竟如何以内容的形式出现？如何将创意和内容结合在一起？究竟什么是好的内容创意？这个问题成为创意营销传播的首要问题。

创意的评判标准只有用户,人性有多复杂,标准就有多复杂。根据马斯洛的需求层次理论,生存和安全是人的较低层次的需求,爱和归属的情感需求、自我实现的精神需求和价值追求是人的较高层次的需求。好的创意必须能够唤起和激发人的情感需求和价值追求,主要体现在娱乐精神和人文情怀两大方面。

(一)娱乐精神

早在大众传播时代,娱乐性就是大众传媒的重要功能之一。英国传播学者史蒂芬森(William Stephenson)在《大众传播的游戏理论》一书中提出:大众传播的最好的一

---

① 乔均,金定海,陈刚.模式与路径:中国广告业的创新与发展[M].南京:江苏凤凰科学技术出版社,2017:117-123.

点是允许人们沉浸于主动的游戏之中,能够给人带来快乐,会让人忘我地投入,比如观看影视、玩电子游戏,甚至阅读报纸这种严肃的活动也带有游戏的成分[①]。传播的游戏理论,从心理学的视角强调人们在传播活动中的自由、投入和愉悦等传播体验,即传播快乐(communication-pleasure)。以娱乐性为核心,并融合互动和分享的内容创意在移动互联网时代更能契合年轻用户的心理需求。娱乐和社交已经渗透到品牌营销的内核,品牌借助社交平台,用富有娱乐精神的创意互动,来激发用户主动参与和分享传播,制造娱乐文化和社交快感。而且,移动互联网的实时性和交互性特征,促使娱乐营销更热衷结合热门事件和热点话题,增强传播时效,激发社交能量,提升营销传播效果。

麦当劳品牌坚持"快乐"理念,全球30%以上的麦当劳餐厅都设置了儿童乐园,"开心乐园餐"一直是其畅销产品,麦当劳小丑的人物形象也一直深受大众喜爱。当电影《阿凡达》2010年最早在国内掀起3D热潮时,麦当劳就在广州开设了以"开启快乐之门"为主题的3D画展。麦当劳作为传统的快餐业品牌,以娱乐为品牌精神,擅长运用各种最新的互联网技术、平台和应用,将线上线下的娱乐场景、消费场景和社交场景结合,契合一切社会热点策划和制造娱乐体验。在2014年世界杯期间推出AR虚拟现实场景游戏,用户用手机下载麦当劳的游戏应用,扫描薯条盒就可以体验虚拟和现实场景结合的踢球游戏(如图5.1所示)。2016年网络直播刚刚兴起时,麦当劳推出线下活动"奇趣玩具展",并联合网络直播平台YYLive推出"奇趣直播"活动,在年轻粉丝间掀起直播社交热潮。

图 5.1 麦当劳的世界杯 AR 游戏广告

---

① 刘海龙.大众传播理论:范式与流派[M].北京:中国人民大学出版社,16-17.

杜蕾斯品牌在娱乐化营销上也率先尝试并推出很多成功案例,其营销传播的表现可圈可点。由于文化和法律方面的限制,杜蕾斯这种特殊产品很难进行传统广告营销,只能另辟蹊径,利用社交媒体开展娱乐营销和创意营销,将性知识、性话题融入幽默娱乐的营销策略中,利用微博平台打造了"小杜杜"的拟人形象。2011年夏季的北京暴雨成为杜蕾斯开展微博营销并"一战成名"的契机,杜蕾斯在大雨期间发布了一条"将安全套套在鞋上,就可以当雨鞋穿,不用弄湿球鞋了"的微博,配上展示的图片,以其幽默的创意加应景的时机立刻引起粉丝响应,其微博发布一小时内转发超过1万次,当周转发超过9万次,成为新浪微博当周转发热门榜第一名,"杜蕾斯鞋套"事件因此被评为当年的"年度十大营销经典案例"。

娱乐和体育具有很强的融合性。2014年世界杯期间,杜蕾斯又利用微信平台发起"杜杜大力奇迹足球赛",推出HTML5版微信游戏,用户进入游戏页面后,只需轻轻点击或者摇一摇,就可以将足球射向杜蕾斯的安全套球门,在球飞向球门的过程中可以欣赏各种世界景观,还可以邀请朋友一起参加在线比赛,看谁射得更远更准,还可以通过游戏获得积分兑换奖品(如图5.2所示)。杜蕾丝用富有娱乐和社交精神的玩法,利用社交平台激发用户参与互动和主动传播的极大热情。

图 5.2　杜蕾斯的世界杯微信游戏广告

每届世界杯足球赛都会成为品牌传播和创意营销的"博览会"。阿迪达斯在世界杯期间用"短视频广告"巧妙展示了世界杯用球的进化史,通过球的快速滚动和各届世界杯用球的图案变化,形象地刻画时间的流逝和足球的进化,构思巧妙,创意简洁,将娱乐和体育精神糅合在一起,使阿迪达斯的品牌精神得到很好的展现,该视频广告在Twitter和Facebook上的转发率非常高(如图5.3所示)。

图 5.3　阿迪达斯的世界杯微视频广告

娱乐和明星新闻更是密不可分。2015 年 5 月 29 日,娱乐明星范冰冰和李晨在微博上发布"我们"的超短文案和二人合照,以此公布恋情。本来是一条纯粹的娱乐八卦新闻,但是却引发了各大广告品牌主的迅速反应和集体围观。在范冰冰的微博发布后不到一小时的时间内,先后有联想、杜蕾斯、高洁丝、滴滴打车、1 号店、招商银行、杰士邦、小米手机、麦当劳、可口可乐、TCL 手机、哈根达斯等十多个品牌,竞相推出以"我们"为内容创意的微博广告,并且配上拟人化的产品形象展示,形成一场品牌营销的社交狂欢(如图 5.4 所示)。

图 5.4　各大品牌的"我们"体微博营销(2015.05.29)

"娱乐是一种直指人心的情怀和体验,虽然不少人担心娱乐盛行世风日下,但是娱乐就是娱乐,它满足了人的基本需求,有它独特的、完整的生态,娱乐营销有其时尚性、人性化、互动性、趣味性等特点,既隐蔽又锐利。"①

"在体验经济时代,以制造娱乐体验为基础的娱乐营销,对于塑造企业和品牌的形象,拉近品牌和粉丝的关系,促进产品的销售都有着重要的推动作用。"②

(二)人文情怀

好的内容创意,不仅能让人内心愉悦,更能唤起人心深处的某种人文情怀,引发情感共振和价值认同,这也是科特勒的"营销3.0"所倡导的人文精神和价值驱动营销的核心思想。人文情怀,比娱乐精神更关注深层次的精神需求和价值认同。注重人文情怀的营销传播,将富有人文精神、情感价值的品牌精神,以品牌故事的形式传达给消费者,唤起消费者内心的情感共鸣,激发消费者的主动参与和社会化传播。

2002年红塔集团原董事长褚时健,在75岁高龄时创业种植橙子,历经十年,2012年开始着手进行品牌营销,通过以微博为主的社交媒体推广其个人水果品牌"褚橙",以其乐观积极和稳重踏实的励志创业者和企业家形象,收获了大量的企业家粉丝和普通的网民粉丝,成为社交媒体的话题热点。阿里巴巴的马云、万科的王石等很多知名企业家都以拜访褚时健向其请教创业和企业管理经验为荣。2017年是褚时健创立"褚橙"的第15个年头,也是他90岁高龄,褚时健因此被媒体亲切地称为"90后创业者",这位特殊的90后,在媒体都在热议其即将退休的时候,又推出了新产品"青春版"褚橙,再次向粉丝们诠释了什么是永远年轻的创业者精神。

诞生于美国硅谷的电动车品牌特斯拉,其创始人是有"科技狂人"之称的马斯克,是和乔布斯一样的"天才"。马斯克创建了全球最大的在线支付服务公司PayPal、全球第一家私人太空探索技术公司SpaceX和电动车品牌特斯拉。马斯克和他的科技产品,充满了科技理念、造梦精神和探索人类生存方式的人文情怀,带有强烈的故事性和话题性,塑造了一个又一个"品牌神话",收获了大量的科技发烧友粉丝。2018年年初,马斯克的SpaceX公司成功发射了猎鹰重型火箭,这是全世界民营公司历史上发射成功的运载能力最大的火箭,为重型火箭商业运载之路开创了新纪元。马斯克几乎从不为自己的产品打广告,但是他个人和他的科技产品却总是自带话题效应,成为媒体主动报道的热点,他的创新精神也一直被粉丝津津乐道,他的产品成为融合科技理念、人文情怀和创新精神的品牌代表。

---

① 根据湖南卫视芒果TV副总裁曹阳的访谈整理。
② 根据36氪创始人兼总裁刘成城的访谈整理。

(三)公益精神和社会责任

除了创业、科技、创新这些人文精神能够引发粉丝共鸣,还有公益慈善和社会责任。以公益和社会责任为精神内核的营销传播,加上人性化、富有情感性和感染力的创意手段,更能激发粉丝用户的情感共鸣和价值认同,提升品牌传播的影响力、传播力和延续性。这也是越来越多的企业重视社会责任营销、公益营销的原因。

2014年7月从美国开始流行的"冰桶挑战",由一名患上渐冻症的棒球选手发起,旨在通过社交平台让公众了解渐冻症并募集捐款,要求参与者在社交网站上发布自己被冰桶浇透的视频,然后点名邀请其他人来参与,被邀请者要么接受挑战,要么就捐款100美元。冰桶挑战一经推出,在美国得到名人、明星和公众的积极参与,并且迅速传入中国、日本、韩国等。据美国媒体报道,冰桶挑战有近200万人参与挑战、超过250万人捐款,总捐款金额达1.15亿美元。冰桶挑战在社交平台的传播广度、速度和粉丝关注热度非常高,其主要原因有:第一,冰桶挑战的参与方式具有娱乐性和创意性,无论是挑战者体验一桶冰水从头浇下的刺激感,还是线上和线下观众围观挑战的期待感,还是邀请和被邀请者的互动参与机制,等等,娱乐精神的融入让这场慈善和公益活动成为一场"社交狂欢",对于加强公众对渐冻症的了解和对渐冻症患者的关注起到了良好的推动作用;第二,冰桶挑战充分运用明星效应和粉丝互动,在美国有微软的比尔·盖茨、Facebook的扎克伯格、NBA的科比等科技、娱乐、商业等各界名人的参与和推动,其后传入中国,经由百度李彦宏、小米雷军、360周鸿祎等科技名人及刘德华、吴奇隆、周杰伦等娱乐明星的参与和推动。名人和明星作为社交平台的意见领袖,具有强大的传播聚能和扩散效应,加上此次公益营销因为娱乐元素的加入,迅速拉近明星和粉丝的距离,激发了粉丝的热情关注和社交传播。

2015年华为荣耀手机赞助了明星陈坤的"行走的力量"团队,发起了公益营销。"行走的力量"是陈坤发起并联合众明星参与的长途行走活动,已经连续举办五年,每次都在社交媒体上掀起强大的话题传播效应。华为荣耀成为陈坤行走团队的深度合作伙伴,在团队成员经历恶劣环境、身体负荷和通信信号微弱的挑战过程中,充分展现了其手机通信、续航、拍照摄像和音视频的强大功能和优良体验。陈坤本身是个公众形象健康、富有人文情怀的明星,他表达过他组织行走活动的初衷和理念:"行走是一种心灵公益,它传递一种精神,像一颗种子一样,会在所有接触它的人心中生根发芽,激活内心力量。"华为荣耀的品牌理念和行走活动的精神内涵有着高度的契合性,旨在鼓励年轻人敢于挑战和追寻梦想。

2015年3月央视前主持人柴静推出纪录片《穹顶之下》,针对社会关注热点雾霾问题,用数据化的调查报道和娓娓道来的语言风格,在微信朋友圈被广泛传播。2018年4月,曼秀雷敦乐敦眼药水品牌,在世界读书日期间,契合"全民读书"的主题,携手网易新闻,发起"阅读网易新闻,给乡村孩子送一本书"的公益读书计划。网民参与此次活动,每在线阅读浏览一页网易新闻,就可以兑换一页纸质图书,累计越多,兑换的书越多,并捐赠给乡村的孩子。该活动通过线上广告植入、邀请明星参与互动、线下地铁广告投放等多种渠道、多种形式融入乐敦眼药水的品牌,提醒大家在阅读时注意保护视力,在公益营销里很好地融入了商业品牌形象,并通过低成本、易操作的参与环节,最大限度地激发了用户的参与度。

二、多向度、多维度的议程设置

议程设置是大众传播时代传播学的重要理论之一,其主要含义是在媒体渠道有限的情况下,媒体资源的控制者掌握了传播权,对信息的筛选和流向具有强大的控制能力。到了互联网时代,传播结构越来越扁平化,议程设置理论并没有失效,而是具有了新的特征,传播的议题呈现多元化、分散化特点,议程设置转变为话题引导。话题引导,既强调特定主体如企业对传播活动的发起,又强调特定客体如用户的主动参与,是一个双向互动和影响的过程。企业作为营销传播的发起者,需要富有创意性和策略性地引导话题,才能吸引用户参与,收到良好的传播效果。好的品牌都是善于制造话题的。而到了移动互联网时代,不仅传播的主体更加多元化,传播的内容也更加实时化,信息和话题瞬间变化,传播的时空场景也更加复杂化,多种时空场景重叠交错。这些都对移动互联网和社交媒体平台的议程设置与话题引导带来了更加复杂的挑战。

移动互联网和社交平台的议程设置具有多向度、多维度的特点。多向度是说,要善于从多元传播主体中发现热点议题,监测议题性质,引导议题导向,包括企业、用户、媒体多种主体,而企业又包括合作伙伴和竞争对手,用户包括核心粉丝用户和一般粉丝用户,媒体包括大众媒体和自媒体,等等。多维度是说,要针对不同的用户群体、不同的营销阶段、不同的传播时空场景进行不同的议程设置和话题引导,制定不同的营销传播策略。

褚时健在营销其"褚橙"品牌的过程中,始终以"青春励志"为主题,与褚时健本人的年龄和阅历形成强烈反差,吸引了粉丝和媒体的热烈关注。褚橙品牌的营销议程设置和话题引导主要包括三个层面。第一,用明星制造话题。褚橙曾邀请蒋方舟、赵蕊蕊等80后名人拍摄系列励志故事,在视频网站、微博等社交媒体平台进行营销传播。还邀请微博大V品尝褚橙,并且在褚橙的包装盒上巧妙策划,印刷上个性化定制的祝福语,比如快递给韩寒的褚橙箱子里只放了一个橙子,箱子上印着"复杂的世界里,一个就够了",此幽默加创意之举,经韩寒个人微博发布后,微博阅读和转发超过300万人次(如图5.5所示)。第二,用褚时健的传奇经历和创业故事,吸引传统媒体、自媒体的积极采访报道,塑造其充满激情又稳重踏实的创业者加企业家形象,加上褚时健的个人魅力和健谈性格,他在接受媒体采访时经常会语出金句,引发年轻粉丝的强烈共鸣。第三,利用企业家群体的影响力进行话题引导和品牌传播,阿里巴巴的马云、万科的王石等企业家都以拜访褚时健、向其请教企业管理经验为荣,褚时健的个人品牌在企业家群体中有着独特的影响力,甚至在商界掀起了企业家卖水果的热潮,比如柳传志卖"柳桃"、潘石屹卖"潘苹果",等等。

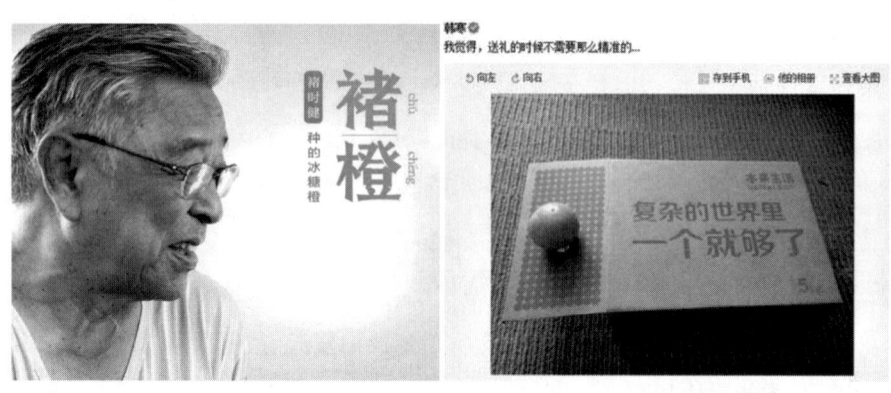

图 5.5 "褚橙"的微博营销传播创意

马斯克和他的特斯拉品牌,虽然拒绝传统的广告营销,但是非常善于利用社交媒体,把握社会热点和重要事件,通过名人效应、话题策划和粉丝口碑进行品牌传播。号称以马斯克为蓝本的电影《钢铁侠3》上映,成就了特斯拉的免费品牌营销,电影上映后马斯克就被冠以"钢铁侠"的称号,电影的热映和马斯克的话题同时引爆社交媒体传播。特斯拉的粉丝用户里有很多知名的企业家和创业领袖人物,包括谷歌创始人拉里·佩奇和谢尔盖·布林、电影明星施瓦辛格,新浪CEO曹国伟、小米创始人雷军、阿里巴巴副总裁俞永福等,强大的名人效应有力地带动了特斯拉的品牌传播。特斯拉进入中国后,着力运营其微博和微信账号,不断激发粉丝互动,比如和粉丝讨论未来汽车概念模型,讨论如何用更经济的方法充电,鼓励粉丝贡献节约能源的创意等。特斯拉还通过官网、微博和微信宣布免费开放其专利技术,旨在鼓励更多汽车厂商加入电动汽车开发和保护能源环境的社会行动中,此举引起广泛热议,进一步提升了其集科技、创意、社会责任于一体的品牌形象。马斯克在猎鹰重型火箭发射时,还在火箭中搭载了一辆特斯拉汽车,通过特斯拉的车载电视直播火箭发射过程,将一个全民瞩目的社会事件和自身的品牌营销完美地结合。可以说,马斯克是一个具有创新精神的科技狂人,更是一个具有创意精神的营销高手,他深谙议程设置和话题引导之道,将粉丝关注的热点和产品品牌的卖点进行了巧妙的融合,打造了兼具人文和科技特色的品牌营销典范。

三、互动化、社交化的创意触达

营销创意不仅需要娱乐化、人文化的精神内涵,还需要互动化的创意表达,并且能够激发用户的社交分享,即创意"触达"。创意触达是将故事、内涵、人文、情感等内在精神有效传递给用户/消费者的渠道方式和"触发点"。在本书第二章分析移动互联网媒介的营销传播价值时指出过,移动媒介为营销传播提供了多元化、实时化的"接触点",而这个"接触点"就成为创意营销的"触发点",能够引发用户从关注、态度到行为的转变。移动互联网的重要营销传播价值,就是提供了多元化的移动终端和实时化传播"接触点"。移动互联网和多元终端让传统营销传播中的稀缺资源——"接触点"变得非常丰富。微博、微信的信息流、公众号和服务号,手机客户端,游戏小程序,等等,都可以成为营销传播的创意触达用户的"接触点"。

广告业界把营销传播的媒体渠道分为三类:一是自有媒体(Owned Media)如企业官网;二是付费媒体(Paid Media),即付费购买的媒体广告;三是可占有媒体(Earned Media),即社会化媒体。移动互联网营销传播平台在付费媒体广告之外,增加了多元化的自有媒体(移动 App、企业微博、企业微信等)和可占有媒体(微博粉丝圈、微信朋友圈等),而且自有媒体也正在往社会化媒体平台发展。基于社交平台,企业和用户具有更多元化的"接触点"和更实时的互动关系。多元化的传播"接触点"和实时化的社交分享,成为营销传播创意的传播载体和发挥空间,将营销传播的创意要素和新技术元素紧密结合,将创意展现、交互体验、社交分享等融为一体,极大提升了营销传播的效果。这也促使广告主越来越"远离"传统的广告和公关传播方式(付费媒体),越来越"热衷"运用社交平台(自有媒体和可占有媒体)互动来进行创意化、社会化传播。

互动是网络营销传播区别于传统营销传播的最主要特征,移动互联网和社交媒体的融合,使互动分享成为移动媒体传播的标配功能。传统广告是推送式、劝服式广告,关注消费者与产品的关系,而互联网的互动式、参与式广告,关注的是消费的场景和体验,以及消费者和消费者的关系[①]。在互动、参与、分享的过程中,消费者的审美感受

---

① 丁俊杰.新时代与新广告[J].中国广告,2016(07):105.

由"观看""欣赏"转向"参与""体验"。用创意化的内容、互动化的话题或活动,融入消费者的生活场景,或者吸引消费者融入营销活动的场景,并且引发消费者的社交分享。

微信已经完全渗透进我们的生活,即时通信、新闻阅读、社交分享、互动游戏、电商支付,等等,微信用多元化的功能几乎覆盖了我们任何一个生活场景。微信在互动营销传播方面也做了很多尝试和探索。微信发展初期的信息流广告,是以各媒体订阅号的内容植入和页面 Banner 的广告形式出现,在本质上其实类似传统媒体的版面广告,是一种推送式广告。随着微信的用户规模和用户活跃度越来越高,后来推出"朋友圈"社交广告,将基于大数据的精准营销和基于内容创意的互动传播结合在一起,通过精准定位和创意激发,充分利用朋友圈的社交关系,形成互动化、社会化传播。2015 年春节前,微信推出第一批朋友圈广告,分别是宝马、可口可乐、VIVO 的品牌广告(如图 5.6 所示)。宝马以一句"越是期待已久,悦是如期而至"的广告文案,呼应了关于微信朋友圈广告的话题讨论,构思巧妙。文案配图是富有中国元素的"BMW 之悦"的"悦"字画面,点击后可进入 HTML5 技术制作的动态广告页面,通过用户点击交互讲述宝马车友的故事,并且在结尾处鼓励粉丝转发分享,寓意"从独乐乐到众乐乐"的分享精神。可口可乐的广告贴近春节主题,广告设计和创意元素更加醒目直接。而 VIVO 智能手机的广告用富有诗意的文案和具有美感的画面来加强品牌传播。从宝马中国提供的数据看,从 1 月 25 日 20:45 广告上线到 26 日 0:00 点,宝马广告的定向推送、社交转发的总曝光量超过 5000 万,还不包括用户点赞以及评论的数量,宝马中国的微信公众号新增粉丝 20 万[①]。而且宝马的此次信息流广告后续又形成了粉丝自发的话题传播,比如"谁没在朋友圈看到宝马广告,谁就是屌丝""可口可乐的命,宝马的心"等趣味话题,形成二次传播。

图 5.6　微信的首批朋友圈广告:宝马、可口可乐、VIVO 手机

---

① 该数据根据微信广点通产品总监刘强的访谈整理。

四、交互化、极致化的广告体验

广告创意的终极目标不仅仅是传达品牌信息,而且是制造独具品牌精神和品牌价值的用户体验,激发用户的认知、情感和行动。广告体验,是"触发"品牌和用户之间进行互动的最直接"按钮",也是激活社会化传播的最关键"按钮"。好的广告创意体验,能够让用户在极短时间内对品牌进行关注和深入互动。

互联网时代的网站广告体验,注重运用动画(Flash)、音视频流媒体等技术,提供多媒体的广告视觉体验,被形象地称为"富媒体广告";发展到社交网站的原生广告,注重广告本身和传播环境的协调与融合,在视觉体验层面提升了广告体验的层次;发展到移动互联网广告,在追求广告及其传播环境的视觉体验之上,更注重的是用户深度互动和社交分享体验,通过增强广告创意中的产品和用户、用户和用户之间的交互感,追求广告体验的极致化。而对广告体验的极致化要求,需要技术手段的强有力支撑。技术元素对于营销传播的价值,已经从后台延伸到了前端,即从后台的大数据支撑延伸到了前端的互动体验支持。

移动广告的交互技术最具代表性的就是 HTML5 技术。HTML5 技术是 HTML 网页标准的第五次重大技术升级,其主要性能是具有超强的技术兼容性、超大的数据储存能力以及多媒体的展示特性,能支持视频、动画、3D特效的多媒体展示,又能支持触觉和体感交互、重力感应等多种交互技术,而且能在不同的操作系统和设备上流畅运行,并自动适配不同大小的手机屏幕,在传播体验上非常适用于移动平台推广。HTML5 技术催生了很多营销创意和交互体验,并且以其支持多媒体展示和多功能交互、支持跨平台运行和跨终端播放、支持实时体验和转发分享等诸多技术和体验优势,其应用领域已经从移动广告发展到移动应用,相当于一个功能强大的 App,被业界形象地称为"轻应用(Live App)"。HTML5 版 App,既拥有传统 App 的多媒体展示和交互体验优势,又节省了传统 App 下载占用的时间和手机内存,后台基于云端存储和运行,无须下载安装,即开即用、实时互动,而且有效解决了传统 App 对不同操作系统的开发成本、不同终端的适配成本和不同平台的推广成本等问题。微信后来推出的"小程序",类似 HTML5 的原理,可基于微信平台直接运行,无须下载,可替代传统 App 和服务号的功能应用,被各品牌商用于产品和服务推广。

营销传播的重要目标是提升用户对于品牌的认知和体验,吸引用户主动分享,最终形成社会化传播。运用 HTML5 技术开发的移动广告应用,可以很方便地实现互动体验和转发分享,对于社会化营销传播具有重要推动作用;而且可以实现跨平台的流畅运行和用户互动数据收集,对于营销传播效果的监测和评估具有重要作用。从交互体验到社交分享再到效果监测,将移动广告的核心价值融合到一起。比如联想推出的 HTML5 版手机上市微信广告,运用体感交互技术进行创意互动,用户"摇晃"手机可以使屏幕上羽毛飘落,轻轻"点击"可以使屏幕上气球膨胀等,通过一系列的触觉、视觉等体验交互,增强用户对于产品轻薄性能的感知体验,激发用户积极互动和主动分享,并同步收集和分析用户数据(如图 5.7 所示)。

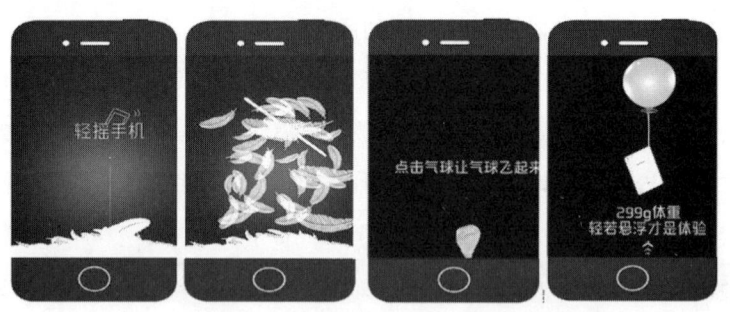

图 5.7 联想"小 S"超薄智能手机上市 HTML5 微信广告

伊利牛奶在 2017 年年底,契合冬季场景,以温暖为主题,和网易联手发起了以"冬天热杯牛奶,温暖你爱的人"为主题的移动营销活动。伊利在网易新闻客户端发布 HTML5 的创意广告,用户首先看到主打情感营销的广告创意,在进入温暖的情景氛围后,被自然引导互动,用双手的"焐热"动作,以及屏幕显示的温度提示,逐步体验"温暖"的感觉,然后可以分享给朋友,分享的人越多,温度就会继续升高,当温度显示升到 60 摄氏度,就可以到线下专卖店领取一杯牛奶(如图 5.8 所示)。整个 HTML5 广告创意动人,场景切换流畅,交互体验一气呵成,吸引了近百万人参与在线互动,有力推动了伊利的品牌传播和产品销售。

微信平台的功能模块大量使用 HTML5 技术,更加速了 HTML5 技术在移动广告营销领域的应用普及。特斯拉、宝马、可口可乐、维多利亚的秘密、联想等知名品牌都推出 HTML5 技术的移动广告应用,在微信平台取得了很好的社会化传播效果。HTML5 技术被广泛应用于品牌传播、新品发布、会议邀请、互动游戏等多种营销推广领域,一方面促进了广告传播的创新,涌现出很多创意化的移动广告应用;另一方面使广告传播对媒体的依赖度越来越低,广告借助多样化交互技术和灵活化的跨平台运行,实现自由、便捷、高效的传播。

图 5.8　伊利牛奶的"温暖行动"HTML5 手机广告

总结如上四个层面的分析，娱乐化和人文化是营销创意的内涵精神和核心价值，是营销传播的基础；针对不同的粉丝群体、不同的媒体渠道、不同的传播时空场景，进行多向度和多维度的议程设置与话题引导，是创意的核心策略；满足用户的情感需求和价值追求，激发用户的社交分享和社会化传播，是将营销创意触达用户的关键节点；而极致化的广告交互体验是创意的终极目标，成为最终"触发"品牌和用户之间建立关系和情感沟通的"按钮"，也是保持用户留存度和活跃度的关键。由此，从基础层面的"内容价值"，到策略层面的"创意表达"，再到操作层面的"多元触点"和"交互体验"，最终到达用户，激发用户互动参与和社会化传播，形成了层层递进的创意化、社会化营销传播的模式（如图 5.9 所示）。

图 5.9　创意营销传播模式

"营销传播的核心是创意,这个核心在移动互联网时代也没有改变。创意借助创意的内涵、表达和交互体验的呈现,更能打动消费者的心。传统广告的创意,更多的是靠广告人自身对于消费者的感受力和想象力,现在有了大数据技术分析,有了多媒体交互手段,技术可以充分为广告创意服务,让广告在艺术和技术之间找到了良好的平衡。"[1]

第二节 场景营销服务模式(Context)

一、场景感知和精准适配

罗伯特·斯考伯(Robert Scoble)在《即将到来的场景时代》一书中指出:移动互联网带来了场景时代,移动场景包含大数据、移动设备、社交媒体、传感器、定位系统五大核心技术要素,这些要素的综合作用改变了用户的行为方式和企业的运营方式[2]。彭兰在《场景:移动时代媒体的新要素》中将用户在移动场景中的行为分析要素总结为:空间环境、用户实时状态、用户生活惯性(历史状态)、社交氛围(社交关系和需求状态)四方面[3]。技术进步的本质是为人的需求服务,场景化营销服务的实质,就是基于移动设备和定位系统对用户所处的环境进行分析,基于传感器对用户实时状态进行分析,基于大数据对用户兴趣和行为图谱进行分析,基于社交媒体对用户的关系网络进行分析,通过多维度的用户行为分析,充分理解和洞察用户所处的场景,为用户提供最具针对性的服务体验。

移动终端和传感器是场景化营销服务的核心技术。移动终端伴随人的移动,提供随时随地联网的入口;而传感器是一种微型化、智能化的信息感知和监测设备,能够实现信息数据的自动监测、交互处理和智能控制。移动终端加载了传感器,就好像在终端上附加了视觉、触觉、听觉等感官,成为人体的超级延伸,可以敏锐捕捉和处理空间环境的信息,充分体现了麦克卢汉的"媒介是人的延伸"的思想。

移动终端加载了传感器,成为人和环境进行实时交互的媒介枢纽。一方面:移动终端可以让人随时随地地联网获取信息和服务,使人具有了感知环境的超强能力;另一方面,与此相对,无所不在的终端,通过加载传感器,可以感应和收集人的行动和状

---

[1] 根据现代传播集团市场总监王硕的访谈整理。
[2] 斯考伯,伊斯雷尔.即将到来的场景时代[M].赵乾坤,周宝曜,译.北京:北京联合出版公司,2014:11-12.
[3] 彭兰.场景:移动时代媒体的新要素[J].新闻记者,2015(3):20-27.

态,让周边的环境更加感知人的需要,为人们提供更加人性化、智能化的服务。前者是用户主动获取信息和服务的行为,后者是终端自动进行数据收集的行为,二者有效结合,实现个性化、精准化、智能化的传播服务适配,从而极大地提升营销传播的服务体验(如图5.10所示)。

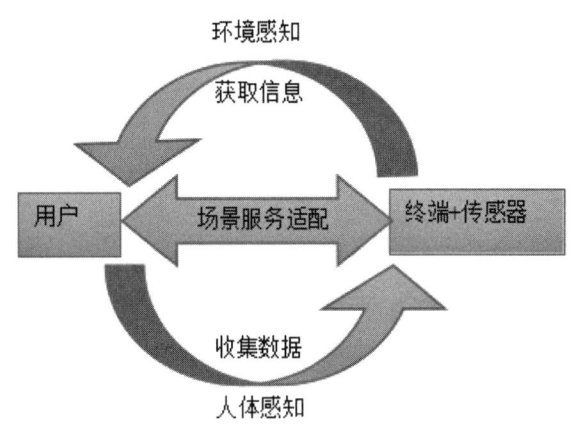

图 5.10　场景感知和场景服务适配的传播原理

例如,城市广场的户外电视屏可以实时采集和分析过往人群的行为特征,来适时调整播放的品牌广告,国外还出现了户外广告屏通过传感器来捕捉实时的天气、温度变化,以及路过的行人的性别、动作、表情等状态信息,通过实时动态的数据分析和匹配,来进行个性化的广告展示。智能家电将不同房间的家电联网,实时感应和分析用户在家居过程中的行为与状态,对温度、角度、服务等进行自动调节适配。还有智能汽车可以通过移动互联、智能传感、大数据技术的结合,为驾驶员提供实时的天气、导航、路况等服务信息,还可以收集分析驾驶员的体征信息(体重、体温、坐姿甚至情绪等)和行为信息(驾驶记录、行车目标)等,据此提供行车安全、健康方面的建议和引导,而这正是车联网的意义。总之,场景感知让人和物、人和环境有了更直接、更自由灵活、更人性化的连接和交互,将营销传播中最重视的用户体验提升到极致。

二、场景模拟和用户体验

场景模拟比场景感知更能体现营销传播的主动性和创意性。越来越多的企业推出的移动广告应用,运用 LBS(位置服务)、GPS(导航)、VR/AR(虚拟/增强现实)等技术进行场景模拟设计,将品牌和产品的形象与信息植入用户特定的场景中,利用多媒体、全景式(3D)、动态化的展示形式,给用户带来参与式、浸入式的场景体验,增强用户的参与感和真实感,吸引和引导用户在场景中体验产品功能、感受品牌精神。

以VR/AR技术为代表的场景模拟,将现实场景和虚拟场景进行融合展示,充分体现了场景的建构性价值,为用户提供了个性化的场景体验,也为移动应用和营销传播提供了无限的想象力和创意空间。例如,迪士尼乐园近十年以来一直致力于研发VR/AR技术在娱乐设施的应用,通过游乐园内现实场景和虚拟场景的结合,来设计更多游客互动体验。游客可以通过智能头盔和3D眼镜,在经过每个景点时获得更多的实时交互信息,感受虚实结合的场景体验。迪士尼乐园利用VR/AR技术既可以为游客提供更具创意的场景体验,又可以实时收集游客的互动感受和反馈,来进行娱乐产品和服务的研发设计。

由于场景的空间感、体验感和可塑性,很多拥有实体店的品牌,都开始运用场景模拟技术,进行品牌传播、互动娱乐和体验消费相结合的一体化营销。例如,宜家运用AR技术开发的移动应用,用户通过该应用浏览和选定某款家居产品后,用手机摄像头拍摄家中的场景,就能通过AR技术立刻看到该款产品摆放到家中的3D效果图,还能通过旋转手机角度来变换产品的展示角度[如图5.11(a)所示]。日本东京水族馆运用AR和GPS技术开发了一款移动应用,用户在东京任意地点打开该应用,就能看到水族馆的企鹅卡通形象为用户导航,一路引导和陪伴用户到水族馆参观,让地图导航变成趣味十足的互动体验[如图5.11(b)所示]。运用场景模拟的移动应用,极大地提升了用户在消费过程中虚拟和真实交织的体验感,获得互动娱乐和消费服务融于一体的独特体验,这种独特体验能直接有效地引导消费者的消费决策和消费行为过程。

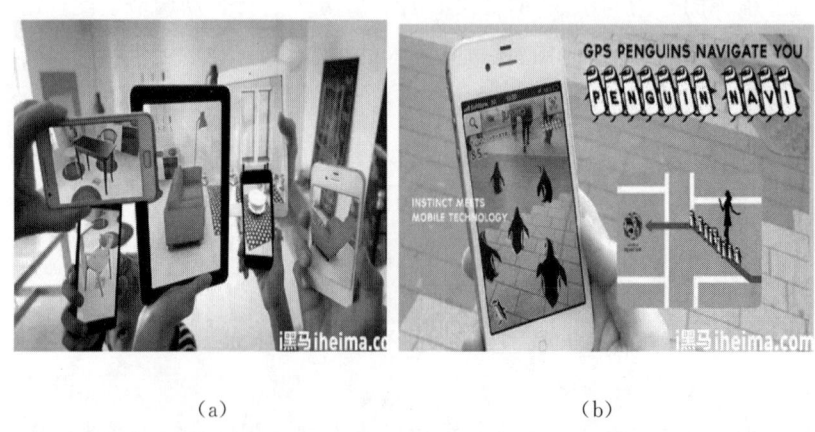

(a)　　　　　　　　　　　　(b)

图5.11　宜家、东京水族馆的AR移动广告应用示意

场景应用不仅可以提供用户个体的交互体验,还可以把社交分享元素结合进来,加强用户群体互动的体验。社交已经成为移动应用的"标配"功能。将社交场景融入

营销传播中,能充分激发用户的互动参与和社会化传播。宝马旗下的品牌 MINI Cooper 在 2010 年最早推出将 AR(增强现实)、LBS(位置服务)、GPS(导航)技术结合的移动广告应用,充分融入"移动""社交""娱乐"等场景要素,打造了移动营销的经典案例(如图 5.12 所示)。用户下载 MINI Cooper 的 App 应用,就能看到地图上距离自己所在的位置不远处有一台虚拟的 MINI 车在闪烁,鼓励用户奔跑起来和其他用户一起"抢夺"这台 MINI 车,最终获胜者将得到真实的 MINI 新车大奖。MINI 此次移动营销活动吸引了全球 90 多个国家的用户参与,在瑞典、日本等地都曾出现上千人在街头奔跑的壮观情景。参与游戏的用户还在社交平台上互相讨论奔跑心得和抢夺攻略,形成社会化传播效应。通过场景化应用和社交互动极大地提升了用户的参与感、娱乐感和社交体验,MINI 品牌的挑战精神也通过用户互动参与得到了生动而广泛的传播,并直接带动了产品销售,据相关资料统计,MINI 在瑞典推广当季销量增加 108%。

图 5.12　MINI 品牌的"AR＋LBS＋GPS"移动广告应用示意

三、场景串联和需求引导

在泛传播网络中,线上和线下、真实和虚拟的场景交融,不同的场景可以在特定的条件下实现组合、叠加和交融,比如在乘坐地铁时进行手机购物,一边和家人看电视一边刷手机玩朋友圈,等等。移动互联网通过真实和虚拟场景的连接与融合,延伸了场景的边界,提升了场景的建构性价值。

相比互联网建构的虚拟的、有限的、有明确边界的场景,移动互联网的独特性在于场景的关联性和延展性,既可以针对不同场景提供不同的信息和服务,又能满足人在场景之间移动的动态需求,利用不同场景之间的时间关联和空间关联,对用户的潜在需求、关联需求进行分析和预测,有效引导用户需求,提供"由单点到全线"的关联化、一体化、人性化的服务。移动互联网塑造了移动化的消费者,形成了即时性、动态性、持续性的移动消费周期,改变了企业的营销服务方式,在消费者的移动生活过程中,有众多的场景、众多的接触点可以进行营销传播,引导和激发消费者的消费行为。企业的关联化、持续化、一体化的营销服务能力成为营销传播创新的发力点。

移动搜索作为用户的信息入口,可以抓住用户主动表达需求这个内容信息场景,将用户的搜索行为(包括搜索、浏览、查询等)和消费行为(预订、支付等),甚至社交行为(评论、分享等)关联起来,为用户提供一体化的信息传播和营销服务。用户在移动端的信息搜索比PC端的信息搜索目的性、实时性更强,要么是处于消费决策的最后阶段,要么是基于实时位置的即时需求,具有更强的激活消费需求和引导消费行为的营销效果。以移动搜索为起点进行一体化延伸服务,可以更实时、更精准地把握用户需求,更有针对性地引导用户,提供更加移动化、实时化、本地化的服务。例如,百度基于移动搜索的发展,2014年推出"直达号"服务,根据用户的移动搜索需求,进行精准匹配,直接推送"商家服务页面",提供信息查询、地图导航、在线订购一体化营销服务。"直达号"实现了从"客户需求"到"消费服务"直达路径,满足了用户在移动端的即时性、便捷性服务需求,是将广告、内容、服务三种属性有效融合的场景化应用,正逐步被快消(导购支付)、餐饮(预约订餐)、旅游(在线预订)、医疗(预约挂号)等行业广泛应用①。

场景的关联性和延展性,使得场景服务无所不在。对于营销传播而言,从人们的衣、食、住、行、工作、学习、娱乐、社交等生活中的任何一个场景切入,再将相关的场景进行连接和组合,就会激发出新的商业模式和营销服务机会。正如中国电商委员会秘书长吴声在其《场景革命》一书中指出的:构建场景的条件包括时间、地点、人物、状态、产品、服务等各种要素,移动互联网把一个个碎片式场景连接和融合起来,实现了更广、更深的连接,建构了全新的商业和社交关系,形成了全新的商业模式和价值形态②。

移动互联网建构了人们生活过程中的碎片化场景,使得某些特定场景因为和用户发生关联的时间过短而损耗价值。我们大多数人都有即时性购物消费的经历,比如旅途或日常出行路上偶遇的小店,还有电商平台上的促销打折活动,让我们产生即时性甚至冲动性消费。碎片化场景加即时性消费,使得品牌和用户的接触点和接触机会变得偶然而难以把握,这就使得碎片化串联的价值变得很高。如果能把碎片化场景连接

---

① 根据百度营销咨询部总经理刘伟的访谈整理。
② 吴声.场景革命:重构人与商业的连接[M].北京:机械工业出版社,2015:45-47.

起来,推出适合的应用服务,对于用户和品牌方都具有宝贵的价值,既能让用户便于管理自己的消费过程和行为,又能让品牌方增加和用户接触的机会。

例如,携程的移动应用,先从旅行订机票的场景切入,抓住人们在旅行中可能面临的各种场景,推出地图查询、酒店预订、机场和酒店之间的订车服务、航班延误险的购买支付、天气查询、旅行社预约服务等,建构起全方位一体化的旅行场景服务[①]。还有2012年年底上线的滴滴打车移动应用,抓住人们出行打车这一特定场景,将用户的打车需求和出租车司机的拉客需求这两个移动场景需求对接起来,将地图、定位、导航等多项技术结合起来,为用户提供移动化、本地化服务。而且,滴滴打车将打车场景进行横向延伸,将打车前的预约和打车后的微信支付进行关联,提供便捷的一体化服务。嘀嘀打车在积累了较大用户规模后,又加入了打车后群发红包的社交场景,之后又推出在线预约和拼车服务,把分享和社交场景进一步延伸放大[②]。

四、场景转化和自动服务

场景转化是场景关联的一种延伸形式,主要是将线上的信息服务场景和线下的消费场景相互关联转化,也就是O2O(Online to Offline,线上到线下)模式。线上线下的关联转化,既包括从线上到线下,提供购买和支付通道,让用户线上支付后到线下进行消费或体验服务;也包括从线下到线上,将线下的消费场景关联到线上,让用户在线下体验后,通过线上下单支付来完成消费。在移动互联网时代,线下实体店能提供真实的购物和服务体验,但又要面临消费者通过手机实时在线进行查询比价、只看不买的"展厅现象"的挑战,因此提供实时的、自由的、便捷的营销服务成为营销者的必然选择。

线上线下的关联转化,为用户提供了便捷的一体化信息通道和支付手段,建立了信息服务到消费支付的自由化、自动式的营销传播服务模式。将线上与线下的服务结合起来,是移动化营销服务的重要方向。线上线下的转化,最常用的方式就是利用二维码扫描和移动支付等技术手段,让用户的消费服务体验变得唾手可得、实时可得,既可以节省时间提升效率,又可以为用户提供移动化、自动式的服务体验,让营销服务变得更有趣和更自由。二维码之所以在移动互联网时代非常流行,就是契合了用户在移动场景的即时性需求,通过随时随地"轻轻一扫"的动作,让用户体会到实时获得信息和服务的趣味与便利。二维码和移动支付给用户带来的自动化服务体验,一方面使用

---

① 根据携程旅行网市场部总监汤澜的访谈整理。
② 根据滴滴打车市场总监李敏的访谈整理。

户在消费过程中,能够避开销售服务人员的"干扰",直接和信息、产品、服务进行自动化、智能化交互,享受更自由便捷的服务;另一方面使人和物的关系更加自由灵活,让用户可以随心所欲地支配和管理自己的消费行为,获取更自主、自由的消费体验。

国内电商品牌1号店,把韩国乐购(Tesco)旗下的连锁超市HomePlus推出的地铁"虚拟超市"广告形式引入国内,在北京、上海、广州的城市地铁站推出"虚拟超市"灯箱广告,方便用户在等待地铁的时候用手机随时扫描"虚拟货架"上的产品二维码,就可以直接下单支付,享受送货上门服务。微信和杭州的上品折扣实体店合作推出的"微信体验店",将线上服务和线下消费进行充分融合,用户可以在实体店内使用微信支付来支付购买,也可以在支付后不带走商品而指定送货地点,还可以将商品扫描后加入手机购物车收藏,在离店之后可以随时使用微信支付来付款和要求送货上门。微信此次和实体店的合作,在于推广微信支付的服务理念和方式,就是让人与物的互动和交易关系更加自由灵活,让用户在线上支付线下消费的自由转换过程中获取更人性化的体验。

日本快时尚品牌优衣库非常注重实体店的营销策略和用户消费体验,同时又擅长利用移动平台进行营销传播,将用户引导到实体店体验。优衣库早在2010年就曾和人人网合作推出过"幸运排队"(Uniqlo Lucky Line)游戏App,让用户选择虚拟的卡通形象参加排队,赢取各种奖品和优惠券,引导用户到优衣库线下实体店消费。契合移动互联网的发展,优衣库及时推出了移动电商App,并在天猫上开设旗舰店,实现了线上虚拟店和线下实体店的同步销售。不过优衣库的电商App区别于其他品牌的特点在于:其他品牌大都采取线上价格低于线下价格的电商推广策略,而优衣库始终坚持线上线下价格同步,没有将移动App作为单纯的促销平台,而是作为品牌传播和新品发布的窗口。这种线上线下统一价格的策略,一方面避免了线上和线下渠道对于用户的争夺和分流;另一方面,将线上和线下渠道的体验进行区分,满足用户的不同时间和地点的不同需求,用户既可以享受线上电商的便利,又可以到享受线下实体店的购物体验,而且不必花时间比价。优衣库既在线上App里通过品牌和新品展示来引导线下消费,又在实体店内通过海报、货架上随处可见的二维码,引导消费者扫描下载优衣库App,获取更多商品信息,并可以直接下单支付,这样让消费者在实体店也能享受自动、便捷的移动服务体验。无论是线上还是线下,一切以消费者的便利化、人性化体验为中心,为消费者提供一体化的服务体验,这也是服务营销的本质[①]。

综上,基于移动场景的营销传播服务是移动互联网营销传播创新的终极指向,场

---

① 本案例根据优衣库中国区总经理潘宁的访谈整理。

景化营销传播服务模式包括场景感知、场景模拟、场景关联、场景转化四个关键步骤，每个步骤都通过技术元素和创意元素的交互融合，达到针对不同场景提供不同服务和体验，从而实现具有匹配度和富有人性化的营销传播服务目标（如图5.13所示）。

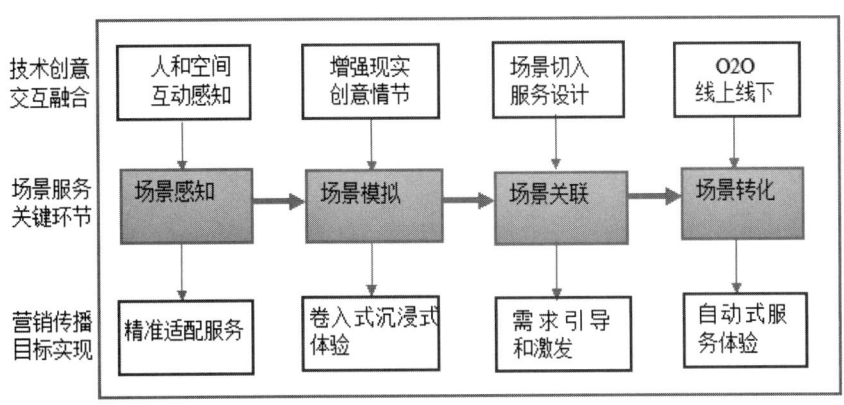

图5.13 场景化营销服务的创新模式

基于时间和空间要素，敏锐把握用户的个性化需求，精准适配用户所在的特定场景，提供信息、产品和服务的定制，并将多元的场景进行创意的关联和便捷的转化，激发和引导用户需求，创新服务模式，提升服务体验，成为移动媒体未来的创新方向，也是移动互联网营销传播创新的终极目标。场景营销的本质就是研究人和空间场景的互动关系，其焦点是研究移动场景中的人，包括人在场景中的需求、感知、行为和综合体验。场景营销将时间、地点、空间的环境要素和用户行为的实时化、个性化、综合性元素融入营销传播中，利用场景感知（传感器）、场景模拟（VR/AR）等交互技术，为用户提供精准适配的信息服务，再通过场景关联和场景转化，激发和引导消费者的需求和行为，为用户提供线上线下一体化的消费服务体验，将营销传播的体验价值提升到极致。移动互联网营销传播从信息传播功能延伸到线上线下结合的营销服务功能，是一种重要的创新。场景是营销传播的各种创新要素的汇聚空间，基于人和场景的互动关系，通过服务把人和信息、人和物、人和环境更紧密地联系起来，进行技术和创意、真实和虚拟、传播创新和服务创新的深度融合。移动媒体在内容媒体（传统媒体和网络媒体）、关系媒体（社交媒体）、服务媒体（移动应用媒体）三个方向上拓展，也就是进行信息流、关系流和服务流的形成和组织，场景本身成为其中的核心逻辑，进而可以成为移动媒体的新入口[①]。

---

① 彭兰.场景：移动时代媒体的新要素[J].新闻记者，2015(3):26-27.

第三节　品牌社群营销模式(Community)

一、品牌和用户的关系重构

营销大师科特勒根据企业和消费者之间关系的变化,把营销发展的历史分成了营销 1.0、2.0、3.0 三个阶段①:营销 1.0 时代,是"以产品为中心"的时代,企业进行标准化和规模化的生产,消费者的选择权非常有限,营销就是产品销售;营销 2.0 时代,随着市场繁荣和商品丰富,进入"以消费者为中心"的时代,消费者的主导权和选择权得到提升,企业不仅为消费者提供产品功能和服务体验,还提供情感价值,营销传播注重品牌形象和情感营销,但是营销传播的主要方式仍然是利用大众传播和广告向消费者传递信息,再利用网络平台激发口碑传播,激发消费需求,培养消费习惯,其本质仍然是企业主导逻辑;而到了营销 3.0 时代,也就是移动互联网时代,是"以人为中心"的时代,企业不再把顾客仅仅视为消费者,而是视为具有独立思想和精神的人,品牌营销的终极目标就是情感共鸣和价值认同,营销传播是价值驱动型的、注重人文精神和社会责任的社会营销。

情感交流、价值认同、人文精神正是社群的核心,人们基于共同的兴趣图谱、情感需求和价值追求连接在一起,进行信息的传播和情感的交流。企业必须成为用户社群中的一员,与用户建立直接的、实时的沟通和信任关系,与用户进行不断的协作,建立共同的价值观。也就是说,基于社群平台,消费者和消费者建立了连接,也由此,企业和消费者才能真正建立连接。

在社群平台展现的是消费者真正的需求表达、兴趣图谱和消费体验,在社群平台聚集了大量真实的、活跃的、有独立思想的用户,让企业主随时可以直接和用户进行一对一、一对多的互动。企业与消费者建立了动态的、鲜活的、持续性的连接和互动,再通过激发消费者的实时分享,与更多的消费者连接,将连接性进行无限拓展。社群不仅仅是消费者之间的直接连接,更是企业与消费者的直接连接。

"营销和传播的基础首先是把握用户需求,移动互联网时代是打破常规、快速创新的时代,用户需求常变常新、难以捉摸,敏锐地找到用户痛点就变得非常重要。用户在

---

① 科特勒,卡塔加雅,塞蒂亚万.营销革命3.0:从产品到顾客,再到人文精神[M].毕崇毅,译.北京:机械工业出版社,2014:4-5.

移动平台的实时在线状态和随时随地的社交分享,让我们能够随时观察、触摸到用户,社群平台就是开放的用户实验室,企业应该让自己成为用户,实时观察用户,融入用户的生活状态,不断试错,改进体验,不仅发现用户的需求,最终还能和用户一起创造出新的需求。"①

"互联网的历史就是社群发展史,从最早的论坛、贴吧到微博、微信,再到移动互联网时代的线上社群和线下商业服务的结合,市场正在变成微信群和QQ群的集合。社群成员之间寻找连接、分享资源、交流体验、相互协作,品牌口碑在社群中流动,品牌创意在社群中激发,品牌营销服务在社群中变现。"②

二、社群协作和产品创新

用户社群的自组织创新和产营消一体化模式,激发了用户的参与热情和创造能力,使用户能深度参与到企业的研发环节,和企业共同完成产品创新。以用户为主导的社会化生产和创新机制,蕴含着强大的生产力和创造性,成为产品和服务创新的有效路径。美国学者阿吉特·坎比尔在《协同创意:一种新的价值来源》中指出:消费者可以参与到企业生产营销过程中的各个环节,为生产和消费关系增加了新的动力,以消费者参与为基础的协同创意,使得消费者变成了企业的雇员,为企业开创了新的价值创造来源和手段③。

从用户角度讲,移动互联网和社交平台赋予了用户参与生产和创造的能力,使用户成为创新的重要主体;从企业角度讲,面对技术不断迭代、产品不断创新、消费者需求越来越个性化的市场环境,企业依靠自身力量无法应对这种创新速度,企业需要也必须让用户参与到产品创新体系中。而且,企业借助消费者参与生产,激发消费者的创新力,可以降低创新成本,提高创新效率,加速创新循环,通过产品创新带动服务创新、营销创新,乃至组织管理创新。因此,企业应该顺应这个趋势,为消费者提供参与创意贡献和协作生产的技术支持与互动平台,将消费者的群体智慧和创造能力转化成企业自身的创新能力。

小米就是充分发掘粉丝参与力量进行产品创新的典型案例。智能手机行业有"美国有乔布斯和苹果,中国有雷军和小米"的说法,但小米在生产研发模式上和苹果并不

---

① 根据互联网实验室创始人、知名IT媒体人方兴东的访谈整理。
② 根据社群经济研究院孔剑平的访谈整理。
③ KAMBIL A,FRIESEN G B,SUNDARAM A. Co-creation:a new source of value[J]. Outlook,1999(2):38-43.

同,雷军称之为"用互联网模式做手机"。小米在创立初期通过搭建手机论坛"MIUI"建立了众包式开发模式:先招募 100 个手机发烧友参与小米研发,成为小米的种子用户;再以他们为中心逐层向外拓展粉丝群,包括内部测试层(招募一千个专业测试员对新功能进行专业内测和再开发)、外部测试层(招募 1 万个粉丝测试员进行再次测试,进行优化修改)、体验层(让 10 万个粉丝优先体验新功能,并收集反馈);最终形成升级版新产品,提供给最外层百万千万量级的小米粉丝用户。就这样,小米不断地激发粉丝参与,不同层级的粉丝都能贡献不同程度的参与力量,形成圈层式、辐射扩散的粉丝社群,伴随着社群规模的扩大,小米像滚雪球一样发展起来。"小米的愿望就是激发粉丝的热情和力量,和粉丝们一起实现关于手机的一切创意想法。"MIUI 论坛上线仅半年就由各地网友自发创建了 17 个粉丝站,小米粉丝在 MIUI 论坛上发布的建议、评测日均超过 20 万条,2011—2013 年共累积了 1.3 亿条。小米凭借粉丝参与模式获得了强大的产品创新优势和口碑营销优势,通过层层扩大的粉丝规模和口碑来进行品牌传播和产品营销,以粉丝参与为核心建造了自生产、自传播和自消费的社群体系。小米 2010 年年底创立,2014 年手机年销量达 5000 万部,2015 年年销量高达 7000 万部,销售额突破 1000 亿元,2017 年小米进入全球手机品牌销量前五。小米还将手机模式进行复制,开发出小米盒子、小米电视、小米智能家电等多元智能产品。小米的成功吸引了众多投资,先后进行多轮融资,品牌估值达 450 亿美元[①]。

  用户参与带来的创新价值,不仅仅体现在产品功能的创新上,还体现在产品服务和体验的创新上,包括功能体验、设计体验、服务体验和情感体验等有形的、无形的整合性的体验价值。产品体验的创新,是产品创新的较高层次。西班牙电信专家克里斯托弗·安德松在《移动媒体和应用》中分析了移动应用产品提升用户体验的要素,主要包括把握用户体验需求、创造新的服务模式、设计服务流程、管理用户体验、及时评估反馈等环节和步骤[②]。微信就格外注重提升产品体验,从拍照、留言、转发到分享一气呵成,群功能细致到位,微支付简单顺畅,扫一扫、摇一摇等更增添了产品的趣味体验,优良的产品体验对于微信的普及起了很大的助推作用。

  "移动互联网产品,需要满足用户的移动性、便携性、即时性需求,所以对产品体验的要求格外突出。移动互联网产品的用户体验,可以从契合用户的移动情境,传递有价值的内容信息,加强交互功能的可见性、引导性和流畅度,给用户足够的信任感四个

[①] 本案例根据在中国企业家论坛上小米副总裁黎万强的主题演讲和访谈整理。
[②] ANDERSSON C,FREEMAN D,JAMES I,JOHNSTON A,LJUNG S. Mobile media and applications:from concept to cash,successful service creation and launch[M]. Wiley,2016.

方面进行提升。"①

注重产品体验,不是追求功能的大而全,而是强调把特定功能体验做到极致。苹果手机就是将简洁设计做到极致的典范。移动互联网时代,信息爆炸,产品过剩,用户有太多选择,却又常常淹没在海量信息和产品中,产品聚焦于一个功能或者设计,把细节和体验不断做到极致,才能吸引用户关注,培养用户忠诚。

"用户体验需要做减法,学会聚焦和简化,将特定的体验做到极致,并不断超出用户预期,不断给用户制造惊喜。越是简洁流畅,在无形中越能让用户记住,也越容易获得用户的反馈;越是复杂,人们就越懒得理会。"②

情感体验是产品和服务带给用户的无形化、个性化的精神层面的价值体验。所以内容类、服务类的移动应用产品,更注重情感体验和精神价值。比如微信自媒体"罗辑思维",定位于80、90后有"读书、求知"需求的年轻群体,以"有种、有料、有趣"为口号,每天早上6点准时推出罗振宇亲自录制的60秒钟音频,用别具匠心的内容选题、幽默自嘲的语言风格、亲密的粉丝互动,不断激发用户的参与度和忠诚度,聚合了大批粉丝用户,制造了独特的阅读文化和情感体验,被誉为"魅力人格体"的开创者。

"移动互联网塑造的年轻一代对事物的价值判断就是是否有趣、有爱。有趣,就是要有娱乐精神,让他们有新鲜感和兴奋感;有爱,就是让他们感受到品牌或产品的用心,一个细节设计,一次使用体验,甚至一句广告语打动了他,他就会持续关注你的产品,热心地参与其中,贡献改进的创意。这就是企业和用户双方基于产品创新协作建立起来的情感表达和情感共鸣。"③

三、品牌社群经营和品牌创新

(一)品牌社群的兴起

大众传播时期的品牌塑造,是由企业通过较长期、大规模的线上传播(广告、公关)和线下营销服务的整合营销传播手段,逐步积累品牌知名度和影响力、提升品牌价值的过程,其实质是企业主导品牌的单向逻辑和线性思维。而互联网、移动互联网时代,是追求实时互动、群体参与、社会化传播的时代,品牌价值是由企业和消费者共同主导、协同建构的过程。品牌价值取决于它吸引和联结消费者的能力,品牌价值就是企

---

① 根据36氪创始人兼总裁刘成城的访谈整理。
② 根据速途网副总裁兼速途研究院院长丁道师的访谈整理。
③ 根据罗辑思维联合创始人李天田的访谈整理。

业建立和消费者的长期关系,进入消费者的网络,吸引消费者加入品牌社群,共同参与价值创造。品牌传播的终极目标是情感体验和价值认同,这与社群生存和发展的目标一致。基于社群,品牌成为消费者群体的一员,与消费者进行深度交流和对话,吸引消费者参与到品牌建构和品牌价值创造的过程中,从而实现企业价值和消费者价值的统一。移动互联网时代,社群的遍在性和便捷性,使消费者与企业间的连接和品牌协同创造成为可能,品牌传播的方式、品牌塑造的路径、品牌价值的形成都有了彻底的改变。

21世纪初,国外学者展开关于品牌社群(Brand Community)的研究,以美国学者Muniz和McAlexander的研究为代表。Muniz认为品牌社群是对消费者社群(Consumption Community)的延伸,其实质就是以品牌为中心的消费者和消费者之间的关系[1][如图5.14(a)所示];McAlexander对Muniz的研究做了扩展,认为品牌社群是一种基于消费者体验的消费者与品牌的多元互动关系,其中包括消费者与品牌、消费者与产品、消费者与营销者、消费者与消费者四对主体之间的关系[2][如图5.14(b)所示]。两位学者的研究体现了品牌社群从"以品牌为中心"演变为"以消费者为中心",品牌社群的参与主体更加多元,品牌社群的互动更加复杂,企业需要更加注重品牌和产品给消费者带来的体验,以及核心消费者(社群意见领袖、忠实消费者)对品牌社群的影响和带动作用。

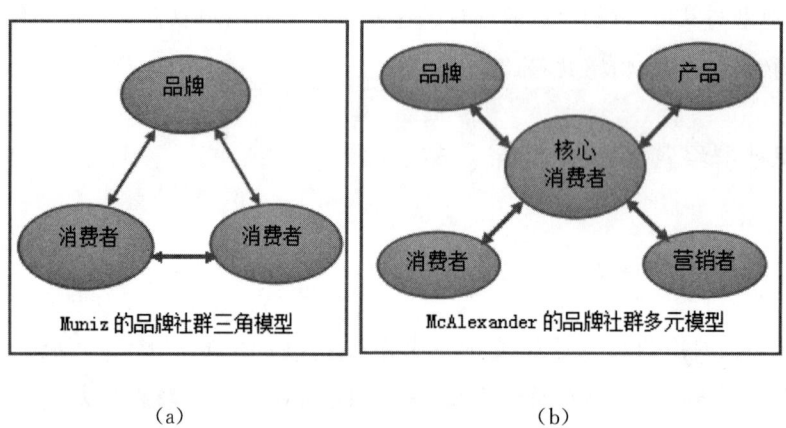

(a)　　　　　　　　　　(b)

图5.14　品牌社群的关系模型

---

[1] MUNIZ A M,O'GUINN T C. Brand community[J]. Journal of consumer research,2001,27(3):412-432.
[2] MCALEXANDER J H,SCHOUTEN J W,KOENING H F. Building brand community[J]. Journal of marketing,2002,66(1):38-54.

品牌社群是品牌和消费者协同进行品牌价值共创的平台。品牌社群有着明确的品牌意识和营销传播属性,将品牌和消费者连接到一起,以消费者参与为核心,由企业引导和组织,消费者通过社群互动对品牌产生忠诚度,并将品牌忠诚转化为持续购买、口碑传播、主动参与和贡献创意,从而达到降低营销成本、提升营销效果的短期效果,以及促进品牌创新、提升品牌价值的长期效果。品牌社群成为品牌营销传播的重要阵地。

最早的品牌社群是哈雷车友会,由全球超过150万的哈雷发烧友组成,通过哈雷车友会、哈雷大奖赛、哈雷故事会等一系列线下活动,传播哈雷的品牌精神和品牌文化,成为历史最悠久的线下品牌社群。随着互联网的普及,线上品牌社群迅速发展,比如好莱坞电影"星战迷群"、耐克的"Nike+"社群、可口可乐的"iCoke"社群、星巴克的"My Starbucks"社群,等等。星巴克的品牌社群通过微博主页、官方网站、论坛贴吧、互动游戏等一系列创意营销方式,建立了强大的粉丝团,早在2009年星巴克在Facebook的粉丝规模就排在企业类账号第一名。伴随移动互联网的兴起,各大品牌社群纷纷尝试线上和线下结合的互动营销手段,比较成功的有快时尚品牌优衣库。优衣库擅长在线上社群互动中加入本地化的促销推广,将线上传播、电子优惠券、移动支付和线下消费体验有机融合起来,通过社群互动实现品牌传播、口碑营销、广告促销的有机统一。

(二)品牌和用户的价值共创

品牌社群不仅促进了用户的参与和互动,使品牌和消费者建立了亲密互动和情感关联,更重要的是,品牌社群改变了品牌和消费者的关系,让消费者参与到品牌价值创造的过程中,促使品牌和消费者之间形成了价值共创的协同关系。

耐克作为全球知名的运动品牌,在互联网、移动互联网时代,确立了"Nike+"数字运动平台战略,运用互联网、移动终端和软件应用的功能开发,谋求从运动产品品牌到运动社交服务品牌的转型。耐克与苹果在2006年合作推出Nike+iPod跑鞋,成为最早的智能可穿戴产品。2010年耐克成立数字运动部门(Digital Sport),2012年先后推出了Nike+Basketball、Nike+Training、Nike+Running多款App应用(下载量超过1600万),2013年推出了微信公众号Nike+Run Club(粉丝量超过50万),通过这些移动应用平台为运动爱好者提供个性化、社交化的运动体验服务,用户可以和教练进行在线咨询,定制健身计划,组建跑团进行竞赛,交流跑步心得,等等。"Nike+"将跑步这项私人运动发展为社交运动,建立了集智能可穿戴设备、运动服务、社交分享功能于一体的"Nike+"运动社交服务平台,通过这一平台加强了粉丝互动,增强了品牌体验,并且通过服务模式的创新,提升了品牌价值,带动了产品和服务的创新。"Nike＋"平台汇集了大量运动爱好者和粉丝用户的信息数据、运动数据及社交数据,为耐克进行产品研发和制定营销策略提供了基础。耐克曾通过"Nike＋"的用户数据分析,发现56％的用户是女性群体,马上推出了Nike Women产品,并邀请网球冠军李娜做品牌代言;耐克还发现很多用户有夜跑习惯,于是在新品上加上了反光材料,提高夜间运动的可见度和安全性。耐克从"Nike＋"的粉丝用户中获得创意来源和创新动力,而"Nike＋"的活跃粉丝用户又成了其产品和品牌的最佳营销阵地。2015年,耐克在美国成立Fuel Lab实验室,将"Nike＋"系统开放给第三方开发者,支持更多的开发商研发更多创新应用,进一步探索"产品＋数据＋服务"创新的商业模式。耐克品牌借助"Nike＋"的社群平台,在品牌转型和创新的道路上遥遥领先。

(三)品牌社群是品牌创新的必然路径

对于相对成熟的品牌企业来说,通过搭建品牌社群将已有粉丝用户聚合起来,会激活粉丝参与度和创造力,将品牌和消费者的弱关系转化为强关系,赋予品牌全新的创意要素,使品牌焕发出新的活力。对于新生品牌企业来说,需要从社交平台切入,不断地发现和吸引潜在的粉丝用户,和粉丝一起创建品牌社群,把社群运营作为品牌塑造的最重要手段,短时间内迅速提升品牌知名度。

品牌社群是移动互联网时代品牌创新的必然路径。传统的品牌发展路径,是"先有品牌,后有社群",遵循的是"品牌—社群—品牌"的渐进式创新路径。而移动互联网时代的品牌发展路径,是先搭建社群,在粉丝互动过程中确定品牌定位和传播策略,和用户共同创造出独特的品牌,即"先有社群,后有品牌",遵循的是"社群—品牌—社群"的变革性创新路径。后者显然是实现品牌创新发展的最短路径。移动互联网时代的品牌,将不是企业单方主导的行为,而是企业和消费者在互动参与的过程中共同建构的,用经营社群的方式去创造品牌价值将成为未来的营销传播新趋势。

"消费者因为认同某个企业领袖、某一款产品所体现的人文价值,而聚集在一起,主动参与社群互动,积极贡献创意和创造力,加速品牌传播,提升品牌价值。这也是社群'魅力人格体'的意义所在。从乔布斯的苹果到雷军的小米,从罗振宇的'罗辑思维'到罗永浩的'锤子手机',再到仿佛一夜成名的黄太吉、雕爷牛腩等餐饮品牌,诞生于移动互联网时代的品牌都有着独到的个性主张和情感表达,传达着不一样的品牌价值,践行着不一样的品牌营销方式。"[①]

---

① 根据网络营销研究院院长邱道勇的访谈整理。

"因为有了社群,因为有了粉丝的信任聚合、深度参与和情感投入,品牌和消费者找到了建立连接互动、价值创造的最短路径,原本可能只是一款新产品或一种新服务,但只要有足够的闪光点和人性光辉,就有可能迅速聚集到一群追随者,短时间内激发传播效应,打造新品牌。"①

"社群成为重塑品牌价值的创新平台,运营品牌社群,要充分授权自己的粉丝,弱化管理者意识,强化服务者角色,不断激活粉丝参与,让粉丝成为品牌精神和品牌故事最生动的导演和演员。粉丝参与力量远远超过传统的广告和公关力量,粉丝的拥护决定了这个品牌能走多远。扎根于社群的品牌,表面上看,过于依赖粉丝而增加了风险和不确定性,但是从深层逻辑看,抓住最有参与感和创造力的粉丝人群,正是品牌的价值所在。"②

综上分析,移动互联网营销传播的创新,是由用户自组织社群驱动的创新,是由企业提供开放平台促进用户互动参与,由企业和用户共同协作进行的从产品到品牌的创新过程。基于社群,用户和企业的关系得以重构,建立了产品层面和品牌层面的协同创新机制,从而推动营销传播的系统创新(如图5.15所示)。

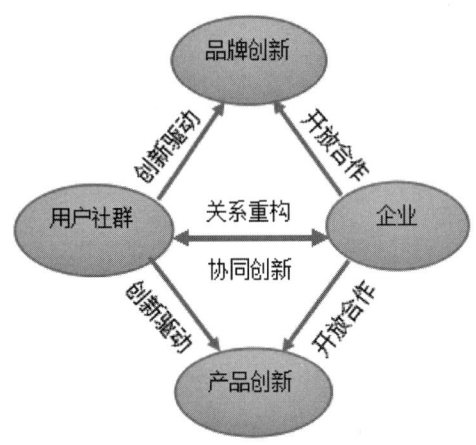

图 5.15 品牌社群营销模式

---

① 根据中国企业家论坛上黎万强的演讲和访谈整理。
② 根据金鼠标营销总裁方立军的访谈整理。

第六章
移动互联网营销传播的创新趋势和对策

第一节 移动互联网营销传播的创新效应

美国网络社会学学者李·雷尼(Lee Rainie)和巴里·威尔曼(Barry Wellman)将社会网络革命、互联网革命和移动革命并称为人类社会的三重革命,并指出这三重革命形成了新的社会操作系统(new social operating system)[①]。社会网络在互联网出现以前就存在于人类社会,网络化源自人与他人、人与世界连接的需求和愿望,而互联网、移动互联网的技术网络的发展,使人与人、人与世界的自由连接和网络化生存发展成为现实。

社会网络、互联网、移动互联网,加上正在兴起的物联网,多重网络的融合和协同,拓展了人的社会关系、企业组织的合作关系、人与产品和服务的匹配关系,促进了经济、社会领域各种信息、元素、资源的连接和流通,形成了网络经济的协同效应,形成了多元化、有形的、无形的产品和服务形态以及价值组合形态,提升了组织之间、组织和个人之间以及个人之间的价值创造能力。营销传播网络的多重网络协同创新效应,体现在资源协同、关系协同和价值协同三方面。

一、关系协同

"协同效应"(Synergy Effects)是指系统之间、系统内部节点要素之间的相互关系

---

① 雷尼,威尔曼.超越孤独:移动互联时代的生存之道[M].杨伯溆,高崇,等译.北京:中国传媒大学出版社,2015:10.

和相互作用,产生大于个体力量简单相加的效应,即产生 1+1>2 的效果。关系是网络的核心概念和基础,正是因为节点之间的连接关系,才能发挥网络的协同效应。网络化社会的主要特征包括:联系日益广泛(个体之间横向和纵向的多元连接)、群体边界日益弱化(自由协作、组织边界消融)、个体自治日益增长(个性化、弹性化、自组织性社会)①。个性化和自由协作,群体聚合和传播扩散,都是基于个体之间的广泛连接。关系的本质就是连接和联通。

传播网络是用户关系网络的驱动。在传播网络环境中,组织和个体通过不断地建构和使用传播网络,搭建自身的关系网络②。传播网络是用户关系网络和企业价值网络的连接,一方面,传播网络是海量信息的传播渠道,为用户提供信息服务和消费体验;另一方面,传播网络是海量用户数据的集成和交互渠道,为企业的定制生产、营销创意、服务创新提供信息数据和决策支持。

用户关系网络依托传播网络,拓展强关系和弱关系连接,实现了用户的外向连接和内向聚合,激发了用户的个性化和群体化双重需求,形成了各种类型的社群。用户通过社群平台进行个性表达、群体参与和协作。用户社群是营销传播创新扩散平台,通过自组织的连接、参与和协作,推动营销模式和商业模式的创新。人们通过关系网络和传播网络结合,进行信息传播,通过社交媒体进行表达和分享,通过各种移动应用和媒介工具进行社会化协作,并深度参与到企业组织的生产营销过程中。

企业通过价值网络的运营和管理,实现网络化的生存和发展,并提升企业的竞争优势和创新能力。企业通过价值网络的搭建,创新营销模式、商业模式和组织管理方式。用户的创新力直接带动企业的创新和发展,善于引导和激发用户创新的企业将获得巨大的创新动力和竞争优势,越来越多的企业主动建设协作平台并向用户开放,甚至直接采用众包式生产,在生产营销的各个环节和用户交互协作,共同创造价值。企业一方面要善于和其他企业合作,建立信息、资源的合作网络,为用户提供全方位的服务体验;另一方面要发挥大数据的生产和管理价值,实现生产营销系统的数据化和智能化,实现个性化定制、柔性化生产和精准化营销。

传播网络、用户关系网络、企业价值网络,相互连接相互影响,发挥协同效应,建构了以用户需求为中心,以信息和数据的传播服务为载体,以关系建构和价值创造为目标的网络协同关系(如图 6.1 所示)。

---

① 雷尼,威尔曼.超越孤独:移动互联时代的生存之道[M].杨伯溆,高崇,等译.北京:中国传媒大学出版社,2015:19-29.
② 范红霞.社会网络的关系流动和价值变迁[J].浙江传媒学院学报,2012,19(1):33-36.

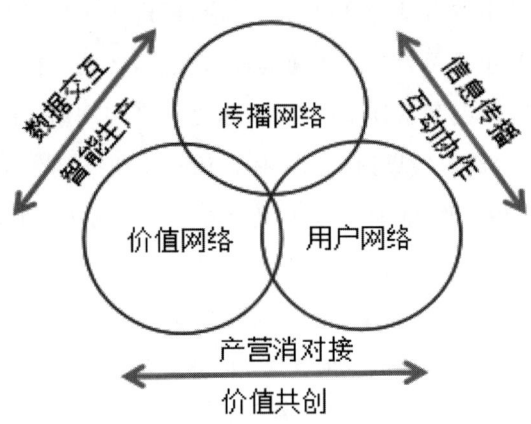

图 6.1　移动互联网营销传播网络的关系协同

二、资源协同

资源协同是指营销传播网络中以信息、数据为主的各种资源、要素的协同,以及由此带来的效率、效益和创新机会[①]。信息的传播、数据的流动,让网络节点之间的关系具有了活性,在网络中产生了活力,由此产生创新的动力。消费需求和行为的洞察、营销传播方式的创新、研发生产效率的提升、组织管理流程的优化,都有赖于对信息、数据的集成和传播。资源的协同正是基于网络融合、数据集成、信息传播和开发利用能力的不断提升而实现的。大数据在互联网平台上成为流动的"活数据",只有流动的活数据,才能被调用和挖掘,在企业、媒体、用户之间,在不同的协作环节之间不断产生交互传播,进行有形和无形的价值创造。营销传播体系的多重网络结构中,用户网络、泛传播网络、企业价值网络的连接,都是以大数据技术平台为基础建构、连接和运转的。

对用户而言,通过泛化的传播网络,通过无所不在的移动终端和无所不能的移动应用,随时随地地获取信息服务,随心所欲地获取个性化消费和服务体验,自由自在地进行社交分享,已经成为人们社会生活的常态。传播网络和用户网络的交织是信息流、关系流、服务流之间的相互转化、相互激发的过程。

对媒体而言,在泛传播网络中,媒体竞争的不仅仅是传统的内容资源,而是关系资源和服务资源,也就是精准把握用户入口,进入用户的关系网络中,为用户提供有价值、有创意的信息,并能为用户提供移动化、场景化的整合服务。媒体的创新,不是简单的推出一个 App,运营一个微博、微信账号这种形式上的"新媒体转型",而是通过

---

① 黄南霞,谢辉,王学东.大数据环境下的网络协同创新平台及其应用研究[J].现代情报,2013(10):75-78.

搭建自身的关系网络和价值网络进行产品、服务、体验的系统创新。媒体的网络化生存和发展能力是技术逻辑和市场逻辑的必然要求①。在泛传播网络中的多形态的媒体组织,应在将信息流、服务流高效转化成关系流和价值流的方向上精工细作。

对企业而言,企业通过传播网络中流转的信息和数据,来搭建自身价值网络,获得资源竞争优势、用户洞察能力和营销创新能力。企业推出的任何产品和服务,都可以成为直接接触到用户的前端,通过在产品上加载多元化信息,来提供产品的软硬件一体化服务;通过收集用户数据来发现用户需求进行产品创新、营销创新和服务创新;还可以通过产品和信息的互联互通,满足用户在不同场景的消费和体验需求。企业通过组织内外部的信息和数据连接,将需求和生产连接、产品和服务连接,建立多元合作和跨界整合的价值网络,不断创新生产经营方式、商业模式和营销模式,以及组织管理方式,提升企业的创新能力和竞争能力。传播网络、用户网络和企业网络的交织与协同,是信息流、服务流、价值流之间的相互转化、相互激发过程(如图6.2所示)。

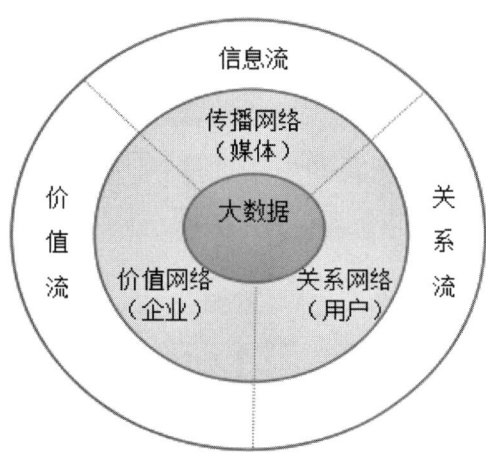

图6.2 移动互联网营销传播网络的资源协同

三、价值协同

价值协同的过程是基于网络连接和资源共享之上的价值创造和价值增值过程,浩瀚的网络信息、数据资源经过积累、创新、扩散,并经过创新主体的吸收消化,以多元价值的形式表现出来②。用户网络和传播网络的协同是促进关系流和信息流的转化,传播网络和企业价值网络的协同是促进信息流和价值流的转化,最终形成了多元化价值

---

① 易绍华.数字化背景下中国电视媒体的网络化生存研究[D].武汉:武汉大学,2009:148-150.
② 黄南霞,谢辉,王学东.大数据环境下的网络协同创新平台及其应用研究[J].现代情报,2013(10):75-78.

的创造和实现。营销活动的核心是价值,营销管理的核心就是价值流,即以用户价值为核心的多元价值在营销活动中流动传递过程的抽象表述,包括营销结构的流畅度、节点的交互效率、价值转化增值或损耗等[①]。传播网络作为用户网络和企业价值网络的运行与衔接载体,以大数据为支撑,把信息传播和数据交互从企业外部的传播系统延伸到企业内部的营销管理系统。因此,传播网络成为关系流、信息流、价值流的流通枢纽,传播网络(媒体网络)的服务价值得到了前所未有的提升。

在泛传播网络中,"一切都是终端",有形的产品和无形的服务都可以加载网络连接和信息数据功能,成为媒介"终端"和服务"前端"。服务贯穿到营销传播体系的各个环节,服务模式的创新成为营销传播的最重要的创新。服务前端一方面包括移动应用所提供的信息和消费服务;另一方面还包括企业生产营销管理系统内各个流程节点和用户的交互界面,即每个节点都可成为用户交互界面,让用户可以随时体验设计效果、了解生产加工配送进度、参与营销活动、反馈消费体验等。企业通过提供动态的、多节点的、持续的服务体验,不断延长和用户的互动关系,还可以随时挖掘用户需求和用户数据,发现新的产品和服务创新机会。服务价值和品牌价值是同等重要的概念,成为连接企业、媒体、用户的重要价值形态。因此,移动互联网营销传播实现了以用户价值为中心,突出媒体价值和服务价值,由用户、企业、媒体进行品牌价值共创的价值协同体系(如图6.3所示)。

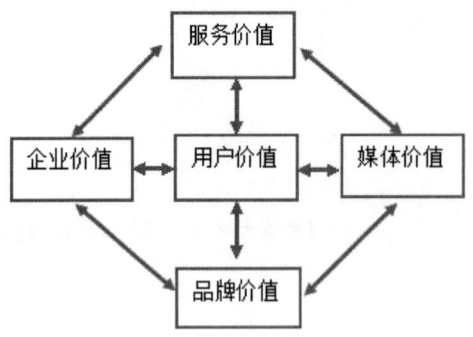

图6.3 移动互联网营销传播网络的价值协同

基于移动互联网的营销传播创新,是企业、媒体、用户等核心主体之间的协同式创新,是基于多重网络实现的关系协同、资源协同,最终实现价值协同的过程和机制。移动互联网营销传播的创新发展方向,就是从追求关系上升为追求价值,从关系驱动型营销发展到价值驱动型营销。

---

① 张爱甜,顾庆良.价值流视角下的营销战略创新[J].商业时代,2012(9):36-37.

第二节　移动互联网营销传播的创新趋势

一、移动互联网营销传播的前向创新

"前向"的概念来自企业管理领域的"前向一体化战略","前向"即往消费端/用户端方向延伸。在工业经济时代,越接近产业链条的消费端环节,越能及时响应消费者和市场需求,获得市场机会和竞争优势,这也是渠道商的话语权和控制权大于生产商的原因。在网络经济时代,线性模式的产业链(价值链)变成了网状连接的产业网(价值网),网络创新的动力依然是用户,由多元化、精细化用户需求和用户体验所激发,网络创新的主体更加多维。移动互联网营销传播的"前向创新",就是以服务用户为主导,促进用户关系网络和传播网络的协同创新,促进信息流、关系流及服务流的交互融合,推动营销传播价值最大化。服务创新是前向创新的核心和关键。

自21世纪初起,随着互联网技术的发展和营销服务理念的创新,服务营销、服务创新的研究兴起。服务营销就是用服务理念主导整个营销传播体系的各个环节,运用各种营销传播方式建立品牌和消费者的长期而良好的关系。服务创新就是研究如何创新服务理念和策略方式,提升服务的价值和体验。正如前文提到的由"新的服务概念、新的服务界面、新的服务传递系统、新的技术选择"四个核心要素组成的服务创新模型[1]:基于消费者洞察推出新的服务概念和策略,运用互联网、移动互联网技术设计新的服务交互界面和服务传递系统,进而形成互动一体化的服务创新过程。通过服务营销和服务创新建构的服务型社会,就是以服务为主线把不同技术集合在一起,不同资源集合在一起,形成新的技术和资源,进而成为社会发展的推动力[2]。移动互联网时代,实时在线、超时空连接、线上线下交融,使消费者成为移动化、社交化、场景化的用户,作为服务者的企业和媒体,必须顺势而为,从思维理念到实践操作,以服务用户为主导,进行网络化的营销传播创新。

整合营销传播理论建构了"整合化""系统化"战略思维,具有很强的解释力和包容性,但随着互联网、移动互联网的发展,新的营销实践和方式不断涌现,而营销传播理论创新上却难再突破。究其原因,整合营销传播的"整合",更容易被理解为"以企业为

---

[1] 任锦鸾.创新机理:以媒体行业为例[M].北京:科学出版社,2012:43-45.
[2] 孙希有.服务型社会的来临[M].北京:中国社会科学出版社,2010:44.

主导"的"中心化"的关系整合，即"用一个声音说话"，而非多元化、网络化的关系整合。北京大学陈刚教授提出的创意传播管理理论，就是打破中心化、静态化的"整合"观念，突出营销传播是服务者(企业)和生活者(消费者)的实时互动与协同创意的交互关系，将"整合"的理念进行升华。还有学者提出移动互联网营销传播是一种更高层级的整合营销传播，其"整合性"不仅体现在移动传播媒介的整合，而是跟踪用户的移动行为轨迹，整合用户的多元化需求和生活状态，广泛触发全方位的媒介接触点，全面契合人们移动生活形态的营销传播服务①，从而把"整合"从战略理念和操作方式都进行了深化。网络化关系和多元化价值的协同，是移动互联网营销传播的核心原理和创新关键。也就是通过实时化交互关系、多元化传播"接触点"，契合用户需求和场景的线上线下传播服务，形成以服务为主导的用户网络和传播网络的协同。

因此，营销传播的前向创新就是通过泛传播网络和用户关系网络的协同，运用创意和技术的融合，实现精准化用户定位、社会化营销传播、场景化营销服务一体化的移动营销传播服务。这个一体化营销传播服务系统，包括三大核心维度(如图6.4所示)：一，技术维度，在泛传播网络中运用大数据技术精准定向和分析消费者，洞察需求和发现创新机会；二，创意维度，运用创意化的传播元素和交互化的技术元素，激发用户的参与和互动，在参与式、互动式体验中建立起品牌和用户之间的亲密关系，并激发用户的社会化传播；三，运营维度，契合用户在各种移动化、社交化场景中的实时化、个

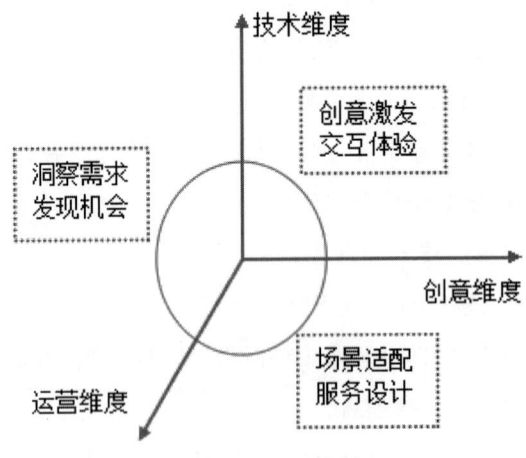

图6.4 移动互联网营销传播的前向创新维度

---

① 王雷.移动互联网络整合营销传播模式构建探讨[J].今传媒，2012(8):71.

性化、关联化需求，运用多种技术手段组合，为用户提供适配动态场景的信息、产品和服务，提供一站式、人性化消费服务体验。

二、移动互联网营销传播的后向创新

"后向创新"是相对于前向创新而言的，即将营销传播的创新路径"逆向"延伸到企业端，后向的企业端就是相对于前向的用户端而言的。管理学中商业模式研究中有"后向收费"的概念，其含义是指互联网经济模式是免费经济，通过向用户提供免费的产品和服务来聚合用户规模，再对广告主或者应用开发商收费，是互联网平台型企业的常用收费模式。后向创新由前向创新带动，基于用户需求的满足和用户规模的聚合，进行商业模式创新。正如我们前文分析的，商业模式和营销传播都是为了更好地实现价值创造，二者是互动创新的过程，是企业通过泛传播网络加速信息传播和数据交互，通过价值网络进行商业模式和组织管理创新的互动过程。后向创新就是企业运用网络化和数据化的运营思维与管理方式，促进信息流、服务流、价值流的交互融合，使营销传播价值最大化。价值创新和价值管理成为营销传播的后向创新的核心。

营销传播的后向创新，是泛传播网络和企业价值网络的协同。大数据和互联网技术的发展，将传播网络即信息传播和数据交互，在企业价值创造过程中的作用提升到前所未有的高度。企业通过传播网络收集用户数据，实时洞察和响应用户需求，进行产品和服务创新，并且通过产品多元化布局，形成产品终端网络，更好地集成、共享和挖掘用户数据。大数据技术将信息传播和数据交互的价值从企业外部的营销传播系统延伸到企业内部的生产管理系统中，在横向上促进产品和信息服务、软件和硬件服务、线上和线下的一体化，进而推动商业模式的创新；在纵向上促进组织管理和生产营销管理优化，提高资源对接效率、协作生产效率和价值创造效率，更好地满足用户的个性化、精细化、动态化需求，提升企业的持续竞争优势和整体创新能力。以大数据推动的柔性化、智能化生产营销管理系统成为各个产业的创新发展方向。因此，数据信息、商业模式、组织管理，共同构成了营销传播后向创新的三个重要维度（如图6.5所示），也就是说，营销传播创新的最终目标和结果，必然引起商业模式和组织管理的变革与创新。

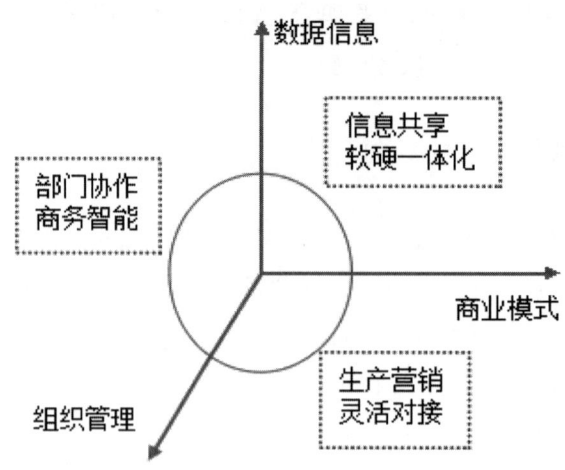

图 6.5 移动互联网营销传播的后向创新维度

移动互联网营销传播的价值,是包含产品价值、服务价值、体验价值、用户价值、企业价值、品牌价值等多层面的价值整合。企业(营销者)进行价值网络管理的目的就是推动多元价值的创造和实现。而传播网络作为关系流、信息流、价值流的流通和交互平台,推动信息和数据价值从服务用户端到服务企业端演进,从而推动了以信息交流、社交生活和日常消费为核心的消费互联网向以数据交互、生产管理、营销服务为核心的产业互联网演进。正在发生的消费互联网向产业互联网的演进,其根本逻辑就是用户网络化带动企业和产业网络化,用户基于关系网络形成自组织创新机制,促成了产营消一体化模式,而企业网络化是以消费者为中心,搭建价值网络,从而创造和实现用户价值和企业价值。因而,消费互联网和产业互联网是相互促进、相辅相成的关系,而非互相取代的关系。

营销传播的后向创新也再次印证了管理学家彼得·德鲁克的观点:企业的基本职能只有营销和创新两项,创新是为了实现营销目标,企业对于技术、信息、资源、要素的传播管理和组织管理的创新,都是为了营销这个基本职能的实现,营销和创新紧密结合,延伸到企业各个部门,是企业的整体活动。

第三节 移动互联网营销传播的创新对策

一、以服务创新为核心的传播协同策略

移动互联网营销传播,为用户提供了以互动参与为特征的创意体验、以场景适配

为核心的服务体验,实现从传播体验到消费服务的一体化协同,服务成为营销传播前向创新的关键要素,形成了营销传播的服务协同策略。

创意体验是起点,是信息流的源头,互动参与和社交分享是过程,是信息流和关系流的汇聚,信息流和关系流最终交融到场景空间中,并通过场景的体验关联转化形成服务流,流向产品和服务消费环节。通过这样一个流动的过程,将各种创新要素连接起来。这一过程,将创意和技术融合,将大数据精准定位、创意传播理念和多媒体交互手段融合,不断增强用户体验,并借助移动电商、移动支付技术,直接导入消费服务;这一过程,又是媒体、用户、企业的合力参与过程,从大数据技术实现的精准用户入口,到用户参与的社会化传播,再到立体化的服务场景建构,是多个主体协同参与的营销创新过程。在这个协同参与过程中,媒体的创意和传播的价值凸显出来,媒体可以借助自身在内容创意、场景建构方面的优势,主导营销传播的服务创新。

移动互联网营销传播的前向服务创新,是由媒体主导的整合营销传播的升华。媒体的传播价值,不仅是给用户提供有价值、有创意的内容产品服务,更重要的是对于服务场景的主动建构。媒体要善于根据用户需求和用户行为特征,善于运用场景的边界,进行场景的连接、交叉、组合,进行更人性化、更具有创意的营销传播。

2014年央视春晚首创的"看春晚、摇微信红包"的营销案例,被全国亿万用户所熟悉和喜爱,成为全民热议的话题和事件。"看春晚、摇红包",实现了传统媒体和微信应用的跨平台合作,将春晚团聚、节日祝福、发红包这些服务体验和场景要素融合在一起,开创了春节文化场景和微信社交场景相互碰撞激发的创新营销现象。春晚的电视节目和微信红包的社交互动实现双屏拉动,电视观众、手机用户和赞助商企业实现三赢合作,微信红包带给观众互动的参与感和惊喜感,带给企业和消费者实时互动的传播效应,带给电视节目大幅提升的收视率和口碑传播效应。春节后,微信平台正式开放了"微信摇电视"功能,和各大电视台的各类型节目展开广泛合作,成为一种电视节目的互动服务模式。例如,湖南卫视《我是歌手》节目,观众可通过"摇电视"参与节目投票、摇现金红包和获得优惠券等。"微信摇电视"的创新模式,融合了电视的信息传播功能和微信的服务功能,通过服务创新,将电视传播、微信互动、用户体验结合到了一起。

在影视艺术创作领域,"场景"的含义是通过环境、背景、色彩、灯光、道具等要素营造场景体验,增加剧情的氛围感和作品的艺术感。在营销传播活动中,借鉴创意化的理念和手法,进行场景的建构和塑造,是营销传播创新的有效方式。电视真人秀节目越来越火,其重要原因是真人秀节目具有丰富的可延展的场景,将节目场景元素和移动技术元素结合起来,在营销创意的植入上有了更大的发挥空间。而且,移动通信、智能手机、二维码、手机支付等技术的结合,使得媒体有了更多接入电商服务的机会,从传统的广告盈利转化到品牌和产品销售盈利,从线上信息服务延伸至线下营销服务,从而拓展了全新的传媒服务模式和商业模式。

例如,东方卫视推出的时尚真人秀节目《女神的新衣》,就是运用"节目创意+明星粉丝互动+移动电商"的O2O模式,节目中由设计师和明星现场进行服装设计,在3D技术打造的现场场景中进行走秀展示,由来自天猫的四家服装品牌现场竞拍制衣版权,再将该款定制服装同步上线到天猫商城,让观众通过手机App实时下单购买。这种即时观看、即时互动、即时消费的节目制作和营销模式,将电视创意的场景感、品牌营销的互动感、用户互动的消费感融为一体,提升了用户的媒介内容和生活消费服务体验,形成了口碑传播和话题效应。相关数据显示,该节目全国平均收视率1.31%,平均收视份额4.1%,微博电视指数位列全国综艺榜前三,优酷土豆总播放量超过1.2亿次,单集播放量超过《快乐大本营》《非诚勿扰》等知名综艺节目,节目中的品牌商伊芙丽、茵曼等销量都有大幅提升,其中伊芙丽NANA款大衣就创造了单件销量过万的纪录[①]。

精准化定位、社会化传播、场景化服务一体化的营销传播服务,是一种从理念到实践的创新,将企业主导的整合营销传播转变为企业、媒体、用户协同主导的营销传播服务。移动互联网是融合创新的时代,各种营销传播的创意、资源、方式、手段相互协调整合,为用户打造创意化、互动化、体验化的场景。由于移动互联网本身具有跨时空、跨平台、跨终端的特质,因此,移动互联网可以将手机、电脑、电视、户外等多屏连接起来,将不同媒介传播形态营造的传播空间串联起来,提供全新的场景体验和场景服务,在全面融合互动中实现更大的营销价值,从而加速移动互联网营销传播的创新。

二、以价值创新为核心的营销管理策略

企业通过内外部价值网络的建构和维系,对内可以进行用户需求的实时响应,创新产品线、业务线的开发,各产品、业务线之间还可以实现用户信息和数据资源的共享,实现范围经济和协同效应,放大价值增长空间;对外可以吸纳更多合作伙伴的战略合作,进行交叉资源整合和市场优势互补,获得更多的营销创新机会和优势。以价值创新为核心的营销管理策略,成为移动互联网营销传播进行后向创新的关键。

企业的价值网络建构和运营能力就是企业的网络化生存能力,通过价值网络把单

---

① 孙健.场景时代电视综艺节目的跨界创新[J].南方电视学刊,2015(1):104-106.

一的主体、节点连接起来,促进主体和节点之间的交互协作和协同效应,激发各个主体和环节的价值创造能力和创新能力,形成网络化、平台化的营销生态系统。本书第四、五章分析了生产型企业的价值网络管理案例,如红领服饰、耐克体育、小米手机等。生产型企业有着有形的产品和服务,以价值网络管理为基础,其价值流的形态比较明确。而以内容和信息服务为特色的传媒行业,价值网络形态和价值流相对抽象,但随着传媒经营管理理念和水平的提升,也开始注重价值网络的建构和管理,从早期的数字内容资产管理,发展到利用创意资源进行内容营销、原生广告等营销模式的创新,再发展到影视产业比较火热的"IP营销"①模式,其实质就是将无形的内容创意资源开发成有形的、多元化的产品形态和价值形态,以内容产品创新带动商业模式和营销模式的价值创新。

例如,国内视频平台公司乐视,在其发展兴盛时提出了"生态营销"理念,就是基于企业内外部价值网络的整合运营进行创新营销。乐视的前身是视频网站"乐视网",为了在激烈的视频产业竞争中胜出,乐视在当时"小屏化"的手机视频热潮中走差异化路线,坚持"大屏"策略,2013年推出超级电视,然后以视频网站、电视终端和资源平台为业务主线,逐步拓展商业布局和价值网络战略。乐视以视频内容和智能终端为核心,以用户数据管理为基础,建立了集"平台+内容+终端+应用"一体化的视频生态营销布局:"内容"是吸引用户(节目)和客户(广告)的基础,乐视旗下拥有乐视影业、花儿影视、乐视体育等板块,掌握了电影、节目、体育赛事三大类最具用户基础的内容资源;"终端"是覆盖电脑、平板、手机、电视和电影五大终端屏幕,进行内容产品的全方位传播和多元化开发;"平台"是乐视以原创内容资源和大数据资源为基础,建立了内容生产和广告营销相互促进的智能化管理平台,提升内容价值和营销价值;"应用"则是围绕用户规模提供延伸性服务,比如电商、游戏、社交等第三方应用服务,将价值网络的外延最大化,将价值创新的效应最大化。

价值创新管理的核心逻辑就是建立企业内外部的多元化的营销合作网络。网络经济的实质,就是企业相互间的依存关系不断得到增强,追求互惠互利和合作共赢,人与人、组织和组织之间通过建立自己的合作体系,建立参与机制、信任机制和创新机制②。BAT公司分别牢牢占据搜索、电商、社交三块领域的垄断地位,BAT三家公司

---

① IP(Intellectual Property,知识产权)营销,是指影视传媒产业围绕核心创意进行的多元产品开发和商业模式创新,即将故事、剧本、角色等特定内容创意开发成影视、游戏、音乐、主题乐园等多元化内容产品,挖掘其商业价值和盈利模式。
② 本特勒.企业与怪兽:互联网时代的合作共享与创新模式[M].简学,译.杭州:浙江人民出版社,2013:197-220.

彼此之间的激烈竞争一直是行业最大的"看点",但是近年来 BAT 公司越来越多地达成战略合作。腾讯 CEO 马化腾在各种场合都在谈"连接一切"的未来战略,连接就代表开放、合作、共享。BAT 等互联网巨头的合作,将带来充满想象空间的商业生态格局。这体现了互联网技术给传统行业带来的营销价值在不断放大,更体现了构建价值网络对于营销创新的重要意义。

企业的价值网络管理,不能仅仅着眼于产业内外的竞争合作,最重要的是要把用户作为重要的创新主体引入,提供开放的技术平台和应用工具,激发用户参与和创新,更好地满足用户的产品服务体验、情感交流需求、分享和创造欲望。通过和用户协同创新,提高企业整体的创新能力和创新效率,并且通过产品和服务的创新,带动营销传播、商业模式、组织管理模式等一系列创新。此外,品牌社群的建构,粉丝社群的运营,也是营销传播后向创新的重要途径。品牌社群不是简单的社会化媒体传播或口碑传播平台,而是企业和消费者最直接的互动创新平台。从产品研发、营销传播到消费服务,品牌社群都是企业进行产品和品牌创新的创意来源。无论是小米的众包开发平台、耐克的智能运动平台,还是特斯拉的粉丝互动平台,品牌社群正逐步消融企业和用户的边界,形成社群组织化和组织社群化的全新商业生态,开创营销传播创新管理的重要路径。

总结本章的分析,移动互联网营销传播是由泛传播网络、用户关系网络、企业价值网络共同建构的网络化创新体系,在关系、资源和价值层面建立了协同关系,发挥着协同效应。其中,用户关系网络和泛传播网络的协同,促成营销传播网络的前向创新机制,形成以服务创新为核心的传播协同策略;企业价值网络和泛传播网络的协同,促成营销传播网络的后向创新机制,形成以价值创新为核心的营销管理策略(如图 6.6 所示)。

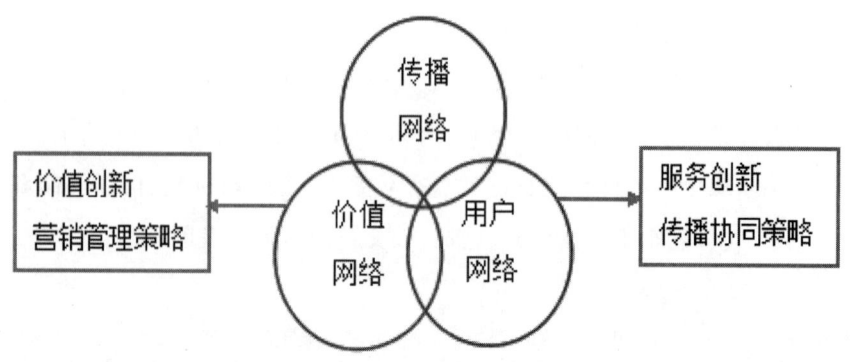

图 6.6 移动互联网营销传播的创新策略

互联网和创新战略已经纳入国家顶层设计,互联网、移动互联网、物联网、大数据等多重网络技术的融合,建构了全新的信息传播方式、社会生活与消费方式、产业发展模式和组织管理方式。营销传播作为关乎企业生存发展、用户消费生活、商业文化发展的重要活动,更是走在创新的前沿。无论是媒体的信息传播服务,还是用户的消费行为和分享协作,还是企业的品牌营销管理,都因为网络技术和传播格局的变化而不断发生创新,移动互联网对于营销传播的理念变革、机制重构和模式创新的影响还将继续深化和拓展。

营销传播是传播学、管理学和社会学的交叉,属于应用传播学的分支,实践发展远远领先于理论研究。在移动互联网的影响下,加速迭代的新技术、新应用,复杂多变的传播环境,不断更新的营销实践,对理论研究的深化提出了迫切要求。而业界对于移动营销的实践研究,看似丰富,实则比较散乱,缺乏系统性,对营销传播的未来发展较难发挥指导性作用。因此,我们需要在实践研究的基础上,进行理论研究的深化,在传播方式和效果的微观研究之上,从产营消体系和营销传播系统的中观层面进行解构,建构网络化营销传播的理论框架体系,研究媒体、用户、企业等各主体之间的关系逻辑和价值逻辑,在移动互联网的多重网络关系中分析营销传播的创新逻辑、机制和模式,从而更好地把握营销传播的创新发展方向,制定相应的营销传播策略。

营销传播渗透到社会和经济生活的方方面面,在追求品牌价值和鼓励创新的时代,国家政府、媒介机构、企业组织、社会团体乃至个人都具有营销传播的需求,营销传播的参与主体越来越多元化,营销传播的创新应用价值非常广泛和深远。营销传播的核心仍然是人,是人和人、人和信息、人和物、人和世界的互动关系,没有对人性的深切关注和理解,营销和传播都将失去创新的基础。营销传播应拓展研究视野,运用社会学、传播学、管理学的理论工具,透过千变万化的营销传播实践挖掘内在的本质规律。

移动互联网建构了无所不在、无所不能的传播,对于处于移动互联网时代的企业、机构乃至个人而言,关系网络的编织能力、传播网络的利用能力、价值网络的建设和运营能力,具有非常重要的价值。组织和个人是在网络化的关系中获取资源优势、竞争优势和创新能力。移动互联网塑造了泛化的传播网络,提升了用户社群的功能价值和协作创新能力,推动了企业价值网络的建立和完善。移动互联网营销传播的研究,具有鲜明的时代特征和重要的研究价值。

企业的基本职能就是营销和创新,创新包括技术创新、应用创新和管理创新,将技术、信息、资源、要素进行创新性的连接和组合,更好地实现营销传播的目标和价值。营销传播创新,包括创新驱动机制、创新扩散机制和创新管理机制三个层面,这三方面把媒体、用户、企业紧密地连接起来,发挥协同效应。媒体发挥信息传播和创新服务价值,用户发挥社交分享和协作创新能力,企业通过营销传播和商业模式互动实现管理创新。移动互联网的营销传播创新,是基于多重网络的关系协同和资源协同实现的价值协同。未来的营销传播研究,应进一步建构和完善网络化的营销传播的理论体系和研究范式,以系统化、协同化创新的视角来进行理论和实践的深化研究。

结 语

移动互联网不是单一的媒介技术,而是多重网络的融合,塑造了社会、经济、文化、产业等各个层面的"网络化",也推动了产营消体系和营销传播系统发生深刻变革和全面创新。营销传播的各个参与主体包括媒体、用户、企业都呈现网络化发展态势,传播网络、用户关系网络、企业价值网络共同构成了移动互联网营销传播的网络化创新体系。本书以网络化创新为研究视角,着眼于营销传播主体的关系逻辑和价值逻辑,针对传播网络、用户关系网络、企业价值网络的多重网络分析,研究移动互联网营销传播的创新机制和创新模式,并提出移动互联网营销传播的发展趋势和策略。本书主要形成了如下五方面的研究结论。

第一,对营销传播的内涵和本质的理论界定。

移动互联网塑造的泛传播网络,使信息传播的价值得到无限延伸,加速了营销传播的创新,也使得营销传播的内涵得以重构。营销传播的本质是信息传播、关系建立和价值创造,关系和价值是营销传播的核心。营销传播不仅包括用户和用户之间、媒体和用户之间的信息传播,还包括企业和用户之间、企业和企业之间及企业内部各环节之间的信息传播和数据共享。

移动互联网重构了整个产营消体系和营销传播系统,一方面使营销传播各参与主体包括媒体、用户、企业都加快了网络化发展,建构了营销传播的创新网络体系;另一方面使营销传播的内涵突破了原有的媒体传播框架,将信息传播和数据交互的价值从消费系统延伸到了营销系统乃至生产系统,即从企业外部的传播系统、营销系统延伸到企业内部的管理系统。移动互联网营销传播,以服务人的需求和体验为核心,加强人和信息、人和人、人和物、人和环境的交互关系,实现信息、产品、服务的互联互通,以及用户价值、企业价值、品牌价值等多元价值的协同创造和融合创新。

第二,移动互联网建构了营销传播的创新平台。

移动互联网的技术创新特征体现在:移动网络的普及化、移动终端的多元化、移动应用的多样化,呈现移动性和伴随性、个性化和社交化、真实性和可信度均较高的特征。这为营销传播带来的创新价值体现在:建立了实时、多元的传播"接触点",提供了精准化用户洞察和一体化营销服务,有助于建立品牌与用户之间的互动和信任关系。移动互联网不是单一的媒介技术,而是互联网、移动互联网、社交网络、物联网等多重网络的融合,加上大数据和云计算的技术支撑,实现了信息和信息、人和信息、人和物、物和物的全面连接,将互联互通和信息传播服务延伸到生产、营销和消费等各个环节,推动产营消体系的各个参与主体呈现网络化发展,并引发了营销传播系统的变革和创新。

传播网络、用户关系网络、企业价值网络共同建构了营销传播创新网络体系。在这一网络体系中,泛传播网络是创新的起点和驱动,消费者网络是创新的扩散和助力,而企业作为营销传播活动的发起者和管理者,通过价值网络进行创新管理。移动互联网建构的多重网络融合的传播形态,成为营销传播的创新平台。

第三,移动互联网营销传播的创新机制研究。

移动互联网加速了营销传播的网络化发展进程。移动互联网塑造了泛传播网络和创新的传播格局;用户基于泛传播网络获取信息和服务,基于关系网络进行社交分享和协作创新;泛传播网络集成的海量内容信息和用户数据,是企业进行大数据分析和用户洞察,为用户提供精准化、多元化、一体化营销传播服务的基础;企业通过价值网络的建设和完善,创新营销模式、服务模式和管理模式,通过营销传播的管理创新,实现用户价值、企业价值、品牌价值等多元整合价值。

首先,泛传播网络是移动互联网营销传播的创新驱动。移动互联网塑造了以网络泛化、媒体泛化、终端泛化为特征的泛传播网络,大数据是其基础支撑。移动互联网和泛传播网络的结合,使得技术对营销传播的创新影响从后台走向前端,使得技术元素和创意元素深度融合,形成了以精准营销为起点,以多元化创意为载体,以场景化营销服务为终极指向的创新驱动机制。

其次,用户关系网络即用户社群推动了移动互联网营销传播的创新扩散。随着传播技术和传播形态的变革,用户通过关系网络的拓展,形成了多种类型和多元功能的社群。移动互联网社群具有聚合和扩散效应、重视情感价值传播、具有自组织性和建构性等特征,通过自组织连接、自组织传播和自组织协作创造,建构了以社群参与为核心的自组织创新机制,由此形成了移动互联网营销传播的创新扩散机制。

最后,企业通过价值网络的构建和完善进行营销传播的创新管理。价值网络是价值链的升级，企业通过价值网络的建设，激发营销活动各个环节的价值创造和创新能力，一方面形成了品牌价值共创理念，带动对媒体价值、用户价值、品牌价值的整合提升，另一方面推动了营销模式和商业模式的互动创新，带动企业的营销模式、商业模式、组织管理方式的系统创新。依托价值网络进行营销管理创新，是移动互联网营销传播创新发展的必然要求。因此，移动互联网营销传播的创新发展，是泛传播网络、用户社群网络、企业价值网络之间的协同创新过程，是信息流和服务流、关系流和价值流的融合汇聚过程，也是通过关系协同、资源协同，最终实现价值协同的过程。

第四，移动互联网营销传播的3C创新模式分析。

基于移动互联网营销传播创新网络结构和机制分析，进一步提炼移动互联网营销传播的创新模式——3C创新模式，分别是：创意营销传播模式（Creative）、场景营销服务模式（Context）、品牌社群营销模式（Community）。创意营销传播是由娱乐化、人文化的创意表达，互动化、体验化的创意触达，以及创意和技术的传播整合构成的层层递进的传播模式；场景营销服务模式是由场景感知和精准营销、场景模拟和用户体验、场景串联和需求引导、场景转化和自动服务四个步骤构成的一体化营销服务模式；品牌社群营销模式是由品牌和用户的关系重构、用户社群协作推动的产品创新，以及品牌社群经营推动的品牌创新三个层面构成的运行模式。

第五，移动互联网营销传播的创新趋势和对策。

泛传播网络、用户关系网络、企业价值网络之间的相互作用机制，形成了关系协同、资源协同、价值协同效应，影响了移动互联网营销传播的创新路径和发展趋势。

泛传播网络和用户网络的协同，推动营销传播的前向创新。精准契合用户的移动场景需求，运用创意和技术的结合，实现创意化、场景化、一体化的营销传播服务，服务成为前向创新的关键要素，形成以服务创新为核心的传播协同策略。媒体的创意和传播价值凸显出来，媒体可以利用自身在内容创意和场景建构方面的优势，主导营销传播的服务创新。

泛传播网络和企业价值网络的协同，推动营销传播的后向创新。企业通过价值网络的建构和完善，加强资源整合和内外部协作，加强对目标用户的敏锐洞察和对市场需求的实时响应，不断创新产品和服务，提升企业的创新能力和优势。价值成为后向创新的关键要素，形成了以价值创新和价值管理为核心的营销管理策略。

本书的研究具有前沿性和热点性，并且力图在理论和应用价值上有所创新和突破。移动互联网推动了社会、经济、文化、产业等各个层面的"网络化"，将网络连接、信息传播和数据交互的价值延伸到产营消各个环节，引发了营销传播的变革和创新。在全新的时代背景和传播环境下，营销传播实践出现了许多新的现象和问题，而营销传播理论研究出现了明显的局限性和滞后性。基于这一背景,网络化就成了研究营销传播创新的突破口。在移动互联网的创新影响下,用户、媒体、企业等营销传播主体都呈现网络化发展,移动互联网营销传播是以大数据为支撑,由泛传播网络、用户关系网络、企业价值网络组成的网络化创新体系。正因为如此,营销传播的研究理应运用跨学科交叉视野,整合运用传播学的媒介理论、社会学的社会网络理论、管理学的价值网络理论,分析传播网络、关系网络、价值网络之间的关系逻辑和价值逻辑,并借鉴创新理论的层次结构,从创新驱动、创新扩散、创新管理三大层面展开创新机制研究,力图拓展营销传播的研究视野,丰富营销传播的理论体系,建构网络化营销传播创新的理论框架,由此实现理论创新。

创新机制由创新驱动、创新运行和创新管理三个层面构成,不同机制对应不同策略模式。首先,用户关系网络构成了创新驱动机制,用户需求和用户自组织社群驱动了营销传播的品牌和产品创新,品牌社群成为营销传播创新的基础策略。其次,移动互联网建构的泛传播网络,与大数据、多媒体交互、场景等技术结合,形成了以精准化营销、社会化传播、场景化服务为主线的创新运行机制和核心策略。最后,企业是营销传播的管理主体,企业通过内外部价值网络的搭建,以及组织内外各环节之间的信息传播和数据交互,为用户提供多元化营销传播服务,并且进行营销传播和商业模式的互动创新管理,价值网络的建构是营销传播创新管理的重要策略。

基于对移动互联网营销传播创新网络和创新机制的分析,本书提出了移动互联网营销传播的3C(Creative—Context—Community)创新模式,即创意化营销模式、场景化营销服务模式和社群化品牌经营模式,并进一步提出移动互联网营销传播的两种发展趋向和路径——前向创新和后向创新,以及相应的发展对策——以服务为核心的传播协同策略和以价值为核心的营销管理策略。这些理论性和应用性相结合的研究,对于移动互联网营销传播的理论创新和实践发展,具有现实而重要的指导意义和参考价值。

也正因为如此,本书对于营销传播的研究突破了媒体传播的范畴,将营销传播的本质界定为信息传播、关系建构和价值创造,论证了移动互联网是如何将信息传播价值从企业外部的传播系统延伸到企业内部的管理系统,如何实现用户价值、企业价值、品牌价值等多元整合价值的创造,由此深化了营销传播的理论内涵。移动互联网营销传播的协同创新机制,促使营销活动的各参与主体从单向或双向互动关系,向多向互动和多元协作关系转变;消费者从单纯追求产品和服务的"消费",转变为追求主动参与和协作创新的"价值";媒体从信息传播和沟通社交功能,向营销、消费和服务功能拓展;企业从消费驱动型营销、关系驱动型营销,发展到价值驱动型营销。

本书运用了文献研究、数据调查、深度访谈、多案例研究等研究方法,深度访谈了来自品牌企业、营销传播机构、媒体和自媒体等共计40名营销业界和学界专家,并且通过文献、数据、访谈和案例资料,整理了近20个移动互联网营销传播的典型案例,对移动互联网营销传播的现状、发展、问题和趋势等研究提供了重要参考。

最后要补充的是,因为客观的营销传播实践变化和主观的个人研究能力与精力所限,本书还有很多不足,诸如以下几点。

其一,移动互联网时代是一个技术不断更新、实践不断创新的时代,而营销传播是注重实践应用和追逐技术热点的传播活动,实践探索远远领先于理论研究,理论研究缺乏,理论创新难度大。本书基于移动互联网的创新平台特征和价值分析,建构营销传播的创新网络理论框架,这种理论创新比较大胆,创新就意味着挑战,理论的严谨性还需要进一步的研究完善和实践检验。笔者决心在以后的研究中,夯实相关学科的理论基础,深化理论研究,继续理论创新。

其二,因为移动互联网技术更新和营销传播实践变化的速度之快,使得应用和对策研究的挑战也很大。本书对移动互联网营销传播的多重网络结构,以及不同网络的形成过程、发挥作用、创新意义和影响进行深入研究,建构了由创新驱动、创新扩散、创新管理构成的营销传播创新机制,并据此提出了移动互联网营销传播的3C(Creative—Context—Community)创新模式。这种机制和模式研究,对于不断变化的营销传播实践的指导性、参考性价值,也还需要实践的进一步检验。

其三,本书着重分析移动互联网环境下的营销传播创新机制和模式,所以更多地使用理论思辨、文献研究、田野调查、深度访谈、案例分析等定性研究的研究方法,相比而言,定量研究和量化分析相对缺乏,这也成为笔者未来研究的重点。笔者将在加强理论研究的深度和广度的基础上,在实证研究、定量分析、数据模型等研究方法上进行加强和提高。

如果笔者的研究能在营销传播理论创新和应用实践创新方面,对学界和业界的研究有一定的推动作用和启发价值,对营销传播的战略规划和战术操作方面有一定的指导作用和参考价值,笔者就感到非常欣慰了,也会在以后的深入研究上再接再厉。

附录

访谈和案例实录

一、访谈名录

本书主要采用了深度访谈的研究方法,在访谈对象的选取上,主要对来自品牌企业、广告公司、营销传播服务机构、媒体组织、互联网公司以及自媒体的营销管理人员进行访谈,并且对广告传播领域的研究学者进行咨询,所有深度访谈对象共计 39 人,访谈名单见表 1。笔者对访谈对象的观点进行归纳和提炼,支持本书的研究。

表 1 访谈名单

		工作单位	姓名	职位
品牌企业	1	特斯拉	蓝启昌	市场总监
	2	红领酷特	李金柱	市场副总裁
	3	海尔	滕新伟	海尔家电媒介总监
	4	小米	黎万强	副总裁
	5	携程	汤澜	市场总监
	6	乐视	田晓晶	市场总监
	7	滴滴打车	李敏	市场部总监
	8	优衣库	潘宁	中国区总经理
营销传播服务机构	9	蓝标公关	范青	数字营销副总裁
	10	灵思营销	李子雯	营销副总经理
	11	奥美广告	李娜	客户群总监
	12	电通广告	王沛公	客户群总监
	13	品友互动广告	黄晓楠	总裁
	14	金鼠标营销	方立军	总裁
	15	知萌咨询	肖明超	创始人

续表

		工作单位	姓名	职位
媒体	16	现代传播集团	王硕	市场部总监
	17	《中国企业家》杂志	何振红	社长
	18	财经网	吕强	网站运营总监
	19	正和岛	何东华	创始人兼总裁
	20	湖南卫视(芒果TV)	曹阳	副总裁
	21	北京电视台	高菲	新媒体部总监
	22	人民网	张永恒	频道总监
互联网公司	23	腾讯	何华伟	公关部总监
	24	爱奇艺	窦黎黎	副总裁
	25	优酷	葛威	营销副总裁
	26	微信	刘强	产品经理
	27	百度	刘伟	营销咨询部总经理
	28	阿里	厉宜平	公关部总监
	29	速途网	丁道师	副总裁、速途研究院院长
自媒体	30	社群经济研究院	孔剑平	《社群经济》主编
	31	网络营销研究院	邱道勇	《微信改变世界》作者
	32	互联网实验室	方兴东	创始人
	33	36氪	刘成城	创始人兼总裁
	34	罗辑思维	李天田	联合创始人兼副总裁
研究学者	35	中国传媒大学	黄升民	博导、教授
	36	中国人民大学	倪宁	博导、教授
	37	中国人民大学	黄河	副教授
	38	北京大学	段永朝	客座教授,财讯传媒首席战略官
	39	北京大学	陈刚	博导、教授

二、访谈提纲

1. 您如何理解营销和传播二者的关系?

2. 您如何看待移动互联网对整个商业体系的影响?

3. 您如何理解移动互联网和互联网的关系?二者对营销传播产生哪些不同的影响?

4. 从营销活动的各参与主体的不同角度来看,移动互联网的价值和影响是什么?

5. 您认为移动互联网环境下营销传播的核心特征是什么？

6. 移动互联网时代的用户需求特征、心理特征、行为特征发生了怎样的变化？

7. 移动互联网环境下的媒体传播发生了哪些变化？

8. 移动互联网给企业的整体营销活动带来了怎样的变化和影响？

9. 从网络营销到社会化媒体营销，再到移动互联网营销，您如何看待这个发展过程中营销传播理念和方式的变化？

10. 移动互联网营销传播和传统的营销传播以及整合营销传播的区别和联系、共性和差异是什么？

11. 您如何理解技术和创意二者在移动互联网营销传播中发挥的作用和价值？

12. 您如何理解大数据在移动互联网营销传播中发挥的作用和价值？

13. 移动互联网的产品和服务，相比传统的产品和服务，最突出的变化和特征是什么？

14. 在移动互联网平台，广告和公关及其他的营销传播方式的特征和发展趋势是怎样的？

15. 大数据技术对于广告行业的影响是什么？大数据精准营销，以 DSP 广告为典型代表，相比传统广告的操作方式，其最大的变化和特征是什么？

16. 您如何理解当下原生营销、粉丝营销、社群营销等各种层出不穷的营销概念和营销方式？这些新的营销现象背后，内在的营销传播逻辑和规律是什么？

17. 移动互联网给各行各业带来了很多全新的商业模式，您如何理解商业模式创新和营销变革的关系？

18. 移动互联网对于企业内部的营销管理、商业模式创新乃至组织管理，有什么样的意义？

19. 您认为比较成功的移动互联网营销案例是什么？其成功经验和收到的效果是什么？

20. 您认为移动互联网营销传播的未来发展趋势是怎样的？

三、本书涉及的移动互联网营销传播案例实录

表 2　移动互联网营销传播案例实录

营销类型	品牌主	案例特色
娱乐营销	麦当劳	用技术玩转"快乐"
	杜蕾斯	娱乐话题制造者
	冰桶挑战	"娱乐+公益"的社交狂欢
人文营销	褚橙	诠释"90后"创业者精神
	特斯拉	科技狂人的"追梦之作"
	华为荣耀手机	见证"行走的力量"
场景营销	伊利牛奶	线上创意和线下营销的场景融合
	曼秀雷敦乐敦	线上阅读和线下公益的场景融合
	优衣库	线上线下一体化的消费服务
	迪士尼	快乐体验的立体场景融合
社群营销	罗辑思维	知识社群和社群商业模式的开创者
	耐克	"Nike+"社群和品牌创新的典范
	正和岛和爱黑马	传统媒体率先尝试社群营销
价值网络营销	小米手机	从粉丝营销发展到智能终端服务平台
	红领酷特	大数据驱动的智能化工厂和定制化协作平台

(一)娱乐营销案例

1.麦当劳：用技术玩转"快乐"

麦当劳品牌坚持"快乐"理念，以"娱乐"为品牌精神，以"快乐"为营销理念，将餐饮消费最注重的体验营销，充分融入技术和创意元素，擅长运用各种最新的互联网技术、平台和应用，将线上线下的娱乐场景、消费场景和社交场景结合，契合一切社会热点策划和制造娱乐体验。

全球30%以上的麦当劳餐厅都设置了儿童乐园，"开心乐园餐"一直是其畅销产品，麦当劳小丑的人物形象也一直深受大众喜爱。当电影《阿凡达》2010年最早在国内掀起3D热潮时，麦当劳就在广州开设了以"开启快乐之门"为主题的3D画展，走在了运用新技术创新营销的前列。2014年世界杯期间，麦当劳推出AR虚拟现实场景游戏，用户用手机下载麦当劳的游戏应用，扫描薯条盒就可以体验虚拟和现实场景结合的踢球游戏。2016年网络直播刚刚兴起时，麦当劳又推出"奇趣玩具展"创意营销

活动,在麦当劳的线下店举办玩具展览的同时,联合网络直播平台 YY Live 推出"奇趣直播"活动,让每个主播都将随手拍摄的视频实时上传到线上吸引粉丝互动,利用直播潮流和社交平台,将"娱乐＋直播"的快乐效应充分放大,在年轻粉丝间掀起直播社交热潮。

2.杜蕾斯:娱乐话题制造者

杜蕾斯品牌在娱乐化营销上的表现可圈可点。由于文化和法律方面的限制,杜蕾斯这种特殊产品很难进行传统广告营销,只能另辟蹊径,利用社交媒体开展娱乐营销和创意营销,将性知识、性话题融入幽默娱乐的营销策略中,利用微博平台打造了"小杜杜"的拟人形象。2011 年夏季的北京暴雨成为杜蕾斯开展微博话题营销并"一战成名"的时机,杜蕾斯在大雨期间发布了一条"将安全套套在鞋上,就可以当雨鞋穿,不用弄湿球鞋了"的微博,配上展示的图片,以其幽默的创意加应景的时机立刻引起粉丝响应,其微博发布一小时内转发超过 1 万次,当周转发超过 9 万次,成为新浪微博当周转发热门榜第一名,"杜蕾斯鞋套"事件因此被评为当年的"年度十大营销经典案例"。

娱乐和体育具有很强的融合性。2014 年世界杯期间,杜蕾斯又利用微信平台发起"杜杜大力奇迹足球赛",推出 HTML5 版微信游戏,用户进入游戏页面后,只需轻轻点击或者摇一摇,就可以将足球射向杜蕾斯的安全套球门,在球飞向球门的过程中可以欣赏各种世界景观,还可以邀请朋友一起参加在线比赛,看谁射得更远更准,还可以通过游戏获得积分兑换奖品。杜蕾丝用富有娱乐和社交精神的玩法,利用社交平台激发用户参与互动和主动传播的极大热情。

3.冰桶挑战:"娱乐＋公益"的社交狂欢

以公益和社会责任为精神内核的营销传播,加上富有人性化、情感化和感染力的创意手段,更能激发粉丝用户的情感共鸣和价值认同,提升品牌传播的影响力、传播力和延续性。这也是越来越多的企业重视社会责任营销、公益营销的原因。而且,公益营销也可以融合娱乐元素,娱乐让公益充满乐趣,更具有社交传播的参与度和活跃度。

2014 年 7 月从美国开始流行的"冰桶挑战",由一名患上渐冻症的棒球选手发起,旨在通过社交平台让公众了解渐冻人症并募集捐款,要求参与者在社交网站上发布自己被冰桶浇透的视频,然后点名邀请其他人来参与,被邀请者要么接受挑战,要么就捐款 100 美元。冰桶挑战一经推出,在美国得到名人、明星和公众的积极参与,并且迅速传入中国、日本、韩国等。据美国媒体报道,冰桶挑战有近 200 万人参与挑战,超过 250 万人捐款,总捐款金额达 1.15 亿美元。

冰桶挑战在社交平台的传播广度、速度和粉丝关注热度非常高,主要原因有二。

第一,冰桶挑战的参与方式具有娱乐感和创意性,无论是挑战者体验一桶冰水从头浇下的刺激感,还是线上和线下观众围观挑战的期待感,还是邀请和被邀请者的互动参与机制,等等,娱乐精神的融入让这场公益活动成为一场"社交狂欢",对于加强公众对渐冻症的了解和对渐冻症患者的关注起了良好的推动作用。第二,冰桶挑战充分运用明星效应和粉丝互动,在美国有微软的比尔·盖茨、Facebook 的扎克伯格、NBA 的科比等科技、娱乐、商业等各界名人的参与和推动,其后传入中国,经由百度李彦宏、小米雷军、360 周鸿祎等科技名人及刘德华、吴奇隆、周杰伦等娱乐明星的参与和推动。名人和明星作为社交平台的意见领袖,具有强大的传播聚能和扩散效应,加上此次公益营销因为娱乐元素的加入,迅速拉近明星和粉丝的距离,激发了粉丝的热情关注和社交传播。

(二)人文营销案例

1. 褚橙:诠释"90 后"创业者精神

2002 年红塔集团原董事长褚时健,在 75 岁高龄时创业种植橙子,历经十年,2012 年开始着手进行品牌营销,通过以微博为主的社交媒体推广其个人水果品牌"褚橙",以其乐观积极和稳重踏实的励志创业者与企业家形象,收获了大量的企业家粉丝和普通的网民粉丝,成为社交媒体的话题热点。阿里巴巴的马云、万科的王石等很多知名企业家都以拜访褚时健向其请教创业和企业管理经验为荣。2017 年是褚时健创立"褚橙"的第 15 个年头,也是他 90 岁高龄,褚时健因此被媒体亲切地称为"90 后"创业者,这位特殊的"90 后",在媒体都在热议其即将退休的时候,又推出了新产品"青春版"褚橙,再次向粉丝们诠释了什么是永远年轻的创业者精神。

褚时健在营销其"褚橙"品牌的过程中,始终以"青春励志"为主题,与褚时健本人的年龄和阅历形成强烈反差,吸引了粉丝和媒体的热情关注。"褚橙"品牌的营销议题设置和话题引导主要包括三个层面。

第一,用明星制造话题。褚橙曾邀请蒋方舟、赵蕊蕊等 80 后名人拍摄系列励志故事,在视频网站、微博等社交媒体平台进行营销传播;邀请微博大 V 品尝褚橙,并且在褚橙的包装盒上巧妙策划,印刷上个性化定制的祝福语,比如递给韩寒的褚橙箱子里只放了一个橙子,箱子上印着"复杂的世界里,一个就够了",此幽默加创意之举,经韩寒个人微博发布后,微博阅读和转发超过 300 万人次。

第二,用褚时健的传奇经历和创业故事,吸引传统媒体、自媒体的积极采访报道,塑造其充满激情又稳重踏实的创业者加企业家形象,加上褚时健的个人魅力和健谈性格,在接受媒体采访时经常会语出金句,引发年轻粉丝的强烈共鸣。

第三,利用企业家群体的影响力进行话题引导和品牌传播。阿里巴巴的马云、万科的王石等企业家都以拜访褚时健、向他请教企业管理经验为荣,褚时健的个人品牌在企业家群体中有着独特的影响力,甚至在商界掀起了"企业家卖水果"的热潮,比如柳传志卖"柳桃"、潘石屹卖"潘苹果",等等。

2. 特斯拉:科技狂人的"追梦"之作

诞生于美国硅谷的电动车品牌特斯拉,其创始人是有"科技狂人"之称的马斯克,是和乔布斯一样的"天才"。马斯克创建了全球最大的在线支付服务公司 PayPal、全球第一家私人太空探索技术公司 SpaceX 和电动车品牌特斯拉,马斯克和他的科技产品,充满了科技理念、造梦精神和探索人类生存方式的人文情怀,带有强烈的故事性和话题性,塑造了一个又一个"追梦之作"和"品牌神话",收获了大量的科技发烧友粉丝。2018 年年初,马斯克的 SpaceX 公司成功发射了猎鹰重型火箭,这是全世界民营公司历史上发射成功的运载能力最大的火箭,为重型火箭商业运载之路开创了新纪元。马斯克几乎从不为自己的产品打广告,但是他的个人和他的科技产品却总是自带话题效应,成为媒体主动报道的热点,他的创新精神也一直被粉丝津津乐道,成为融合科技理念、人文情怀和创新精神的品牌代表。

马斯克和他的特斯拉品牌,虽然拒绝传统的广告营销,但是善于利用社交媒体,把握社会热点和重要事件,通过名人效应、话题策划和粉丝口碑进行品牌传播。号称以马斯克为蓝本的电影《钢铁侠3》上映,成就了特斯拉的免费品牌营销,电影上映后马斯克就被冠以"钢铁侠"的称号,电影的热映和马斯克的话题同时引爆社交平台的传播。特斯拉的粉丝用户里有很多知名的企业家和创业领袖人物,包括谷歌创始人拉里·佩奇和谢尔盖·布林,电影明星施瓦辛格,新浪 CEO 曹国伟,小米创始人雷军,阿里巴巴副总裁俞永福等,强大的名人效应极大地带动了特斯拉的品牌传播。

特斯拉进入中国后,着力运营其微博和微信账号,不断激发粉丝互动,比如和粉丝讨论未来汽车概念模型,讨论如何用更经济的方法充电,鼓励粉丝贡献节约能源的创意等。特斯拉还通过官网、微博和微信宣布免费开放其专利技术,旨在鼓励更多汽车厂商加入电动汽车开发和保护能源环境的社会行动中,此举引起广泛热议,进一步提升了其集科技、创意、社会责任于一体的品牌形象。

马斯克在猎鹰重型火箭发射时,还在火箭中搭载了一辆特斯拉汽车,通过特斯拉的车载电视直播火箭发射过程,将一个全民瞩目的社会事件和自身的品牌营销完美地结合。可以说,马斯克是一个具有创新精神的科技狂人,更是一个具有创意精神的营销高手,他深谙议程设置和话题引导之道,将粉丝关注的热点和产品品牌的卖点进行了巧妙的融合,打造了兼具人文和科技特色的品牌营销典范。

3. 华为荣耀手机:见证"行走的力量"

华为荣耀手机2015年赞助了著名明星陈坤的"行走的力量"团队。"行走的力量"明星公益营销活动,是由陈坤发起的、联合众明星参与的长途行走活动,已经连续举办五年,每次都在社交媒体上掀起强大的话题传播效应。而华为荣耀手机作为陈坤行走团队的深度合作伙伴,无论是其在行走过程中的品牌植入,还是活动宣传期间的品牌传播,都将华为品牌、陈坤个人品牌,以及行走活动本身的精神内涵巧妙地融为一体。

陈坤团队在行走过程中除了受到恶劣环境和身体负荷的挑战,还会受到通信网络不稳定和信号微弱的挑战,无论是山区还是森林,华为荣耀手机全程都为行走团队提供帮助,充分体现了华为荣耀手机在通信信号、续航能力、拍照摄像、定位导航等方面的强大功能,并且荣耀手环等智能可穿戴设备,还能监测团队成员的运动量、心率、健康状况等。

陈坤本身是个公众形象健康、富有人文情怀的明星,他表达过组织行走活动的初衷和理念:"行走是一种心灵公益,它传递一种精神,像一颗种子一样,会在所有接触它的人心中生根发芽,激活内心力量。"华为荣耀的品牌理念和行走活动的精神内涵有着高度的契合性,旨在鼓励年轻人敢于挑战和追寻梦想。

华为荣耀和明星陈坤的强强联手,将勇敢挑战、追逐梦想的正能量精神通过公益活动和社交平台有效地传递给大众。除了行走的力量,荣耀的跨界营销还涉及公益、人文、体育、娱乐、极客等多个领域,让荣耀品牌的科技和人文精神内涵更加深入人心。

(三)场景营销案例

1. 伊利牛奶:线上创意和线下营销的场景融合

伊利牛奶在饮料品牌的创意营销中表现比较突出。伊利牛奶曾在2011年植入好莱坞大片《变形金刚4》,受到电影粉丝的强烈关注,但也因其生硬的场景植入而备受粉丝诟病。电影广告植入本身也是一种场景营销,需要广告品牌和电影情节的创意融合,在电影故事和品牌曝光之间有着微妙的矛盾和冲突。

不过,2017年伊利在移动营销中的创意得到了同行认可和用户肯定,可以说是非常成功的场景营销。此次营销活动在年底开展,契合冬季的场景,伊利和网易联手发起以"冬天热杯牛奶,温暖你爱的人"为主题的移动营销活动。伊利在网易新闻客户端发布HTML5的创意广告,用户首先看到主打情感营销的广告创意,在进入温暖的情景氛围后,被自然引导互动,用双手的"焐热"动作,以及屏幕显示的温度提示,逐步体验"温暖"的感觉,然后可以分享给朋友,分享的人越多,温度就会继续升高,当温度显示升到60度,就可以到线下专卖店领取一杯牛奶。整个HTML5广告创意动人、场景切换流畅、交互体验一气呵成,吸引了近百万人参与在线互动,有力推动了伊利的品牌传播和产品销售。

2. 曼秀雷敦乐敦:线上阅读和线下公益的场景融合

曼秀雷敦乐敦眼药水品牌,在2018年4月世界读书日期间,契合"全民读书"的主题,策划了一场融合线上阅读和线下公益的场景营销活动,并且在读书主题场景中巧妙融入了乐敦的产品品牌。

乐敦携手网易新闻,发起"阅读网易新闻,给乡村孩子送一本书"的公益读书计划,网易用户参与此次活动,每在线阅读浏览一页网易新闻,就可以兑换一页纸质的书,累计越多,兑换的书越多,而这些书是给乡村孩子捐赠的。该活动不仅契合了移动阅读的普及优势,让用户能够轻松便捷地参与,还充分发挥了社交平台分享传播的便捷性,边阅读边分享,提升用户参与度,并且邀请了海清、张韶涵等明星在微博平台上发布视频号召网民参与活动,利用明星效应带动粉丝热情参与和主动传播。该营销活动还发挥了线下的渠道优势,在各大地铁站投放广告和实体书架,让大规模的线下用户真实感受到公益魅力,引发情感共鸣和参与热情。

契合此次公益活动主题和乐敦的品牌定位,乐敦在线上内容植入、线下广告投放和媒体公关宣传中,以多种形式融入乐敦的产品和品牌,既倡导阅读,又提醒大家在阅读时注意保护视力,在公益营销里很好地融入商业品牌形象,并且配合便捷、低成本、易操作的参与环节设置,最大限度地激发用户参与。

3. 优衣库:线上线下一体化的消费服务

日本快时尚品牌优衣库非常注重实体店的营销策略和用户消费体验,同时又擅长利用移动互联网和社交媒体进行营销传播,将线上活跃的粉丝用户引导到实体店体验,融合创意营销、话题传播和服务引导,打造线上线下融合的消费场景。

优衣库早在2010年就曾和人人网合作推出过"幸运排队"(Uniqlo Lucky Line)游戏App,让用户选择虚拟的卡通形象参加排队,赢得各种奖品和优惠券,引导用户到优衣库线下实体店消费,是一次O2O营销的成功尝试。契合移动互联网的发展,优衣库及时推出了移动电商App,并在天猫上开设旗舰店,实现了线上虚拟店和线下实体店同步销售。不过优衣库的电商App区别于其他品牌的电商App的最大不同在于,其他品牌都是采取线上价格低于线下价格的电商推广策略,而优衣库始终坚持线上线下价格同步,没有将移动App作为商品促销平台,而是将移动App作为品牌传播和新品发布的窗口。这种线上线下统一价格的策略,一方面,避免了线上和线下渠道对于用户的争夺;另一方面,将线上渠道和线下渠道的体验进行区分,用以满足用户的不同时间地点的不同消费需求,用户既可以享受线上电商的便利,又可以享受线下实体店的真实购物感,而且不必花时间比价。

优衣库将重视消费体验的营销理念充分融入线上线下的一体化服务中。优衣库在线上App里通过品牌传播和新品展示来引导线下实体店消费,又在实体店内通过海报、货架上随处可见的二维码,鼓励消费者扫描下载优衣库的移动App,获取更多产品信息,并可以直接下单支付,这样让消费者在实体店也能享受自动化、便捷化的移动服务体验。无论是线上还是线下,不是争夺和分流消费者,而是一切以消费者的便利化和人性化体验为中心,为消费者提供一体化的服务,这也是服务营销的本质。

4. 迪士尼:快乐体验的立体场景融合

全球闻名的迪士尼,是集合影视动漫、主题公园、游戏玩具、时尚消费、图书和音像出版等跨产业经营的娱乐传媒集团,凭借其影视内容的创意生产力、规模庞大的媒体渠道、线上线下一体化的商业模式,发展成为美国乃至全球最大的传媒巨头和娱乐王国。迪士尼以其"快乐体验"为核心定位,从线上娱乐内容到线下场景体验一以贯之,在互联网和移动互联网时代,积极运用和整合移动媒体技术,打造全方位的体验营销和品牌传播。

体验营销最重要的特征就是围绕消费体验引导消费过程,是为消费者创造和提供各种创意服务体验,用体验来吸引和留住消费者,并且以此获得盈利的营销模式。伯德·施密特(Bernd H. Schmitt)在《体验式营销》(*Experiential Marketing*)一书中指出:体验营销是品牌企业对消费者的感官(Sense)、情感(Feel)、思考(Think)、行动(Act)、关联(Relate)五方面重新定义、设计和创造用户体验的过程。迪士尼在体验营销上通过多维度、立体化的场景组合策略,使各种体验彼此交融和相互促进,从情感层面、行动层面、关联层面建构了独特的娱乐体验。

第一,从感官到情感体验。影视作品是表达、宣泄、激发人类情感的重要载体,迪士尼的动画作品,面对的是儿童、成人、亲子家庭组成的最广泛群体,讲述的都是亲情、家庭、青春、奋斗、梦想的故事。迪士尼的动画电影,呈现的是真诚感人的亲情故事、生动夸张的人物(动物)形象、精良的制作水平和高科技的绚丽特效,为全球粉丝提供从视听感官到精神情感的美妙体验。而且,迪士尼的每一部作品、每一个人物(动物)形象,都现实转化和汇聚在迪士尼主题乐园中,将线上虚拟的情感体验和线下真实的场景体验进行连接和融合。在迪士尼乐园中,人们可以重温经典动画,可以和热映动画中的人物亲密互动,可以体验高科技的虚拟现实场景,以及各种惊险刺激的娱乐项目,等等。迪士尼通过线上的影视娱乐产品和线下的主题乐园服务,制造了全方位、立体化、浸入式体验空间,建立了体验营销的基础。

第二,从思考到行动体验。迪士尼抓住"爱"这种人类最自然的情感,有着积极健康、温暖有爱的价值观,并且通过强大的创意生产力和众多关联的故事及人物形象,建构了完整的世界观,鼓励人们重视家庭、关爱儿童、回归童心和感受生活。而且,主题乐园这一独特的空间场景,能够非常有效地激发和引导消费者的行为。迪士尼主题乐园,从品牌定位、场景塑造到消费服务,都以引导消费者参与和行动而设计,游客可以体验各种游玩项目,可以跟演员扮成的童话人物一起拍照、巡游,可以到电影制作馆中参与电影拍摄制作,每个儿童都可以在这里享受童年,每个成人都可以在这里回归童年。不仅如此,迪士尼在吸引更多游客入园上也是巧妙策划。2016年上海迪士尼开业期间,迪士尼和滴滴打车合作,给滴滴乘客赠送迪士尼玩具,吸引乘客到迪士尼游玩;还利用微信平台的大数据,选择目标消费群进行精准的朋友圈广告投放,根据点击广告的用户数据分析,为不同用户提供游园路线、项目推荐、行程规划等针对性服务,并通过推荐奖励机制,吸引用户带动朋友和家人一起游园。

第三,关联体验。关联体验是体验营销的高级阶段,包括关联用户的不同时间地点、不同生命周期以及不同社交网络的需求。迪士尼主打亲子家庭的娱乐体验,这本身就关联了孩子和家长这一家庭群体的需求,移动互联网让迪士尼有了更有力的工具和更丰富的创意关联手段。迪士尼在美国推出了名为"Story"的App应用,供父母将随手拍摄的孩子的照片或视频,用该App强大的排版和剪辑功能,对照片、视频、音频等进行影视化制作、发布和分享。迪士尼的这款App密切关联了家庭成员和各种生活场景,伴随全家人的快乐记忆,打造了润物细无声的品牌营销。而且,迪士尼巧妙地用童趣和快乐主题关联了粉丝的各个成长阶段和生命周期,无论是大人还是孩子,都可以在迪士尼的产品中体验童年的欢乐和童心的感动。迪士尼中国和美图秀秀合作,开发了"迪士尼公主加冕"的线上营销活动,在美图秀秀应用内推出"白雪公主""贝儿公主""爱莎公主"的特效应用,让用户可以一键自拍化身童话公主,然后设置奖励机制,鼓励用户在微博、微信上晒出自己的"公主照",满足粉丝的"公主梦",并且邀请赵丽颖、迪丽热巴等明星使用并发布个人微博,在社交媒体上掀起"迪士尼公主加冕"的粉丝参与热潮。该营销活动开展期间,美图秀秀的公主特效应用下载量超过500万,微博上的阅读量和转发量达到2亿人次。

(四)社群营销案例

1. 罗辑思维：知识社群和社群商业模式的开创者

由央视《对话》节目前制片人罗振宇创办的微信自媒体"罗辑思维"，面向 80 后、90 后的年轻群体，以阅读和知识分享为定位，以"有种、有料、有趣"为口号，为粉丝用户提供多元化的阅读类、知识类产品和服务。"罗辑思维"不是简单生产内容的自媒体，而是通过粉丝社群的运营，进行产品和服务的创新，并且积极探索多元化的商业模式，是"社群经济"概念的最早提出者和践行者。其社群营销的创新点主要体现在以下几方面。

第一，擅长内容制造和粉丝运营。罗辑思维自 2012 年年底上线，在微信账号上每天推出 60 秒钟的音频节目，在视频网站上每周推出 50 分钟的视频脱口秀节目，通过独具特色的内容制造、独树一帜的幽默风格、富有创意的粉丝运营，聚合了大批粉丝用户，制造了独特的文化体验和情感体验，被誉为"魅力人格体"的开创者。

第二，策划会员营销，探索社群电商模式。罗辑思维在微信支付刚刚推出时，就策划了会员招募活动，并在微信上制造话题，号称此次会员招募是"不告知会员权益"、为了考验粉丝信任度的"无理招募"，结果成功获得会员收入近千万元；当会员粉丝积累了一定规模后，罗辑思维又引导各地会员自发组建微信群，在各地自发开展读书会、美食会、相亲会等社群活动，不断提升社群活跃度；然后，在会员营销的基础上，罗辑思维积极探索社群电商模式，鼓励会员之间基于信任互利关系，互相营销自己的品牌产品，并面向会员定制营销各种特色产品，曾创下 90 分钟售罄 8000 套单价 499 元的图书礼包的纪录，还推出了中秋月饼、"企业家水果"(柳传志、潘石屹等企业家推出的水果品牌)等各种电商产品，社群电商的年收入超过千万元。

第三，拓展多元化的知识付费产品和服务。罗辑思维没有止步于社群电商，又开发了"得到"知识付费平台，邀请来自各个领域的"内容制造者"在"得到"平台上开设专栏(相当于自媒体)，为粉丝用户提供财经金融、文史哲和艺术等多元化的知识产品和服务，而"得到"平台为这些"内容制造者"提供的是内容策划、制作包装和粉丝运营服务，用以提升粉丝用户的体验。"得到"App 自 2016 年上线，发展到 2018 年，下载用户已经突破 1000 万，付费订阅用户超过 200 万。

罗振宇擅长塑造个人品牌，以博学多才的知识分子形象和幽默风趣的语言风格独树一帜，获得大规模的粉丝关注和拥护。更重要的是，其在知识类产品的服务模式、经营方式、商业模式方面做出的创新，以及由此展现的知识社群的商业力量，具有很大的想象空间。罗辑思维充分契合移动互联网时代的信息传播特征,满足年轻人对于知识获取的社会需求和知识分享的情感需求,着力进行知识类产品的创意开发,不断加强知识型社群的粉丝经营,成功开创了知识社群的商业模式。

2. 耐克:"Nike+"社群和品牌创新的典范

耐克作为全球知名的运动品牌,顺应互联网、移动互联网的快速发展,确立了"Nike+"数字运动平台战略,通过移动应用的开发和"Nike+"粉丝社群的经营,实现从运动快消品品牌到运动娱乐社交服务品牌的转型。

耐克与苹果在2006年合作推出"Nike+iPod"跑鞋,成为最早的智能可穿戴产品。2010年耐克成立数字运动部门(Digital Sport),2012年先后推出了Nike+Basketball、Nike+Training、Nike+Running多款App应用(下载量超过1600万),2013年推出了微信公众号Nike+Run Club(粉丝量超过50万),通过这些移动应用平台为运动爱好者提供个性化、社交化的运动体验服务,用户可以和教练进行在线咨询,定制健身计划,组建跑团进行竞赛,交流跑步心得,等等。"Nike+"将跑步这项私人运动发展为社交运动,建立了集智能可穿戴产品、运动服务、社交分享功能一体化的"Nike+"运动社交服务平台,通过这一平台加强粉丝互动,增强了品牌体验,并且通过服务模式的创新,提升了品牌价值,带动了产品和服务的创新。"Nike+"平台汇集了大量运动爱好者和粉丝用户的信息数据、运动数据和社交数据,为耐克进行产品研发和制定营销策略提供了基础。耐克曾通过"Nike+"的用户数据分析,发现56%的用户是女性群体,马上推出了Nike Women产品,并邀请网球冠军李娜做品牌代言;耐克还发现很多用户有夜跑习惯,于是在新品上加上了反光材料,提高夜间运动的可见度和安全性。耐克从"Nike+"的活跃粉丝用户中获得创意来源和创新动力,而"Nike+"的活跃粉丝用户又成为其产品和品牌的最佳营销阵地。2015年,耐克在美国成立Fuel Lab实验室,将"Nike+"系统开放给第三方开发者,支持更多的技术开发商研发更多创新应用,进一步探索"产品+数据+服务"的创新商业模式。耐克品牌借助"Nike+"的社群平台,在品牌转型和创新的道路上遥遥领先。

3. 正和岛和爱黑马:传统媒体率先尝试社群营销

社群传播的典型特征就是圈层聚合、情感传播和自组织协作。社群成员之间基于兴趣和需求的自由聚合,以及聚合之后的自组织协作,带来创新的产品和服务,提升社群平台的功能和价值。所以,社群经济的实质既是一种创新的营销模式,更是一种创新的商业模式。

2012年国内最大的企业家社群"正和岛"诞生,正和岛是由经济日报社《中国企业家》杂志创始人刘东华发起的、定位于服务高端企业家的社群组织。正和岛通过App、微信群、微信联盟等移动平台,聚合了全国3000多名中高端企业家会员,不断依托线上社交平台加强企业家会员的互动和参与,并且将线上的企业家社群和线下的企业家俱乐部活动结合,促进企业家之间的项目和资本合作,实现了传统媒体到商业投资平台的转型。

如果说"正和岛"是比较高端的企业家社群,那么"爱黑马"就是以创业家为主的未来企业家社群。爱黑马是由曾经担任过《中国企业家》总编辑的牛文文创建,以黑马姿态闯入"社群经济"的商业阵营。牛文文首先创办《创业家》杂志,发挥媒体人优势,通过媒体内容聚合了一批创业者粉丝,然后在媒体上宣称"不做媒体做社群",制造话题效应和引起媒体关注,趁势推出了"爱黑马"社群品牌,即结合线上微信推送(微信账号:爱黑马)和线下系列活动(黑马训练营、黑马大赛等),聚集国内几百万的创业者人群,再通过组建分行业、分主题的创业者微信群,成为创业项目的孵化平台。

正和岛和爱黑马,是传统媒体率先尝试社群营销和社群商业模式的典型案例,这两个社群平台的鲜明定位、社群成员的参与度,以及社群转化的产品和服务都具有典型的代表意义。

(五)价值网络营销案例

1.小米手机:从粉丝营销发展到智能终端服务平台

小米手机作为国内智能手机公司的代表,一方面通过互联网社交平台和粉丝营销打造品牌;另一方面,在智能硬件、操作系统、大数据和云服务、电商等各条业务线上进行营销模式创新和商业模式创新,将价值网络的广度和深度不断延展,从而形成产品和营销、软件和硬件、终端服务和大数据不断协同创新的价值网络和营销管理创新体系。

第一,以粉丝参与为核心的产品创新思维。小米手机在生产研发环节,以MIUI论坛为研发平台,聚合粉丝用户参与生产,并且根据用户的参与度将用户分成不同层级,包括直接参与开发的用户、参与测试的用户、参与体验和主动传播的用户等,充分激发每个用户的积极性和创造力,由核心粉丝用户带动普通粉丝用户,在粉丝群体内部形成聚合力和传播力,形成自组织的传播效应。MIUI论坛不仅成为粉丝贡献创意、参与生产、主动传播的社群互动平台,也成为小米不断进行产品、服务和用户管理的后台。小米以MIUI系统为核心推出各种软件服务,实现软硬件一体化的产品和服务研发,并且同步收集和分析海量用户的需求和行为数据,成为小米对接用户需求和生产研发的交互管理平台。小米将手机的成功模式进行复制,在激发粉丝参与过程中不断获得的新的创意,开发多元产品线,推出了小米电视、小米路由器、小米电源等系列产品。

第二,以粉丝营销为基础的品牌创新思维。小米搭建了完善的粉丝营销体系,通过微博、微信、即时通信工具"米聊"等社交平台和粉丝亲密互动、提供实时响应和互动服务。小米的官方微博账号、小米的创始人雷军和黎万强的个人微博账号,每天更新内容和小米粉丝互动,充分践行"和粉丝做朋友"的服务口号,提升粉丝的信任感和忠诚度。小米还充分利用粉丝的自组织力量在各地举办线下推广活动,比如"爆米花""小米同城会"等,通过线下活动进一步加强小米和粉丝的情感联系,通过线上线下结合将营销传播效应最大化。

第三,生产营销精准对接的渠道创新思维。小米手机的销售渠道也主要通过互联网平台,包括小米官网和各大电商平台,采用网上预售制,根据预售量按单计量地外包给硬件工厂加工,实现按单生产和零库存管理。小米的网上预售和粉丝营销形成呼应,一方面营造"饥饿营销"的传播效应,另一方面检验粉丝营销的销售转化率,实时调整营销策略和生产进度。由此,小米以粉丝参与和粉丝营销为核心搭建了自生产、自传播、自消费的一体化创新营销模式,一方面极大地提升了产品和品牌创新的能力,另一方面通过各个环节的协作,把生产、营销、渠道这些传统工业的高成本环节的成本都压到最低,提升了"高配低价"的产品优势和"高口碑低成本"的营销优势。

第四,建构价值网络,创新商业模式。近几年来,小米在手机业务之外,重点拓展视频内容和智能终端业务。2014年引进新浪前总编辑成彤加盟,负责视频内容战略;2015年投资18亿元入股爱奇艺,成为百度之后的第二大股东;投资多家智能硬件商,和"美的"达成战略合作,布局智能终端业务,并同步推出小米电商,加强自有营销渠道建设。随着产品和业务的多元化,需要后台技术和管理系统的支撑,小米自2016年起重点布局大数据管理和云服务系统,开始"大数据+云+终端"的平台运营商的战略转型。

小米手机2010年创立,用短短不到8年时间,总融资额超过20亿美元,品牌估值超过450亿美元。2015年小米手机的国内销量超过6000万台,销售额超过1000亿元;2016年受全球智能手机增量放缓的影响,经历了短暂的增长缓慢;2017年凭借产品功能升级,销量重新大涨,进入全球手机品牌销量前五,并开拓了印度等国外市场,为进入欧美市场做准备;2018年小米手机成功上市。小米手机成长速度之快,是中国移动互联网产业和智能手机产业的奇迹。小米的品牌目标不仅是智能手机,而是建造"以粉丝营销和社群经营"为基础,以"软硬件一体化"商业模式为核心,以"大数据、云服务、智能终端"为延展的商业生态,即价值网络。如何加强核心产品和服务价值,形成粉丝忠诚和持续参与,发挥价值网络的协同效应,是小米保持持续发展势头的关键。

2.红领酷特:大数据驱动的智能化工厂和定制化协作平台

生产和营销的对接,其实是最朴素也最难实现的商业理念。在互联网和大数据技术的推动下,产营消一体化的商业形态将会真正实现。消费系统的网络化和数据化得到高度发展,逆向推动生产系统的网络化和数据化加速,泛传播的价值从消费端延伸到生产端。以德国工业4.0为代表的工业互联网,就是将大数据技术运用到生产营销过程中的研发制造、加工组装、物流销售等各个环节,建立智能化、数据化、个性化的组织管理系统,其目标是提供高效的用户需求解决方案,实现柔性化生产和个性化定制。

红领集团可以说是国内积极推进"工业互联网"的典型代表。红领服饰从2003年开始用大数据技术改造生产营销管理系统,用了十多年的时间,投入数亿资金,从传统服装企业成功转型为拥有智能化工厂和定制化协作平台的互联网工业品牌,形成了智能定制和工商一体化(C2M,Customer to Manufacture)的创新模式。

第一,大数据驱动的智能工厂。红领的智能工厂运用大数据技术,将海量用户特征和需求数据进行建模分析,能够根据用户下单时提供的信息,自动完成设计制版、工艺匹配、面料选择、裁剪加工、配套入库等全流程,实现智能化的人机协作,使全部生产流程实现个性化需求匹配和精确化生产控制。智能工厂的核心就是将大数据技术全面应用到生产系统的各个环节,将个性化定制、智能化生产和自动化管理结合在一起。红领智能工厂平均7个工作日就能完成单件定制服装的生产,日均产量能达到1500—2000套,而成本只是非定制服装的1.1倍。

第二,以"定制"为核心的协作平台。定制的核心是需求信息、生产信息、服务信息的实时交互。红领建立了名为"酷特"的"定制生产协作"平台,实现用户、红领员工、定制服装、生产线之间的交互协作。首先,在营销环节,该平台上提供的款式、布料、工艺、配件等产品数据,能提供90%以上的个性化组合,供用户自由选择搭配和自主个性化设计,并实时生成真人着装效果图;其次,在加工环节,用户和员工可以实时在线沟通和进行需求调整;最后,在生产过程各环节中的员工也通过该平台进行对接、协作、管理和监控。

红领通过智能工厂和定制协作平台,将消费者和生产者进行实时连接,通过任务分解、信息交互和节点控制,实现生产和营销过程的实时对接和自动管理,极大地降低了中间环节的沟通成本、渠道成本和交易成本,通过信息流和数据流的管理,实现用户价值和企业价值的最大化。产营消一体化促进了品牌和用户的协同创新和价值共创,并且从创意设计到定制生产,再到物流配送和售后服务,让每一个节点都成为品牌和用户之间的"交互界面",实现透明、高效的"可视化"生产营销管理,增强用户的参与感、信任感和体验感,真正实现了个性化定制、智能化生产和人性化服务。

参考文献

一、专著

1. 沈虹.协同与互动:网络营销创意传播服务模式研究[M].北京:中央民族大学出版社,2013.
2. 蓝晓霞.美国产学研协同创新机制研究[M].北京:北京交通大学出版社,2014.
3. 张金海.20世纪广告传播理论研究[M].武汉:武汉大学出版社,2002.
4. 陈刚,等.创意传播管理CCM:数字时代的营销革命[M].北京:机械工业出版社,2012.
5. 任锦鸾.创新机理:以媒体行业为例[M].北京:科学出版社,2011.
6. 李斗熙.网络营销[M].北京:中国人民大学出版社,2011.
7. 姜旭平.网络整合营销传播[M].北京:清华大学出版社,2009.
8. 秦艳华,路英勇.全媒体时代的手机媒介研究[M].北京:北京大学出版社,2013.
9. 邱道勇.微信改变世界[M].北京:中国财富出版社,2013.
10. 黄河,等.中国网络广告十七年(1997-2014)[M].北京:中国传媒大学出版社,2014.
11. 程宏.大时代的融媒体营销[M].北京:中国传媒大学出版社,2013.
12. 寇紫遐.网络社区营销传播的路径与模式[M].北京:中国传媒大学出版社,2014.
13. 周长城.经济社会学:第二版[M].北京:中国人民大学出版社,2011.
14. 高天亮.基于价值网理论的商业模式研究[M].广州:世界图书出版广东有限公司,2011.
15. 梁海宏.连接时代:未来网络化商业模式解密[M].北京:清华大学出版社,2014.
16. 黄河.手机媒体商业模式研究[M].北京:中国传媒大学出版社,2011.
17. 匡文波.手机媒体:新媒体中的新革命[M].北京:华夏出版社,2010.
18. 徐志斌.社交红利[M].北京:北京联合出版公司,2013.
19. 唐兴通.引爆社群:移动互联网时代的新4C法则[M].北京:机械工业出版社,2015.
20. 孔剑平,金韶,等.社群经济:移动互联时代的商业驱动力[M].北京:机械工业出版社,2015.
21. 曾航,刘羽,陶旭骏.移动的帝国:日本移动互联网兴衰启示录[M].浙江:浙江大学出版社,2014.
22. 王菲.媒介大融合:数字新媒体时代下的媒介融合论[M].广州:南方日报出版社,2007.
23. 沈拓.不一样的平台:移动互联网时代的商业模式创新[M].北京:人民邮电出版社,2012.
24. 刘德寰,刘向清,崔凯,荆婧.正在发生的未来:手机人的族群与趋势[M].北京:机械工业出版社,2012.

25. 乔均,金定海,陈刚.模式与路径:中国广告业的创新与发展[M].南京:江苏凤凰科学技术出版社,2017.
26. 吴声.场景革命:重构人与商业的连接[M].北京:机械工业出版社,2015.
27. 孙希有.服务型社会的来临[M].北京:中国社会科学出版社,2010.
28. 郭庆光.传播学教程[M].北京:中央人民大学出版社,2009.
29. 刘海龙.大众传播理论:范式与流派[M].北京:中国人民大学出版社,2008.
30. 苗东升.系统科学精要[M].北京:中国人民大学出版社,1998.

二、译著

1. 本科勒.企鹅与怪兽:互联时代的合作、共享与创新模式[M].简学,译.杭州:浙江人民出版社,2013.
2. 雷尼,威尔曼.超越孤独:移动互联时代的生存之道[M].杨伯溆,等译.北京:中国传媒大学出版社,2015.
3. 卡斯特.网络社会的崛起[M].夏铸九,等译.北京:社会科学文献出版社,2001.
4. 斯考伯,伊斯雷尔.即将到来的场景时代[M].赵乾坤,等译.北京:北京联合出版公司,2014.
5. 罗杰斯.创新的扩散[M].辛欣,等译.北京:中央编译出版社,2002.
6. 托夫勒.财富的革命[M].吴文忠,等译.北京:中信出版社,2006.
7. 克莱舍基.认知盈余[M].胡泳,等译.北京:中国人民大学出版社,2011.
8. 德鲁克.管理的实践[M].齐若兰,译.北京:机械工业出版社,2009.
9. 舍恩伯格,库克耶.大数据时代:生活、工作与思维的大变革[M].盛燕,等译.杭州:浙江人民出版社,2013.
10. 莱文森.手机:挡不住的呼唤[M].何道宽,译.北京:中国人民大学出版社,2004.
11. 莱文森.新新媒介:第二版[M].何道宽,译.上海:复旦大学出版社,2014.
12. 马丁.决战第三屏:移动互联网时代的商业与营销新规则[M].唐兴通,译.北京:电子工业出版社,2012.
13. 马丁.决胜移动终端:移动互联时代影响消费者决策的6大关键[M].唐兴通,等译.杭州:浙江人民出版社,2013.
14. 舒尔茨.SIVA范式:搜索引擎触发的营销革命[M].李丛杉,译.北京:中信出版社,2014.
15. 瓦雷.营销传播:理论与实践[M].范红,译.北京:清华大学出版社,2011.
16. 凯利.失控:全人类的最终命运和结局[M].东西文库,译.北京:新星出版社,2010.
17. 凯利.技术元素[M].张行舟,等译.北京:电子工业出版社,2012.
18. 谢尔顿.移动云:企业与员工、消费者、业务伙伴的关系由此发生重大转变[M].王正林,等译.北京:中国青年出版社,2014.
19. 克莱舍基.未来是湿的[M].胡泳,沈满琳,译.北京:中国人民大学出版社,2009.

20. 布莱默.点亮社群:互联网营销的本质[M].曾虎翼,译.北京:东方出版社,2010.

21. 佐拉蒂.精准营销:社会化媒体时代企业传播实战宝典[M].北京:企业管理出版社,2013.

22. 辛普.整合营销沟通:第5版[M].熊英翔,译.北京:中信出版社,2003.

23. 瓦雷.营销传播:理论与实践[M].范红,译.北京:清华大学出版社,2011.

24. 德鲁克.创新与创业精神[M].张炜,译.上海:上海人民出版社,2002.

25. 德鲁克.管理的实践[M].齐若兰,译.北京:机械工业出版社,2015.

26. 沃泰姆,芬威克.奥美的数字营销观点:新媒体和数字营销指南[M].台湾奥美互动营销公司,译.北京:中信出版社,2009.

27. 科特勒,凯勒.营销管理:第14版:全球版[M].王永贵,译.北京:中国人民大学出版社,2012.

28. 科特勒,等.营销革命3.0:从产品到顾客,再到人文精神[M].毕崇毅,译.北京:机械工业出版社,2014.

29. 桑福德,泰勒.开放性成长:商业大趋势:从价值链到价值网络[M].刘曦,译.北京:东方出版社,2012.

30. 哈肯.信息与自组织:复杂系统的宏观方法[M].郭志安,译.成都:四川教育出版社,2010.

31. 熊彼特.经济发展理论[M].何畏,等译.北京:商务印书馆,1990.

32. 麦克卢汉.理解媒介:论人的延伸[M].何道宽,译.北京:商务印书馆,2000.

33. 波兹曼.娱乐至死[M].桂林:广西师范大学出版社,2004.

34. 麦奎尔,等.大众传播模式论[M].祝建华,译.上海:上海译文出版社,2008.

三、期刊论文

1. 汪涛,周玲,杨立华.网络化营销:基于价值网络化的营销范式初探[J].外国经济与管理,2010,32(1).

2. 胥琳佳.大数据对于传播学研究内容和方法的影响:基于社交媒体和移动互联网的思考[J].中国出版,2013,(9)下.

3. 韩运荣,高顺杰.微博舆论传播模式探究[J].现代传播,2012(7).

4. 周修亭,张胜战,张建华.移动互联网营销的模式与策略[J].长春理工大学学报(社科版),2012,25(9).

5. 黄升民,刘珊."大数据"背景下营销体系的解构与重构[J].现代传播,2012(11).

6. 高岩.从价值网视角看手机媒体产业的发展:以日本手机媒体为例[J].中国出版,2011,(10)上.

8. 金韶.移动互联网语境下的媒介融合和媒体发展策略[J].中国广播电视学刊,2015(6).

9. 倪宁,金韶.大数据时代的精准广告及其传播策略:基于场域理论视角[J].现代传播,2015(4).

10. 金韶."社群经济"的传播特征和商业模式[J].现代传播,2016(4).

11. 喻国明.镶嵌、创意、内容:移动互联广告的三个关键词:以原生广告的操作路线为例[J].新闻与写作,2014(3).

12. 周勇.由"时间"向"空间"的转向:技术视野下中国电视传播逻辑的嬗变[J].国际新闻界,2016(11).

13. 彭兰.场景:移动时代媒体的新要素[J].新闻记者,2015(3).

14. 翟本瑞.从社区、虚拟社区到社交网络:社会理论的变迁[J].兰州大学学报(社科版),2012(5).

15. 姚达.微传播时代的创新营销策略[J].中国出版,2012,(9)下.

16. 于婷婷.基于社会化媒体口碑的营销传播策略创新[J].新闻大学,2014(3).

17. 张婷婷.App广告:新媒体时代的自营销利器[J].青年记者,2014(3).

18. 张艳.传播学视角下即时性营销模式与战略实现:以微信营销为例[J].中国出版,2013(8).

19. 周修亭,张胜战,张建华.移动互联网营销的模式与策略[J].长春理工大学学报(社科版),2012,25(9).

20. 张爱甜,顾庆良.价值流视角下的营销战略创新[J].商业时代,2013(9).

21. 张金海.数字技术与网络传播背景下的广告生存形态[J].武汉大学学报(人文科学版),2009(04).

22. 张金海.挑战下的广告:变革创新转型[J].现代广告,2010(4).

23. 马忠君.虚拟社群中虚拟自我的建构与呈现[J].现代传播,2011(6).

24. 范红霞.社会网络的关系流动和价值变迁[J].浙江传媒学院学报,2012,19(1).

25. 欧晓华,赵守国.移动互联网产业价值网络重构的模型分析[J].产业经济,2013(10).

26. 程立茹.互联网经济下企业价值网络创新研究[J].中国工业经济,2013(9).

27. 田溯宁.未来20年:产业互联网的时代[J].商学院,2014(4).

28. 彭兰.场景:移动时代媒体的新要素[J].新闻记者,2015(3).

29. 丁俊杰.新时代与新广告[J].中国广告,2016(07).

30. 彭兰.社会化媒体与媒介融合:双重旋律下的关键变革[J].新闻战线,2012(2).

31. 黄南霞,等.大数据环境下的网络协同创新平台及其应用研究[J].现代情报,2013(10).

32. 喻国明,李慧娟.大数据时代传媒业的转型进路:试析定制内容、众包生产与跨界融合的实践模式[J].现代传播,2014(12).

33. 王雷.移动互联网络整合营销传播模式构建探讨[J].今传媒,2012(8).

34. 孙健.场景时代电视综艺节目的跨界创新[J].南方电视学刊,2015(1).

35. 陈刚.公众的崛起与广告业的未来[J].广告研究,2016(10).

36. 赵曙光.网络广告的去广告化:高转化率的创新路径[J].传媒,2015,(01)上.

37. 杜俊飞.泛传播的观念:基于传播趋向分析的理论模型[J].新闻与传播研究,2001(04).

38. 宋刚,张楠.创新2.0:知识社会环境下的创新民主化[J].中国软科学,2009(10).

39. 黄升民,谷虹.数字媒体时代的平台建构与竞争[J].现代传播,2009(5).

40. 徐小龙.虚拟社区的商业价值实现研究[J].中国地质大学学报,2010(4).

41. 周知.论创新与扩散理论对广告传播策略的启示[J].东南传播,2008(11).

42. 喻国明.中国传媒业30年:发展逻辑与现实走势[J].青年记者,2008(4).

43. 陈力丹,付玉辉. 论电信业和传媒业的产业融合[J]. 现代传播,2006(3).

四、学位论文

1. 胡庆平. 面向移动互联网信息服务的用户行为研究[D]. 北京:北京邮电大学,2017.
2. 星亮. 营销传播理论演进研究[D]. 广州:暨南大学,2013.
3. 曾学工. 移动互联网时代智能手机业管理创新研究[D]. 武汉:武汉大学,2013.
4. 魏丽宏关于我国手机传媒产业发展的研究[D]. 北京:中国社会科学院,2012.
5. 艾莉莎. 物联网空间域的泛传播构型[D]. 北京:北京邮电大学,2014.
6. 卫军英. 整合营销传播观念及其理论构架[D]. 杭州:浙江大学,2005.
7. 易绍华. 数字化背景下中国电视媒体的网络化生存研究[D]. 武汉:武汉大学,2009.

五、英文文献

1. ANDERSSON C,FREEMAN D,JAMES I,JOHNSTON A,LJUNG S. Mobile media and applications:from concept to cash,successful service creation and launch[M]. Wiley,2016.
2. CHESBROUGH H. Business model innovation:opportunities and barriers[J]. Long range planning,2010(43).
3. KARLSSON M. The immediacy of online news,the visibility of journalistic processes and a restructuring of journalistic authority[J]. Journalism,2011,12(3).
4. SPYRIDOU L P,VEGLIS A,KALLIRIS G,DIMOULAS C,MATISIO M. Journalism in a state of flux:journalists as agents of technology innovation and emerging news practices[J]. International communication gazette,2013,75(1).
5. GHOSE A,GOLDFARB A,HAN S P. How is the mobile internet different? search costs and local activities[J]. Information systems research,2013,24(3).
6. FORD D,GADDE L,HAKANSSON H. Managing business Relationships[M]. Wiley,2011.
7. PERDUE D J. Social media marketing:gaining a competitive advantage by reaching the masses[M]. Liberty University,2010.
8. RAINIE L,WELLMAN B. Networked:the new social operating system[M]. MIT Press,2012.
9. LEWIS S C,USHER N. Open source and journalism:toward new frameworks for imagining news innovation[J]. Media culture & society,2013,35(5).
10. KUNG L. Innovation and creativity in the media industry:what? where? how? [M]. Edward Elgar Publishing,2010.
11. KIM E,LEE D. Developing and evaluating new ICT innovation system:case of Korea smart media industry[J]. Etri journal,2015,37(5).
12. SCHULTZ D,SCHULTZ H. IMC:The next generation five steps for delivering value and meas-

uring returns using marketing communication[M]. New York:McGraw—Hill Education,2003.

13. DUCAN T. IMC:Using advertising and promotion to build brands[M]. New York:McGraw—Hill,2001.

14. BOVET D,MARTHA J. Value nets:reinventing the rusty supply chain for competitive advantage[J]. Strategy & leadership,2000,28(4).

15. JENKINS H. Confronting the challenges of participatory culture:media ducation for the 21st century[M]. MIT Press,2006.

16. SWEENEY S,MACLELLAN A,DOREY E. 3G Marketing on the internet:third generation internet marketing strategies for online success[M]. NewYork:Maximum Press,2006.

17. PRAHALADC. K,RAMASWAMY V. Co-creating unique value with customers[J]. Strategy & leadership,2004,32(3).

18. PAYNEA. F,STOBACKS K,FROW P. Managing the co-creation of value[J]. Journal of the academy of marketing science,2008(36).

19. ZWICKD,BONSU S K,DARMODY A. Putting consumers to work:'co-creation' and new marketing govern mentality[J]. Journal of consumer culture,2008,8(2).

20. MUNIZ J,ALBERT M,O'GUINN,THOMAS C. Brand community[M]. Journal of consumer research,2001,27(3).

21. MCALEXANDER J H,SCHOUTEN J W,KOENIG H F. Building brand community[M]. Journal of marketing,2002,66(1).

22. KAMBIL A,FRIESEN G B,SUNDARAM A. Co-creation:a new source of value[J]. Outlook,1999(2).

23. BLANKENBURG H D,ERIKSSON K,JOHANSON J. Creating value through mutual business network relationships[J]. Strategic management journal,1999(20).

24. HOWARD R. The virtual community:homesteading on the electronic frontier[M]. Reading,Mass:Addison—Wesley,1993:5.

25. POTER M E. Competetive advantage:creating and sustaining superior performance[M]. New York:Free Press,1985(10).

26. GRANOVETTER M. Economics action and social structure:the problem of embeddedness[J]. The American journal of sociology,1985,91(3).

27. MCLUHAN M. Understanding media:the extensions of man[M]. New York:McGraw—Hill,1964.

六、行业报告

1. 工业和信息化部. 移动互联网白皮书(2013)[R/OL]. [2013-03-01]. http://www.miit.gov.cn/

n1146312/n1146909/n1146991/n1648536/c3489497/content.html.

2. 工业和信息化部.移动互联网白皮书(2011).[R/OL]..[2013-02-28].http://www.miit.gov.cn/newweb/n1146312/n1146909/n1146991/n1648536/c3489473/content.html.

3. 人民网研究院.中国移动互联网发展报告(2017).[R/OL].[2017-07-01].

4. 艾瑞网.2017年中国iOS用户洞察和移动营销趋势报告[R/OL].[2017-06-07].http://news.iresearch.cn/content/2017/06/268592.shtml.

5. 艾瑞网.2016年中国移动营销行业研究报告:程序化时代篇[R/OL].[2016-07-20].http://report.iresearch.cn/report_pdf.aspx?id=2618.

6. 腾讯科技和中国人民大学新闻学院新媒体研究所.移动媒体趋势报告:中国网络媒体的未来2014[R/OL].[2014-11-10].http://tech.qq.com/a/20141112/048252.htm#p=28.

7. 中国互联网络信息中心(CNNIC).第41次中国互联网络发展状况统计报告[R/OL].[2018-03-05].http://www.cnnic.net.cn/hlwfzyj/hlwxzbg/hlwtjbg/201803/P020180305409870339136.pdf.

8. IDC Worldwide Quarterly Mobile Phone Trackers[R/OL].[2018-02-27].https://www.idc.com/tracker/showproductinfo.jsp?prod_id=37.

9. IDC Worldwide Quarterly Wearable Device Trackers[R/OL].[2018-03-01].https://www.idc.com/tracker/showproductinfo.jsp?prod_id=962.

10. IDCWorldwide Quarterly Wearable Device Trackers[R/OL].[2018-03-01].https://www.idc.com/tracker/showproductinfo.jsp?prod_id=962.

11. ICT Facts and Figures 2017.[R/OL].[2017-07-31].https://www.itu.int/en/ITU-D/Statistics/Pages/facts/default.aspx.

12. MDGs 2000-2015:ICT revolution and remaining gaps.2015.http://www.itu.int/en/ITU-D/Statistics/Documents/facts/ICTFactsFigures2015.pdf.

13. The White House of US. Big Data: Seizing Opportunities, Preserving Values[R/OL].2014.http://www.whitehouse.gov/sites/default/files/docs/big_data_privacy_report_may_1_2014.pdf.

14. IDC and EMCDigital Universe in 2020s[R/OL].https://www.emc.com/leadership/digital-universe/index.htm.

15. McKinsey Global Institute. Big data: the next frontier for innovation, competition, and productivity[R/OL].http://www.mckinsey.com/insights/business_technology/big_data_the_next_frontier_for_innovation/.

后　记

本书是基于我的博士论文修改完善而成的。在攻读中国人民大学新闻学院的博士之前和期间，也就是 2015 年前，我在广告、传媒行业有着十余年的工作经验和实战经历，对广告和品牌营销的实践变化一直有着比较浓厚的研究兴趣。而在我准备博士论文时，正赶上移动互联网快速发展的契机，移动互联网推动着营销传播从理念、策略到方式，出现了种种创新实践，不断刺激着学界和业界探寻其内在的创新逻辑和运行机制，这成为我选择移动互联网营销传播为研究对象展开研究的原因。

我在研究和写作期间，深刻感受到无论是移动互联网技术还是营销传播实践，其变化速度之快，让人常有眼花缭乱、无所适从之感。现有研究成果也显得庞杂而散乱，有的观点刚刚诞生就被现实问题无情地"批判"，有的观点还在"忐忑"等待实践变化的检验，还有的观点有着华丽铺陈和哗众取宠之感。但理论研究的乐趣和价值就在于挖掘纷杂现象背后的本质规律，这也成为我坚持研究的动力，虽然一路摸爬滚打、历经波折，这期间的痛苦相信写过博士论文的同学都会感同身受，但是最终我还是坚持完成了。

博士毕业后，也就是 2016 年年初，我进入了高校从事教学和科研工作。因为某些机遇和条件，我的研究方向逐步转向影视传播和文化产业研究，跟广告和营销传播的研究方向似乎有些偏离，但是互联网和新媒体技术对于传媒业等各行各业的影响和变革，让我对移动互联网、移动媒体和品牌营销一直保持密切的关注。两年后，也就是 2018 年，我重新拿出当时的博士论文，准备修改成书，在原来的研究中发现了很多不足和问题，于是我结合这两年的研究积累和发现，做了尽量多的补充和完善。

互联网的价值在于变革，而移动互联网的价值在于创新。移动互联网是互联网在深度和广度方向的延伸。互联网历经 40 多年发展到移动互联网阶段，"互联网思维""互联网＋"等概念才开始深入人心。究其原因，是移动互联网把互联网的开放连接的技术和理念，以及传播的意义和价值，延伸到了社会各个领域和环节，也让"创新"理念深入人心。移动互联网的网络连接效率、技术更新速度和应用服务创新程度，都远远超过互联网，也因此引发了营销传播和商业模式的变革。网络化创新是移动互联网时代的显著特征，也是移动互联网营销传播的内在机理，以此为基础研究营销传播的发展规律和创新机制，既是我的研究重点和难点，也是我未来深化研究的目标和方向，也希望并相信未来会有更多的学者投入到相关研究课题中。

回顾我的研究和工作经历，我的硕士专业是传媒经济学，硕士期间对经济学、管理学理论做了研究积累；我的博士专业是传播学，在广告传播、新媒体传播的理论和实践方面都加强了研究；加上我多年的传媒工作经历，一直奋战在传媒运营管理、新媒体营销的实践领域，使得我非常关注新的媒介技术对于用户行为、传播形态、营销传播等多个方面的影响和变革。所以，我力图把社会学的社会网络理论、传播学的媒介理论、经济管理学的价值网络和创新理论相结合，从泛传播网络、用户关系网络、企业价值网络的多重网络着手，搭建一个网络化的营销传播研究框架，研究网络内部和网络之间的创新逻辑、创新机制和创新模式。移动互联网媒介和营销传播系统，涉及跨专业、多学科的交叉研究，还有很多可以深化研究的地方，期待能有更多的跨学科的研究学者一起努力。

三年多的博士求学过程中，我得到了博士导师倪宁老师的悉心指导，尤其在博士论文写作过程中，从开题的迷茫到写作的艰难，倪老师一直鼓励和支持我，并且从移动互联网技术和产业的趋势与方向不断启发我，对我找到研究突破口起了很重要的作用。我还要感谢我的硕士导师张辉锋老师，张老师不仅在我硕士期间培养了我的学术潜力，在博士期间也很关心我的研究，对我论文的立题选题、逻辑主线、研究创新等方面给了很多指导意见。我博士毕业后进入高校工作，从一个媒体人转型成为一名高校教师，这要感谢两位导师的引路和人大新闻学院各位老师的教导，让我发掘和发挥了自己的研究能力，实现了从实践到理论的提升，成就了我的人生和事业的转型，并激励我未来的教学和科研道路。我进入高校工作后，也经常得到倪老师和张老师的指导和关心，作为一名资历浅薄的青年教师，在痛并快乐着的学术道路上，有两位恩师的指引和鼓励，真的非常感恩。

在博士论文写作和成书修改期间，我还得到了来自业界的媒体、广告公司、企业的朋友们的大力支持。他们有的给我提供研究资料，有的给我推荐访谈对象，有的给我提供观点建议，还有的不断鼓励我坚持到底，他们的帮助和支持使我收获良多。我还要感谢中国传媒大学出版社的张毓强总编、黄松毅主任和张静编辑，他们在我成书前后就题目、架构和结论等给了我很多良好的建议，并且为了赶上我的出书时间，做了很多协调和努力,非常感谢他们的支持。

我还要感谢我的家人,全家的每一个成员,都无怨无悔地陪伴我、鼓励我、支持我、迁就我,让我毫无后顾之忧地全心投入本书的写作中,让我在这个艰苦的过程中感受到了无限的温暖和安慰。我不记得从哪里看到的一句话,一直记在心里:如果你觉得生活没有那么艰难,那一定是有人帮你承担了很多。回想自己十多年来的北漂工作、考研考博、转战高校的人生经历,很苦很累,能一路走到今天,真的是依靠家人的支持!家人的爱,是我继续奋斗的动力。

此外,本书获得了北京联合大学"服务北京全国文化中心的智库建设——城乡文化遗产保护传承与活化创新"项目资助(项目号:12213991724010215),在此一并表示感谢。

图书在版编目(CIP)数据

移动互联网营销传播的创新网络研究/金韶著. ――北京：中国传媒大学出版社，2019.6

(传播·营销丛书)
ISBN 978-7-5657-2348-3

Ⅰ.①移… Ⅱ.①金… Ⅲ.①网络营销-研究 Ⅳ.①F713.365.2

中国版本图书馆CIP数据核字(2018)第142857号

移动互联网营销传播的创新网络研究

YIDONG HULIANWANG YINGXIAO CHUANBO DE CHUANGXIN WANGLUO YANJIU

著　　者	金　韶
责任编辑	黄松毅
特约编辑	张　静
责任印制	阳金洲
装帧设计	拓美设计
出版发行	中国传媒大学出版社
社　　址	北京市朝阳区定福庄东街1号　邮编：100024
电　　话	86-10-65450528　65450532　　传真：65779405
网　　址	http://cucp.cuc.edu.cn
经　　销	全国新华书店
印　　刷	北京玺诚印务有限公司
开　　本	787mm×1092mm　1/16
印　　张	12
字　　数	214千字
版　　次	2019年6月第1版
印　　次	2019年6月第1次印刷
书　　号	ISBN 978-7-5657-2348-3/F·2348　　定　价　55.00元

版权所有　　翻印必究　　印装错误　　负责调换